集美大学学科建设经费资助出版

转型与发展
——厦门民营经济调研报告

王立凤 庄贝妮 著

中国财经出版传媒集团
中国财政经济出版社

图书在版编目（CIP）数据

转型与发展：厦门民营经济调研报告／王立凤，庄贝妮著．－－北京：中国财政经济出版社，2020.5
ISBN 978－7－5095－9710－1

Ⅰ．①转… Ⅱ．①王… ②庄… Ⅲ．①民营经济－经济发展－研究报告－厦门 Ⅳ．①F279.275.73

中国版本图书馆 CIP 数据核字（2020）第 040693 号

责任编辑：彭　波　　　　　责任印制：史大鹏
封面设计：卜建辰　　　　　责任校对：张　凡

中国财政经济出版社 出版

URL：http：//www.cfeph.cn
E－mail：cfeph＠cfemg.cn

（版权所有　翻印必究）

社址：北京市海淀区阜成路甲 28 号　邮政编码：100142
营销中心电话：010－88191537
北京财经印刷厂印装　各地新华书店经销
710×1000 毫米　16 开　13.5 印张　230 000 字
2020 年 5 月第 1 版　2020 年 5 月北京第 1 次印刷
定价：68.00 元
ISBN 978－7－5095－9710－1
（图书出现印装问题，本社负责调换）
本社质量投诉电话：010－88190744
打击盗版举报热线：010－88191661　QQ：2242791300

序　　言

　　本书调研内容的时间跨度为 2010~2018 年，宏观环境展现的是美国次贷危机扩展到全球，世界范围内经济下滑并持续延伸至今。经济的不景气导致贸易保护主义盛行，我国经济受内外环境因素影响，增速开始放缓。中国的民营经济在经过了 30 多年的高速发展后，开始进入调整期。厦门民营经济亦是如此。前期的快速发展已使许多民营企业完成了原始积累，当前严峻的国内外经济形势可说是恰逢其时，民营企业开始重新思考企业定位，借助政策助力，大批企业放缓了发展的速度，开始转型、优化、升级，本书挑选了部分调研报告从某一侧面反映了这一进程。10 年的时间转瞬即逝，厦门民营企业通过转型升级、优胜劣汰，逐步走出低谷，以崭新的面貌呈现在世人面前。民营经济的产业结构日趋优化，经济比重与经济贡献稳定提升，高新技术产业飞速发展，产业集聚效应显现……这些都可以从厦门民营经济发展报告中窥见一斑。

　　笔者 2011 年开始与厦门市工商联合作，从最初对厦门民营经济一知半解，再到逐步深入，走到现在，能为厦门民营经济发展贡献薄力，感到非常荣幸。本书编选的 12 篇调研报告涉及了厦门市工商联、厦门市宣传部、思明区统计局、湖里区工商联等多个单位的合作与支持，在此一并表示感谢。

　　书中关于民营企业创新路径、混合所有制改革以及企业家精神三篇研究报告由庄贝妮老师执笔。一路走来，团队成员间彼此扶持是我最大的支持与动力，感谢有你！

王立凤
2019 年 12 月 30 日

目　录

第一篇　厦门民营经济发展情况

厦门民营经济发展报告（2010～2012年） ………………………………… 3

厦门民营经济发展报告（2013～2015年） ………………………………… 25

厦门民营经济发展报告（2016～2018年） ………………………………… 44

思明区民营经济发展问题研究
　　——以第三次经济普查数据为依据 …………………………………… 60

湖里区民营经济发展报告（2016～2017年） ……………………………… 77

第二篇　厦门民营经济的转型与创新

厦门市民营企业竞争力调研分析 …………………………………………… 89

厦门市民营企业转型升级问题研究 ………………………………………… 115

厦门民营企业创新创业路径研究 …………………………………………… 135

民营企业参与混合所有制改革案例研究 …………………………………… 147

第三篇　民营企业的发展基石与家园

激发和保护企业家精神的对策研究 …………………………………… 169

厦门民营企业的企业文化与文化建设 ………………………………… 178

商会（行业协会）承接政府职能转移问题研究 ……………………… 186

后记 ……………………………………………………………………… 209

第一篇
厦门民营经济发展情况*

---

* 本篇调研报告中所涉及的厦门市民营经济发展数据,其中民营企业与个体工商户的户数与注册资金总额数据主要来源于厦门市市场监督局,其他数据以统计局数据为主。作者注。

厦门早期作为海岛型城市，得天独厚的资源条件孕育出丰富的海洋文化。传统文化与海洋文化集结于此，造就了人们以海为田、敦亲睦邻、友好交流、共同发展的思想观，人们价值取向中的开放性、兼容性与冒险性极为突出。这些特性反映到经济层面，可以看到早在明朝中后期，东南沿海私人贸易发展迅速，厦门已成为闽南地区贸易发展中心、海商聚集地，其中郑芝龙家族是这一时期的主要代表。随后的两三百年里，厦门一直是东南沿海的海外贸易中心、闽南华侨出入境的门户，众多华侨以厦门为基地投资办厂，促进了侨资企业的蓬勃发展，淘化大同股份有限公司是这一时期的最好见证。

中华人民共和国成立后至改革开放前，厦门作为海防城市，是两岸军事对峙的前沿，经济功能被严重弱化。在此背景下，20世纪50年代，厦门商人配合反封锁、反禁运斗争，积极利用海内外各种关系，发展对外贸易，为恢复与维持厦门经济发挥了重要作用。与此同时，分行业、多方式进行的民营企业社会主义改造也在持续中，历时三年的对私改造，改变了厦门企业小而多、资金不足、人员设备落后、没有竞争力的窘况，开启了厦门工业化的发展道路，初步形成工业体系。经济结构上的优化，改变了厦门消费型商业城市的过往，为厦门经济走向现代化奠定了基础。

党的十一届三中全会后，厦门民营经济开始恢复发展。在近10年的时间内主要以个体民营经济成分为主，个体工商户的数量每年都成倍递增，所从事的行业也从早期的餐饮、零售业开始向工业、运输业等行业拓展，有效地解决了当时富余劳动力的就业问题。1988年，《中华人民共和国宪法》修正案，指出私营经济是社会主义公有制经济的补充。同年4月，厦门首家民营企业（华亨贸易公司）注册登记，民营经济进入快速发展时期。整个90年代，厦门民营经济开始规模化、规范化发展。1998年，厦门大洋发展股份有限公司成为厦门市首家民营上市公司，民营企业的市场竞争力日益增强。进入21世纪，厦门民营经济的综合实力进一步增强，生产经营开始由粗放型向精细化转变，科技兴企、品牌兴企为企业带来了勃勃生机，民营企业创新特征愈加明显，在高新技术领域得到长足发展。截至2018年，厦门市民营经济增加值2414.2亿元，占全市比重为50.4%，对全市GDP的贡献率为55.6%；福建百强民营企业中有27家厦门企业入围。

厦门民营经济发展报告
(2010~2012年)

进入2010年，欧洲债务危机呈现扩散趋势，各国为保护本国经济，各种经济政策频出。发达经济体国家受债务危机影响经济增速放缓，贸易保护主义趁势而起；新兴经济体国家在积极应对的过程中不可避免地出现了不同程度的通货膨胀，加之部分国家的自然灾害与地区安全问题，使得国际经济形势较之前两年更为严峻，我国经济增速也出现回落。面对复杂难测的国内外经济形势，我国在"十二五"伊始就制定出"以科学发展为主题，以加快转变经济增长方式为主线"的战略方针，强调创新、着力改善民生、坚持可持续发展，落实到微观层面，一方面大力发展中小企业，扩大就业；另一方面则要求企业自身要勇于创新、致力于转型升级，向新兴产业发展。为此，我国政府针对民营企业、非公经济出台多项政策，从民营企业最为关注的金融改革试点到某一项审批程序或费用的删减，无一不体现出政府对民营经济[①]的重视，这也为民营经济在"十二五"期间更好地发挥在整个国民经济中的作用提供了实质性的帮助。

民营经济近年来对厦门经济增长的贡献率都在20%以上，在厦门特区经济建设中发挥着作用。尽管企业在当前遇到前所未有的困难与挑战，但民营经济并未因此失去活力，相反展现出了对市场经济的绝佳适应力，民营企业所具有的强劲的生存动力与活力值得我们去了解、借鉴并将其发扬光大。

一、厦门民营经济发展概况

2010~2012年，受外围市场的影响，厦门民营经济发展步伐放缓，但依

[①] 在我国，民营经济并非一个严格的法律概念，目前国内提及的民营经济基本上是按照国家统计局对民营经济确定的统计范畴，即私营经济个体企业主体，包括注册类型为私营独资、私营合伙、私营有限责任公司、私营股份有限公司四类企业，加上个体工商户、混合经济中的个私部分。相应的民营企业主要指的也是上述各类企业。

然呈现出规模扩大、结构优化、经济地位突出等良好发展态势,成为厦门实现"十二五"计划的主力军。

(一)民营经济总量稳步增长,凸显在厦门经济中的战略地位

民营经济作为厦门经济的主要力量,所实现的增加值在全市GDP中的比重十几年来一直保持在20%以上,除了自身经济实力的增强外,民营经济实体数量规模的增长也是主要原因。2008年,金融危机开始影响到我国,民营经济并未显现出疲软之态,从表1的厦门个体、民营企业数变动上可以看到,民营企业数量显示出快速、平稳的增长势头,除2012年相较于全国增速来说略有减缓外,其余年份都超过全国增速。值得一提的是,厦门个体工商户在2011~2012年相对于2010年呈现出爆发式的增长,增幅在13%以上,远超于全国8%的增长速度。民营经济实体数量的增长在展现厦门民营经济健康发展态势的同时,也反映了厦门民营经济良好的生存发展环境。

表1　　　　厦门个体、民营企业户数变动分析

年份	民营企业户数（万户）		增长率（%）		个体工商户户数（万户）		增长率（%）	
	全国	厦门	全国	厦门	全国	厦门	全国	厦门
2008	657.4	5.6	—	—	2917.3	8.7	—	—
2009	740.2	6.4	12.6	15.5	3197.4	8.9	9.6	2.6
2010	845.5	7.4	14.2	14.4	3452.9	9.0	8.0	0.7
2011	967.7	8.8	14.4	18.8	3756.5	10.2	8.8	13.3
2012	1085.7	9.6	12.1	10.1	4059.3	11.5	8.1	13.2

从企业注册资金规模来看,厦门民营企业注册资金的增长势头猛劲,即便是这三年企业困难较多,增幅呈下降趋势,但在2012年仍达到了21.84%的增长。此外,在企业户均注册资金的规模上,厦门民营企业也明显高于全国平均水平,这在反映厦门民营企业经济实力高于全国平均水平的同时,也在一定程度上说明厦门民众对发展民营经济的认可度与信心。厦门个体工商户资金总额同样呈现高速增长,特别是2011~2012年的增幅要远高于民营企业注册资金的增长速度。需要注意的是,在户均资金数额上,厦门个体工商户的户均资金规模要明显低于全国平均水平,个体工商户数量上的优势并不能掩盖其个体规

模小、抗风险能力低的隐忧（见表2）。

表2　　　　　厦门个体、民营企业注册资金变动分析

年份	民营企业注册资金（亿元）	增长率（%）	户均注册资金（万元）		个体工商户资金（亿元）	增长率（%）	户均资金数额（万元）	
			全国	厦门			全国	厦门
2008	1000.19	—	178.6	178.61	16.21	—	3.1	1.86
2009	1311.73	31.15	197.8	204.95	21.81	34.54	3.4	2.45
2010	1933.45	47.40	227.1	261.28	25.51	16.96	3.9	2.83
2011	2563.92	32.61	266.5	291.35	36.04	41.28	4.3	3.53
2012	3123.81	21.84	286.5	325.40	45.19	25.39	4.9	3.93

从厦门民营经济的产出来看，近四年民营经济实现的增加值仍稳步增长，但其增长速度在近三年出现了放缓的趋势，民营经济在厦门整个国民经济中所占的比重也从2010年的26.3%下降到2012年的24.1%（见表3）。民营经济的发展在2011～2012年遭遇到"瓶颈"，所实现的利润也从2011年的68.37亿元下降到2012年的63.92亿元，降幅达6.5%。这些问题更多的是外围市场带给民营企业的负面效应，民营企业自身并没有停下发展的脚步，从固定资金规模上来看，2012年民营经济固定资产达到428.9亿元，比2011年增长11.6%。①

表3　　　　2009～2012年厦门民营经济增加值变动情况

年份	增加值（亿元）	增长率（%）	民营经济比重（%）
2009	468.6	7.9	27.0
2010	541.5	15.6	26.3
2011	607.3	12.1	23.9
2012	679.3	11.9	24.1

（二）民营经济结构日趋合理，促进厦门经济结构优化

"十二五"期间的主要任务之一就是转变经济发展方式、调整经济结构，厦门民营企业作为内资企业的主体，其结构与发展方式的转变直接影响整个厦

---

① 文中未加以注明的数据都来自厦门市统计局提供的民营经济数据或国民经济运行分析报告中的民营部分内容。

门经济未来发展的方向。

从产业结构上看，近两年厦门民营经济增加值在总量增长的同时，各产业也都呈现增长态势，产业结构进一步优化，2012年各产业增加值所占比重分别为48.97：47.30：3.73，产业结构依然保持"三、二、一"格局。相较于2010年，民营经济的三次产业比重向第二产业有所倾斜，经济结构日趋合理。这一点从表4中的数据也可以看到：第一产业2012年增速明显减慢，但比重并未大幅度缩减，在整体经济中地位趋稳；第二产业在增长速度下降的同时，在整个民营经济中的比重反向增长，厦门民营经济呈现出第二产业、第三产业齐头并重的状态。从全市来看（见表5），第一产业一直由民营经济垄断；第二产业在全市比重持续稳步上升，到2012年达到23.4%，其中民营经济在建筑业所占比重在60%以上，工业所占比重也稳步增长；第三产业内结构更加合理化，总体增速较快，但在全市所占比重则出现小幅下降的趋势，说明民营经济在第三产业上还有巨大的成长空间。具体到某一行业，以2011~2012年两年的数据（见表6）我们可以看到厦门民营经济实体主要集中在制造业、批发和零售业、租赁和商务服务业这三个行业中。其中，批发和零售业营业收入占厦门民营经济比重从2011年的42.6%下降到2012年的25.84%，在印证经济发展形势严峻的同时，也在一定程度上反映出民营经济在第三产业内部结构上由技术含量较低的低端服务业向高端服务业调整，这一点在2012年厦门工商局提供的《厦门内资企业登记信息分析报告》中也可看到投资业、计算机软件服务业、物流业、旅游业等行业近两年增长迅速。另外，2012年租赁和商务服务业，建筑业以及文化、体育和娱乐业三行业的营业收入在民营经济中所占比重有较大份额的增加，如果说前两个行业收入的增长有市场价格因素的存在，那么文化、体育和娱乐业的成长则是厦门"十二五"期间重点发展文化创意等战略新兴产业目标的初步实现。

表4　　　　　厦门民营企业三次产业结构及增长情况

产业分类 指标	2011年			2012年		
	增加值（万元）	增长率（%）	比重（%）	增加值（万元）	增长率（%）	比重（%）
第一产业	246787	7.0	4.07	253016	1.0	3.73
第二产业	2804117	15.4	46.19	3213502	14.6	47.30
第三产业	3019429	9.6	49.74	3326790	10.2	48.97
合计	6070333	12.1	100.00	6793308	11.9	100.00

表5　　厦门民营经济分行业增加值占GDP相应行业的比重分析

产业分类＼指标	2012年民营经济增加值比重（%）	2011年民营经济增加值比重（%）	2005年民营经济增加值比重（%）
生产总值	24.1	23.9	22.4
第一产业	100.0	100.0	100.0
第二产业	23.6	21.6	13.0
工业	16.2	14.6	9.3
建筑业	64.0	63.1	47.3
第三产业	23.3	24.8	30.7
交通仓储邮政业	12.2	13.4	14.6
房地产业	33.1	40.7	49.2
其他服务业	18.8	17.5	16.2

表6　　厦门市民营经济行业分布情况

行业分类＼指标	2011年			2012年		
	户数比重	注册资金比重	营业收入比重	户数比重	注册资金比重	营业收入比重
农、林、牧、渔业	0.57	0.45	0.15	0.50	0.30	0.10
采矿业	0.06	0.09	0.04	0.10	0.17	0.04
制造业	15.87	15.17	13.82	15.51	14.38	14.32
电力、燃气及水的生产和供应业	0.04	0.22	4.63	0.04	0.15	1.87
建筑业	4.32	0.49	0.23	4.72	5.26	3.03
交通运输、仓储和邮政业	2.82	3.21	2.14	3.04	3.03	1.60
信息传输、计算机服务和软件业	4.09	2.99	1.10	4.55	3.21	0.91
批发和零售业	42.33	34.75	42.60	41.80	31.83	25.84
住宿和餐饮业	1.63	0.55	0.31	1.67	0.51	0.43
金融业	0.16	2.61	0.04	0.16	1.66	0.04
房地产业	2.97	8.92	1.94	2.71	8.31	0.25
租赁和商务服务业	14.99	23.42	20.79	15.41	24.16	36.99
科学研究、技术服务和地质勘查业	4.65	4.15	0.83	4.87	4.35	0.42
水利、环境和公共设施管理业	0.45	1.36	0.28	0.44	1.14	0.13
居民服务和其他服务业	4.27	0.97	0.95	3.63	0.82	1.40
教育	0.07	0.02	0.18	0.09	0.02	0.28
卫生、社会保障和社会福利业	0.02	0.02	0.01	0.02	0.02	0.01
文化、体育和娱乐业	0.66	0.59	9.72	0.70	0.65	12.08
其他	0.04	0.03	0.24	0.04	0.05	0.27
合计	100.00	100.00	100.00	100.00	100.00	100.00

从企业类型上看,这几年厦门国有企业和集体企业数量及注册资金规模的增长速度持续走低,尽管2012年国有企业和集体企业在数量上比重有所增加,但资金规模所占比重并没有增长(见表7),可见民营成分是内资企业中的主体,截至2012年年底,厦门共有私营企业集团237户,注册资本超亿元的企业381户,发展民营经济在厦门经济中的重要性不言而喻。此外,从民营企业自身情况来看,除独资企业外,合伙企业、有限责任公司和股份有限公司发展迅速,特别是承担有限责任的有限责任公司与股份有限公司增长速度最快,其中股份有限公司的数量从2009年的99家增长到2012年的284家,年平均增长速度在40%以上。从各类民营企业所占比重来看,有限责任公司和股份有限公司是厦门民营企业的主流,2012年在厦门民营经济中所占的比重已达95%以上,独资企业比重逐年下降,厦门民营经济组织形式日趋优化(见表8)。

表7　　　　　　　　厦门国有企业与集体企业分布情况

年份	户数（户）	增长率（%）	占全市比重（%）	注册资金（万元）	增长率（%）	占全市比重（%）
2009	2210	-8.60	25.96	858450	-11.15	7.69
2010	2089	-5.48	25.46	1087800	26.72	8.30
2011	1815	-13.12	22.53	1024619	-5.81	5.68
2012	1633	-10.03	31.63	923806	-9.84	4.46

数据来源：厦门市市场监督局。

表8　　　　　　　　厦门民营企业类型分布情况

企业类型＼指标	2009年		2010年		2011年		2012年	
	增长率（%）	比重（%）	增长率（%）	比重（%）	增长率（%）	比重（%）	增长率（%）	比重（%）
独资企业	4.74	5.73	-6.29	4.68	18.61	4.68	0.95	4.21
合伙企业	2.04	0.54	4.57	0.45	17.96	0.45	15.74	0.47
有限责任公司	16.31	93.58	16.05	94.67	18.40	94.62	10.58	95.02
股份有限公司	28.57	0.15	50.51	0.20	44.29	0.25	32.09	0.30

数据来源：厦门市市场监督局。

（三）民营经济综合实力增强，带动厦门经济内涵式增长

首先，固定资产投资规模的增长，体现了厦门民营经济再生产能力的提升。固定资产投资作为地区经济发展的主要推动力，可以直接拉动地方经济的快速增长。厦门城镇固定资产投资多年来一直保持增长势头，特别是民间投资与外商投资在2010年的增速显著，并在比重上超过国有投资，达到总投资额的51.9%，成为活跃厦门经济的主体力量。民间投资意愿强烈，在增速上要明显快于外商投资。国有投资在比重上持续回落，在国民经济中的作用有所弱化。2012年由于国际市场变化、人民币升值等问题，有着外向型特点的厦门经济遭受到前所未有的危机，由于订单骤减，企业压力过大，民间投资和外商投资所占比重与增速都出现了大幅下滑，国有投资增速加快为稳定厦门经济做出贡献。尽管如此，我们也要看到民营企业在困难面前仍保持了足够的信心，在2012年民间固定资产投资较上年增长了16.4%，在厦门城镇固定资产投资中所占比重更增加到36.5%，形成了外资减退、民企跟进的势头（见表9）。

表9　　　　　　　　厦门城镇固定资产投资情况分布表

分类\指标	2010年			2012年		
	投资额	比重	增长率	投资额	比重	增长率
国有投资	260.04	48.1	-21	674.57	46.8	38.5
外商投资	136.78	25.3	30.8	240.29	16.7	3.4
民间投资	143.03	26.6	45	525.68	36.5	16.4

数据来源：依厦门市统计局网上公布的统计分析报告数据整理推算。

其次，科技创新为民营企业发展提供动力，加快民营经济结构优化、产业升级。在市场经济下，创新思维已经成为企业发展的命脉，尤其在当前不景气的经济环境下，创新成为企业转型升级、战略调整的必胜法宝。从厦门民营经济结构调整过程可以看到当前厦门民营企业已开始逐步由分散、个体经营为主的低端服务业向技术含量高的高端服务业发展，投资业的兴起也意味着厦门民营资本投资由盲目追求利润的粗放型投资走向规范、强调战略发展的集约型投资方式。具体到企业技术创新上，可以看到厦门民营高新技术企业在2010年年底已有555家，民营企业技术中心29家，其中国家级3家（全市11家），

省级10家（全市21家），市级16家（全市43家）。近两年发展更为迅速，2011年民营高新技术企业已增加到719家，全年完成增加值50.62亿元，实现主营业务收入187.53亿元，创利润16.91亿元，分别比2010年增长23.2%、35.6%和104%；2012年民营高新技术企业达729家，全年共完成增加值65.89亿元，实现主营业务收入239.96亿元，创利润18.4亿元，分别比上年，增长30.2%、28.0%和8.8%。截至2012年，全市经认定的软件企业98%以上为民营企业。目前，厦门民营经济已形成一批拥有自主知识产权、知名品牌和市场竞争力较强的优势企业和产业，许多企业如蒙发利、精图、立林都已成为行业、国家乃至国际标准的主要制定者，拥有国内或国际领先的技术水平，乃尔电子更因为所拥有的先进技术成为国际巨头觊觎的对象。

最后，培育文化软实力、弘扬闽南文化精神，展示厦门民营企业风范。闽南文化中的"和合思想"与"爱拼才会赢"精神造就了厦门民营企业务实、进取的文化本性。从企业内部来看，闽南民营企业习惯于把家庭的情感经营方式融入企业管理之中，并以企业文化的形式表现出来，如"惠尔康人""盛洲人""立林人"等。对外，厦门民营企业通过产品服务质量回馈社会，获得了消费者的认可。截至2012年年末，厦门66家拥有中国驰名商标的企业中有35家为民营企业，其中，银鹭食品更入选世界品牌实验室发布的2012年（第九届）《中国500最具价值品牌排行榜》。此外，厦门民营企业把慈善事业作为企业的一种责任体现，众多企业都设立了自己的慈善基金，慈善行为从早期关注重大事故到现在已成为企业的一种常态。在企业经营行为上也能看到闽南文化的精髓，一方面，企业能够化零为整、共襄盛举，如佛事用品、石材、茶叶等三个产业的企业借助会展的形式，不但扩大了市场份额，也提升了企业的知名度；另一方面，民营企业勇于拼搏，许多企业通过自身努力站到了行业或地区的前端，例如，2011~2012年度国家文化出口重点单位中6家厦门企业就有4家是民营企业；2012年厦门企业50强中17家是民营企业，民营企业已经成为厦门城市发展过程中的烫金名片。

二、民营经济对厦门经济发展的贡献分析

厦门民营经济的快速发展是厦门社会经济发展繁荣的重要保证，主要表现在促进经济发展、发展对外贸易与交往、扩大就业、改善民生等几个方面。

（一）对厦门经济发展的贡献

1. 对厦门经济增长的贡献

进入 21 世纪以来的 10 年里，厦门民营经济一直保持快速发展，在产值、营业收入以及社会消费品零售额等方面都处于持续上升阶段，民营经济基本完成早期发展阶段的原始积累，在 2008 年国家应对经济危机政策的带动下，到 2009 年达到了一个巅峰阶段，实现增加值 468.6 亿元，占全市国内生产总值的 27%，对整体经济增长的贡献率也达到了 21.66%。随后，金融危机的影响逐步加深，外部市场萎缩带来的负面效应使厦门民营经济在 2010 年开始增长速度减缓，比上年下降了 0.7 个百分点，对全市经济增长的贡献率也减至 22.58%。2011 年民营经济比重与经济增长的贡献率都出现了较大的下降，特别是贡献率下降了 8.85%。困难同时也带来转机，这几年许多厦门民营企业开始把目光投向国内市场，思索企业未来发展的方向，致力于转型升级，储备力量以搏后续发展。2012 年，尽管厦门民营经济的增速依然呈现下降趋势，但降幅已经缩小，而且民营经济占全市经济的比重业已回升到 24.1%，对全市经济增长的贡献率达到了近几年来的最高点 25.92%，可见厦门民营经济内涵式增长趋势已经显现，对厦门经济增长的贡献也将越来越大（见表 10）。

表 10　　厦门民营经济比重及对经济增长贡献分析

年份	增加值（亿元）	民营经济比重（%）	对经济增长贡献率（%）
2009	468.6	27.0	21.66
2010	541.5	26.3	22.58
2011	607.3	23.9	13.73
2012	679.3	24.1	25.92

2. 对厦门对外贸易的贡献

厦门经济具有明显的外向型经济特点，多年来一直处于贸易顺差地位，尽管国有企业和外资企业在厦门国民经济中居于主流，但外资企业和民营企业才是厦门对外贸易的主体，从表 11 可以看到，实力远弱于外资企业的厦门民营企业在对外出口能力上与外资企业旗鼓相当，在出口总额上 2010~2011 年与外资企业相差不远，2012年步履维艰的情况下更反超外资企业，出口总额达205.83亿美元。从出口增长上来看，民营企业的出口增长速度也远远超过外资企业，即便在2012年也有12.4%的增长，超过外资企业2.2%的增幅。正因为民营企业在逆境中的不懈努力，厦门外贸综合竞争力水平2012年跃居为全国百强城市的第五位。从全市来看，2012年，民营对外贸易经营户数超过12万户，占全市总户数的85%；全市民营企业全年进出口总额达到259.92亿美元，比2011年增长13.2%，高出全市平均水平7个百分点；民营企业进出口总额占全市进出口总额比重为34.9%，对全市新增进出口的贡献率高达65.7%。

表11　　　　　　　　　外资与民营企业出口情况

指标 年份	全市		外资企业		民营企业	
	总额 （亿美元）	增长率 （%）	总额 （亿美元）	增长率 （%）	总额 （亿美元）	增长率 （%）
2010	353.24	27.7	175.00	27.4	138.38	35.8
2011	426.47	20.7	196.66	12.4	183.12	32.3
2012	454.02	6.5	200.93	2.2	205.83	12.4

3. 对厦门财政的贡献

民营经济在厦门国民经济中重要性的增强，使其对厦门财政收入的贡献也逐年加大。从2011年来看，纳税总额排前位的几个行业分别是规模以上工业企业、资质以上建筑企业和限上批发零售贸易企业，它们分别为财政贡献了11.54亿元、9.19亿元和8.08亿元，其中还出现了新景地集团、七匹狼控股等一批纳税大户企业。从表12来看，厦门民营企业纳税额占全市财政总收入的比重还较小，近三年还有小幅下降的趋势，特别是2012年纳税总额出现了5.37%的负增长，这与厦门民营企业长期依赖国际市场有着直接关系。抛开经济不景气因素的影响，我们应该注意到伴随着民营经济快速发展而出现的民营企业纳税额的增长势态，2012年，厦门民营企业上缴的税收超50亿元，比上年增长16.1%。从民营企业纳税总额排名来看，排在前列的行业不变，其中规模以上工业企业缴税达11.61亿元，资质以上建筑企业为7.04亿元，限上批发零售贸易企业7.28亿元，房地产开发企业6.31亿元。除规上工业企业外，其他几个行业对财政贡献的总量有所减少，但相对于上缴税收总量的增长却可以反映出厦门其他行业民营企业的快速发展，也正因为此，2012年厦门民营企业的纳税大户中出现了四三九九这样的软件企业。

表12　　　　　　　　厦门民营经济税收贡献分析

年份	纳税额（亿元）	增长率（％）	占全市财政总收入比重（％）
2009	42.35	2.59	9.38
2010	45.64	3.29	8.68
2011	49.89	9.31	7.65
2012	47.21	-5.37	6.38

数据来源：2009~2010年数据来源于《厦门民营经济发展报告2009~2010》；2011~2012年数据来源于厦门市统计局统计的民营经济部分数据。

（二）对厦门民生保障的贡献

就业是人民生存和生活的根本，分配是人民休养生息的源泉。民营经济的发展、壮大已成为厦门民生保障的重要支柱。从表13中的数据可以看到，除2011年因为大环境的原因，民营经济的从业人员数出现了负增长之外，其他几年民营经济的从业人数增幅都远超过全社会从业人数的增长幅度，特别是2010年，民营经济从业人员增长率达到了56.17%，从业人员比重也首次占到了50%以上，并且将这一比重保持了下去。即便是出现负增长的2011年，民营企业从业人数与2010年相比仍增长了23.77%，造成民营经济从业人数下滑的主要原因是由于经济不景气，更多的人选择就业，而非创业，致使2011年个体工商户从业人数出现较大幅度的减少。从2012年来看，个体工商户的从业人员成倍增长，在一定程度上反映出人们对经济发展趋势的看法，民营经济的从业人数有了较大幅度的上升，稳占全社会从业大军的半壁江山，体现出民营经济在解决就业问题上的优势。此外，民营经济也是吸纳农村剩余劳动力的主要力量，以2011年为例，厦门农业产业化龙头企业共33家，其中民营企业25家；25家民营农业产业化龙头企业带动本地农户12.16万户，解决当地劳动力就业1.7万人。厦门民营经济在创造就业岗位、吸纳社会新增劳动力等方面所表现出的强大实力，已成为厦门人们安居乐业的有力保障。

表13　　　　　　　厦门民营经济从业人员情况分析

年份	年末全社会从业人员		民营经济从业人员				比重（%）
	人数（万人）	增长率（%）	民营企业人数（万人）	个体工商户人数（万人）	合计	增长率（%）	
2009	183.39	13.7	69.86	17.06	86.92	23.70	47.39
2010	207.47	13.13	77.23	58.51	135.74	56.17	65.43
2011	251.24	21.10	95.59	32.87	128.46	-5.36	51.13
2012	276.38	10.00	85.93	69.18	155.11	20.75	56.12

民营经济通过提高就业为人民生存提供保障的同时，也借助提高工资水平为改善人民生活创造条件。从可获得的2011~2012年数据来看，厦门民营经济受市场影响，利润从2011年的68.37亿元下降到2012年的63.92亿元，降幅达6.52%，上缴税收也下降了5.37%，但年人均工资水平却从2011年的2.62万元上涨到2012年的2.89万元，涨幅达10.25%。相较于全市从业人员的工薪收入水平来看（见表14），2012年的人均工资水平涨幅慢于全市水平，但人均工资水平仍略高于全市的2.86万元水平。由此可见，就算处于困难时期，厦门民营经济在促进地方发展，特别是人民生活水平提高上都付出了巨大的努力及贡献。

表14　　　　　　　厦门民营经济年平均工资水平分析

年份	全市		民营经济	
	人均工薪收入（元）	增长率（%）	人均工薪收入（元）	增长率（%）
2011	25190	8.1	26215	—
2012	28618	13.6	28903	10.25

数据来源：厦门市统计局。全市数据来源于厦门统计局发布的《厦门市国民经济和社会发展统计公报》，民营经济数据根据厦门统计局提供民营经济的工资总额与从业人数数据估算。

三、民营经济发展面临的机遇与挑战

（一）民营经济发展面临的机遇

1. 国际市场环境为民营经济转型升级提供了重要契机

近两年，厦门民营经济发展趋缓的直接原因来自国际持续低迷的经济环境,从厦门民营经济自身来看,占绝大多数的中小民营企业多数还处于低层次、粗放型的生产经营模式,民营经济作为厦门进出口的主力,对外交往仍以加工贸易为主,靠量取胜。在国际市场订单大量减少、人民币升值、要素价格上涨等不利因素下,民营企业不可避免地受到直接冲击,服装鞋帽等民营企业占优势的传统劳动密集型行业的出口增速下滑,过度依赖出口贸易的经营方式导致许多民营企业从2011年下半年开始陆续出现减工、停产甚至倒闭的情况,金融危机对厦门民营实体的影响加剧。危机同时也为民营企业带来转机,我们应该看到民营经济之所以出现困境,一方面是国外市场需求锐减造成民营企业销售收入减少;另一方面是人民币升值、人工及原材料等要素成本上涨,减弱了民营企业的市场竞争力,同时也挤占了企业的利润空间。这些影响在短期内无法解决,甚至在今后会一直伴随着企业存在,民营企业要想发展只剩下增加企业价值这一条路,即要通过创新、通过自主知识产权,促进产品优化、产业升级和企业转型。从民营企业来看,经过40多年的发展,厦门民营企业无论在数量还是在实力上都已完成初期的积累阶段,在资金、人才、技术等方面也形成了一定的储备,多数企业具备了转型升级的能力和实力,因此,抓住当前市场转折契机,逆市而上,力争在下一轮经济发展中站住先机,就成为当前厦门民营企业的首要任务。

2. 政府的各项经济发展政策使民营经济发展有了可靠保障

2011年是我国"十二五"规划的开局之年,面对国内外复杂的经济局势,政府把结构调整、科技创新、改善民生、环境友好和改革开放作为基本要求,为民营企业发展从政策上给出了指导方针。具体到企业层面,企业乃至整个产业的转型升级、核心竞争力的提高,创新驱动、资源节约、新兴战略产业的发展成为政府支持的主要方向。可以说,"十二五"规划纲要的实施为民营经济,特别是中小微企业创造了广阔的发展空间。这两年出台的经济政策也多针对民营经济发展过程中的困难而定。例如,在发展中小企业、个体经营方面,2011年4月公布的《城乡个体工商户管理暂行条例》,放宽了个体工商户的经营范围,取消了个体工商户管理费;之后发布的《中小企业划型标准规定》,首次在中小企业划型中增加"微型企业"一类,2012年4月国务院又出台"小微企业29条"①,为中小企业特别是小型微型企业健康发展创造了良好的政策环境。在金融投资

---

① 《关于进一步支持小型微型企业健康发展的意见》,2012年。

方面，在2010年的"民间投资36条"的基础上，2012年又出台了相关实施细则，进一步拓宽了民间投资的领域和范围，为民间资金创造公平竞争、平等准入的市场环境，2012年7月多部委发布的《关于鼓励和引导民营企业积极开展境外投资的实施意见》，为民营企业境外投资提出了政策支持与服务保障。在资金扶持政策上，2011年共取消了31项涉企收费和20项社团收费，针对中小微企业出台多项减免企业所得税、增值税和营业税的优惠政策，并为中小企业设立了发展资金、创新基金等专项扶持资金支持中小企业的发展。

3. 厦门发展战略转型为民营经济带来广阔发展空间

1980年，厦门经济特区成立，为厦门民营经济奠定了发展的基础；21世纪伊始，厦门明确从日趋完善的海岛型城市格局向海湾型城市转变，并逐步走向海洋型城市的发展战略，为民营经济的发展进一步解开了束缚；随之而来的是厦门作为海峡西岸经济区中心城市地位的确定以及厦漳泉同城一体化进程的开始，不但为民营经济发展打开了纵深，更为其拓展了对外发展的窗口。民营经济除了在发展空间上得到不断拓展、延伸外，在发展领域上也有了突破性进展。2010年，作为金融改革试点的两岸区域性金融服务中心的成立为厦门民营经济的发展提供了更多的可能性。具体到近两年，厦门在原有的电子、机械、化工三大支柱产业的基础上，着力打造电子、机械、航运物流、旅游会展、金融与商务、软件与信息服务业等六大支柱产业，在为民营经济指明发展方向的同时，也为民营经济成为支柱产业中的主力提供了更多的可行性。从城市荣誉上来看，厦门从早期为大家所熟知的卫生城市、旅游城市、园林城市，到现在所拥有的宜商宜居、创业先进、可持续发展、低碳、创新等各种荣誉名号，这都说明了民营经济生存环境的改善。特别是针对民营经济发展的困难，厦门市政府在2011~2012年集中出台了一系列的政策，就企业的投融资问题从金融业和企业两个方面进行了规范与指导，为促进厦门民营企业的健康、良性发展提供了有力保障。

（二）民营经济发展面临的挑战

1. 厦门民营企业与国有企业和外资企业抗衡的实力较弱

厦门经济发展长久以来由国有企业和外资企业主导，以2011年厦门工业统计数据来看，规模以上的外商及港澳台投资工业企业791家，资产总计2449.39亿元，所创造的增加值为774.40亿元；规模以上的国有控股工业企业60家，资产总计604.59亿元，创造的增加值是143.17亿元；规模以上的私营工业企业有478家，资产总计只有331.01亿元，创造的增加值是87.18亿元。民营企业无论在实力还是企业竞争力上与国有企业和外资企业都存在明显的差距，以至于民营企业即使在同等竞争条件下也很难超越国有企业和外资企业。厦门民营经济更多采取避开外资和国有企业的主要经营领域，或以承接它们的订单为主的生存手段，在厦门的化工、机械、电子产业等支柱产业中很难寻觅大型民营企业的踪影。以2011年厦门工业统计数据为例，规模以上私营企业在工业增加值、资产总计上排在前三的行业是农副食品加工业、纺织服装、服饰业以及电气机械和器材制造业，并非厦门的主要支柱产业。这种情况造成民营企业在发展过程中很少能够获得产业集聚效力以及政府在支柱产业发展政策上的扶持，起步艰难。

2. 融资难题扩大了当前民营企业的经营困境

"融资难"问题一直伴随着我国民营企业的成长，今后较长一段时间也依然会困扰民营企业。从大环境来看，一是我国金融领域改革滞后，缺少不同性质与经营目的的金融单位，少数几家大型国有银行难以解决所有企业的融资问题；二是受经济环境以及央行调整存款准备金政策的影响，各银行信贷规模缩减，可投放市场的资金有限。从银行来看，出于资金安全的考虑，银行的产品设计更倾向于大中型企业的需要，即便出台了许多倾向于中小微企业的金融政策，但由于信息不对称、缺乏有效信用平台等问题仍难以满足多数民营企业的需要。从企业来看，民营企业特别是中小民营企业在实力、资质、信用等方面无法与国有企业、外资企业媲美，难以达到银行的贷款要求，银行从自身经营角度考虑会在基准利率的水平上加浮动利率或增加限制条件来确保资金安全，这无疑加大了企业的融资成本。其他如小额贷款公司因经营成本和风险较高，其贷款成本要远高于银行，民间融资成本则更高。原有的融资难题遭遇到经济危机，无疑是雪上加霜，导致这两年江浙闽一带中小民营企业大量出现停工、倒闭现象，厦门的中小民营企业也举步维艰。

3. 税负依然是民营企业的沉重负担

尽管近两年为发展中小企业，政府已发布多项政策旨在降低企业税费水平，但总体改善状况并不明显。有数据显示，中小企业整体税收负担占销售收入的6.18%，高于全国企业的总体水平；向中小企业征收的各种收费项目涉及18个部门，达69个大类。①再加上我国税费体系中流转税类比重较大，许多中小企业又采用的是核定征收的方式，在经济不景气时就会造成企业挣得少交得多，甚至缴税总额高于净利润的现象出现。在我国各种生产要素成本趋同的情况下，地方税费标准的高低已成为企业选择地域的主要条件之一，厦门地区民营经济发展迅速与早期作为特区所拥有的优惠税收政策是分不开的，然而，这种优势现在已不复存在，为企业减负不但可以起到筑巢引凤的作用，同时还可以让辖区内的企业轻装上阵，焕发出活力与生命力。

4. 技术、人才成为民营企业发展的"瓶颈"

厦门经济外向度高，在工业产值上，外资企业占据厦门的半壁江山，遥遥领先于内资企业。外资企业的核心技术及研发多保留在境外母公司，境内外资企业以及内资企业一般处在产业链的加工、组装环节，研发多为外延技术或生产工艺改进，缺乏自主知识产权。此外，民营企业在技术创新上普遍存在资金短缺、人才不足的情况。单从人才供应上看，一方面，厦门老龄人口占户籍人口的12.5%，已丧失人口红利优势；另一方面，高素质人才不足，进一步制约企业技术创新与发展。以2011年数据来说明，全市R&D人员比上年增长23.8%，但是其中博士、硕士、本科毕业人员所占比重分别为4.0%、6.7%、29.3%，比上年的4.6%、9.0%、38.2%均有所下降，高层次人才不增反降。特别是民营企业由于在民众认知、待遇等方面与国有企业、外资企业存在差距，更是难以招揽高端人才。多数民营企业不得不在技术研发上借用高校的人才优势，走与高校联合的道路，但因为存在着双向选择、需求差异以及合作契约的规范性等方面的问题，对中小民营企业以及重大科研项目的攻关仍存在重重阻碍。

此外，从民营经济发展的外在环境上看，由于政府在经济中主要承担的调控、监管与服务职能决定了多数政府职能部门并不作为市场主体直接参与市场行为，当面对复杂多变的市场时，政府成为信息滞后的一方，制度出台很难具有前瞻性；另外，计划经济的剩余影响使许多政府部门职能及工作流程尚未脱离指令调控的思路，存在过多的审批程序和环节，这些都在一定程度上造就了

---

① 该数据来源于《中国民营经济发展报告2011～2012年》，黄孟复，社会科学文献出版社。

部分办事人员按部就班、缺乏灵活性的行事作风，束缚了政府的行政效率，更会延误企业把握市场的先机，为民营企业的发展带来额外的负担。

四、厦门民营经济发展的建议

综合前文所述，不难发现当前厦门民营经济的关键问题是生存与发展，即如何在国际经济形势持续低迷中保证中小微企业的生存需要，再就是已积累一定实力的中大型民营企业如何转型升级实现跨越式发展。民营经济的发展不能单靠企业一己之力完成，它需要政府以及社会各界的共同努力，一起为企业营造出良好的经营环境。

（一）政府及行会组织方面

1. 明确民营经济在国民经济发展中的重要地位

民营经济经过了30多年的发展，其在国民经济中的地位及重要性已为大家认可，但在具体行为层面上却处处存在区别对待。目前，政府部门的首要任务就是要从意识和行为层面上明确民营经济的重要地位。首先，政府各部门要注意到在当前宏观经济发展形势下，民营经济在扩大内需、促进对外贸易发展的重要作用，自上而下统一对民营企业的认识，本着为民营企业服务的宗旨，为民营企业营造亲和的地域环境。特别是领导干部更要站在全局的角度、战略的高度来看待厦门民营企业在国民经济发展中的贡献，注意到中小微企业在繁荣地方经济、解决就业、稳定社会中的重要作用，还要关注本土民营企业因地缘关系而展现出的忠诚度在促进地方经济发展中的作用。其次，在调控与监管方面，政府部门应该进一步完善民营经济方面的相关信息，可以尝试在现有的各项专题规划的基础上增加民营经济五年发展规划，为民营经济发展指明方向；统一民营经济数据采集、计算口径，定期、权威发布有关民营经济的详实数据信息。最后，从部门具体执行上，应该注意到民营经济的主体是中小微企业，要注意到这些企业在扩大就业、稳定社会中的积极作用，不能抓大放小，甚至预设立场或门槛；要研究中小微企业的发展规律，急其所急，解其所需，本着科学发展的主题，在保生存的基础上促进中小企业的转型升级，繁荣一方经济。

2. 为民营经济发展营造公平的市场竞争环境

民营经济在我国发展的时间短，相关法规、政策还不健全，再加上我国经济社会处于转型期造成政府的各项政策具有滞后和时限短的特点，民营企业在无法预测政策变化取向时会弱化长期发展战略的重要性，容易形成急功近利的短视行为，对企业乃至社会造成危害。因此，第一，政府要加快相关法律法规的制定与修订，统一各地各部门关于中小企业发展的政策法规，强化政策的针对性、操作性与执行力。第二，要加快政府职能转变的步伐，树立为企业营造良好经营环境、为企业服务的意识，大力缩减行政审批程序、规范服务制度体系，放宽市场准入条件，切实做到为民营企业松绑，优惠政策能由点向面普及。第三，有针对性地解决民营企业所面临的突出问题。在税收政策上，一方面，对中小微企业要强调它在就业上的作用而非纳税功能，将税收优惠政策的力度加大，范围放宽，实施一步到位的税收减免，并将其作为一项长期政策固定下来；另一方面，也要充分发挥税收优惠政策对企业的引导作用，以税收减免、返还、补贴等方式来引导民营企业加大研发力度与技术成果的转化，发挥税收政策在企业转型升级中的积极作用。在融资方面，政府要加快金融体制改革的步伐，进一步细化金融政策，满足企业的实际需求。从当前金融政策针对的两大领域来看，设立民营银行的关键在于必须明确产权关系、责任归属，同时要为其今后的金融创新留足空间，以利于民营银行经营过程中的风险防范，真正做到风险自负；小微企业融资政策要针对贷款数额少、时间紧等特点，把信息沟通渠道的建设以及信用平台的搭建放在首位，扫除银行与企业之间的联系障碍，另外，小微企业也要强化管理规范与信用的重要性，确保企业在有需要时能够与金融单位形成有效对接。此外，还要积极研究风险基金等其他融资渠道的使用规则，为民营企业发展寻求更多的资金保证。

3. 职能部门要与企业形成捆绑效应，解决民营企业在发展中的实际困难

从厦门当前情况来看，政府已出台了多项政策以指导民营经济发展，但仍存在政企双方信息不对称、政策无法落实到实处等情况。因此，应该督促各职能部门意识到企业发展的好坏直接关系到地方社会经济的发展，正确认识自己的职责，与企业荣辱与共。职能部门应该本着企业是部门衣食父母的观念，走出去，身体力行，为企业排忧解难。具体表现有：其一，职能部门要简化办事程序、提高办事效率，把市场能办的事交给市场，政府部门协助解决市场无

法处理问题；其二，熟悉政策解读，做好政策制定前的调研、讨论与之后的宣传工作，加快民营企业对政策的适应性，帮助企业在新的政策环境下掌握企业发展方向；其三，深入了解企业实际情况，切实解决企业的实际困难。企业在不同的发展阶段上对资金、技术以及市场等方面的要求都不同，职能部门应在有条件的情况下为企业在信息及政策支持上提供订单式服务。

4. 行业组织要以服务企业为宗旨，充分发挥其凝聚、桥梁作用

行业组织相对于政府部门来说具有更熟悉行业、贴近企业的优势，要充分发挥行业组织的纽带联接作用，为企业发展服务。首先，促进企业与政府的无障碍沟通。一方面，行业协会要帮助政府完成政策的解读，协助政府落实对民营企业的各项帮扶政策；另一方面，行业协会要做民营企业的喉舌，通过参政议政，从政策层面加大民营企业在当地的话语权，并代表企业与政府对话，为民营企业争取平等权益。其次，行业协会应积极参与制订本行业的政策与法规，制订共同遵守的行业章程或准则。通过各种形式凝聚行业内部人士，协调企业之间的关系，促成各方的实质性交流，加强企业之间的凝聚力，最大限度地维护行业企业的共同利益。最后，为企业提供全方位信息，全心全意为企业服务。行业协会要树立起全心全意为企业服务的意识，承办一切与企业有关且需要协会协助的事项。例如，可以为企业搭建交流平台、信息平台，提供各种政策、经济热点解读、咨询服务；为企业物色高端人才、协助企业进行教育与培训工作，帮助企业进行国际交流、拓展国际市场；整合行业协会、机构的各类平台建设，特别是信息、信用平台的建设，重在公信度，最好由核心部门或领头单位牵头，加快信息、信用的标准化建设，强化平台服务的规范性和可操作性，为各方提供有效的企业信用咨询、担保等服务。

（二）民营企业方面

1. 发展战略为企业指明未来发展的方向

许多民营企业的成长依赖的是与企业同步成长的管理团队，这样的团队往往具有创业的胆识与勇气，同时也具备战略远见，能够在市场或产业调整时为企业选择正确的发展方向。但更多的民营企业在选择市场或产业时以利益作为第一顺位的考虑因素，对所入市场或产业的技术路线、体系不熟悉，存在盲目性。这在企业创办初期规模较小时管理难度还不大，但延续到企业扩张发展阶段时，缺少战略就会成为企业发展的致命因素。企业的战略从产业上来讲就是产业定位，民营企业应该立足主业，专注于自己熟悉的领域，把握市场主动权，谨慎对待多元化发展。厦门许多民营企业诸如中盛、惠尔康、美亚柏科、精图等都是专注本业，走专业化的道路才取得现有的成绩；多元化成功企业也都本着经营专业化、投资多元化的思路，强化自己的主业，把多元化投资放到集团运作或老板的个人行为。从企业层面来看，战略则可说是企业的竞争策略。厦门成功民营企业的共性是务实、稳健、不投机。企业的经营理念与目标清晰、具体、可操作，企业能够从上至下将理念贯彻始终，不存在歧义，踏实工作、诚实待人造就了众多厦门民营企业在顾客群体中有口皆碑的品牌号召力，值得广大中小民营企业借鉴、学习。

2. 自主创新为企业可持续发展提供力量源泉

厦门民营企业总体仍以中小微企业为主，多数企业重视产品质量，主要依赖扩大生产规模或销售规模来创造利润，企业尚处于价值创造的低层次阶段，但多数民营企业已经意识到创新对企业发展的重要性，且经过30多年的发展，这些企业已形成一定的积累，急需通过创新走上转型升级之路。厦门作为全国十大创新型城市之一，有着良好的创新氛围，民营企业更多需要的是挖掘自身创新潜力，营造创新氛围。首先，要在企业内部塑造出自主创新的企业文化，使创新意识融入企业的研发、生产、管理与营销过程中，最大限度地发挥创新积极性，释放创新能力。其次，民营企业要建立起提高企业自主创新能力的长效机制。技术、产品、品牌、营销等单一领域的创新能力形成并不能为企业带来长久的发展动力，企业还要致力于管理创新，通过思想、制度、技术方法创新等由低到高影响整个企业的自主创新能力，进而形成以创新为核心的自我学习机制。最后，企业要建立起创新人才的培养与激励机制。创新型人才的存在是企业创新能力存续的基础，为此，企业应建立起科学高效的人才评价体系和激励机制，通过培育、激励、淘汰等手段创造各种条件来实现员工的全面发展，确保企业创新能力的可持续性。

3. 现代企业制度为企业发展保驾护航

厦门成长起来的民营企业多数是从家族企业转变而来的，企业的竞争力维系在优秀的创业者或管理团队身上，优秀管理团队的稳定与传承直接关系到企业经营的稳定性，决定了企业能否持续发展。因此，发展起来的民营企业首先要思考的就是如何通过制度建设为企业选择优秀的管理者，可以说构建现代企业制度是绝大多数民营企业在转型升级中必走的一步，通过制度明晰企业的产权关系，企业的管理者与员工才会清楚自己是为谁而做，为何而努力。通过现代企业制度，企业可以构建起与外部市场随机而动的内部环境，提升整个管理团队的凝聚力和战斗力，最大限度地提高管理效率。同样，现代企业制度的确立也能为企业创造一个靠市场机制选择管理者的外部环境，确保企业管理者的岗位上永远是优秀的管理者。厦门民营企业应该明确现代企业制度对企业发展的重要性，而非为单纯地为制度而建制度，要利用现代企业制度改变家族企业唯亲是用、缺乏考核、责任不清的弊端；通过现代企业制度引入职业经理人机制，将民营企业纳入现代企业管理规范，成为真正适应市场经济体制要求的现代化企业。

4. 人才培养与储备为民营企业积蓄发展力量

在市场经济条件下，企业的竞争也是一场人才的竞争，谁拥有了高素质的人才队伍，谁就拥有了成功。民营企业在创建及成长期往往存在员工与企业共同成长的现象，能够在多变的市场环境下高速发展与企业内高效率的管理团队与高忠诚度的员工是分不开的。随着企业的成长这种情况也会发生变化，企业应该有意识地培养人才、构建自己的人才梯队，形成人才储备。一般来说，企业的人才可分为管理人才与技术人才等高端人才队伍和普通员工。高端人才的管理问题重在引进、培养与留人方面；普通员工则表现在培训上。当前厦门民营企业的人才管理尚处在人力资源管理阶段，许多企业建立起人力资源管理流程，有着较为完善的招聘、考勤、薪酬福利体系，这种管理机制与人才培养与储备尚存在一定的差距。从人才管理角度来看，良好的人事制度应该注重人才的选拔与培养，人事制度的公开化、程序化、量化能够确保每个员工都清楚努力工作的好处与前进的方向，激发工作的积极性，同时避免任人唯亲的情况出现；良好的人事制度还要能够确保人才的合理流动，为员工创造更多的晋升机会；良好的人事制度还要有着公平、公正的考核、激励机制并与企业的发展战略联系起来，为企业适时、适地的选拔人才，满足企业发展的需要。

5. 畅通的资金链成为民营企业发展的安全防护

资金链就是企业的现金流量情况，体现了企业从现金到资产再到现金

（增值）的经营过程，企业的资金链管理的目标就是要维持企业资金链良性循环，周而复始不停运转。因此，第一，民营企业要有财务风险防范意识和控制现金流的能力，要确保企业资金在每个循环后都有增值；第二，要为企业确立合理的资产负债比例和现金储备，为企业的现金设防火墙机制，确保企业资金安全；第三，要区分企业现金流的来源，减少存货和应收账款的压力，降低企业的资金周转率；第四，要谨慎对待多元化，避免因多元化而侵蚀主业经营；第五，企业也要正确看待上市问题，合理使用上市融入资金，明确上市的根本在于完善公司治理结构，建立现代企业制度，促使企业走向规范化的管理道路。

厦门民营经济发展报告
（2013～2015年）

2013年以来，全球经济持续低迷、复苏乏力，国内经济仍然处于下行区间，筑底企稳迹象尚不明显，供给侧、结构性、体制性问题等多重矛盾错综交织，给国民经济发展带来巨大阻力。在此背景下，党的十八届三中全会召开，为中国经济把脉，强调稳中求进，揭开全面深化改革的序幕。会议通过了《中共中央关于全面深化改革若干重大问题的决定》，首次提出"公有制经济和非公有制经济都是社会主义市场经济的重要组成部分，都是我国经济社会发展的重要基础"，我国民营经济迎来了重大发展机遇，有了更广阔的发展空间。厦门市政府深入贯彻全会精神，于2014年出台《关于促进民营经济健康发展的若干意见》，进一步加大对民营经济的扶持力度，改善民营企业经营环境，确保民营企业面对国内外市场的严峻形势，攻坚克难，稳步推进，迈上新台阶。

一、民营经济保持良好发展态势

（一）民营经济的总量规模持续扩大

表1数据显示，2013年以来，众多利好政策的出台，给厦门市民营企业发展带来新的契机，民营企业数量急速上升，已经连续三年保持两位数增长速度。特别是近两年，民营企业发展势头更为迅猛，2014年年底统计的民营企业户数相较于2013年年底增长28.07%，2015年厦门民营企业户数更是增长了17.99万户，年增长率达到了30.41%，占到厦门企业总变动户数的90.58%。民营企业的规模扩大还体现在自身资金实力上，2012～2014年，厦

门民营企业注册资金的平均增长速度为33.88%，2015年民营企业的注册资本额达到8403.17亿元，占内资注册资本总额的69.78%，民营企业在数量与资金实力上都有了大幅提升。另外，厦门的个体工商户从2013年的12.9万户增长到2015年的17.26万户，年增长率稳定在12%以上；注册资金额在2015年也达到100.67亿元，较2014年增长了34.5%，且近三年个体工商户的资金额增长率都在20%以上，远超过个体工商户数的增长比率，经济实力有了长足进展，是厦门民营经济不可或缺的有效补充。

表1　　　　　　2011~2015年厦门个体、民营企业户数变动

年份 \ 指标	民营企业		个体工商户	
	户数（万户）	增长率（%）	户数（万户）	增长率（%）
2011	2.82	7.8	10.9	12.4
2012	3.00	6.4	11.5	5.2
2013	10.90	13.07	12.93	12.2
2014	13.96	28.07	14.60	12.9
2015	17.99	30.41	17.26	13.8

注：2015年开始，厦门对民营经济的核算口径进行了调整，改为全国通用的民营经济统计范畴，包括私营企业、个体工商户、混合所有制经济以及港澳台投资。也是因为此次调整，统计局给出了表1和表2的数据，且表2中2015年民营经济的增加值与增速与2014年存在一定的差距。

资料来源：厦门市统计局。

民营经济贡献的GDP总量占据了厦门经济的半壁江山。从表2数据可以看出，厦门民营经济增加值增速持续放缓，2013~2014年保持在10%左右。造成这一结果的原因固然可以联系到一直没有得到有效缓解的经济低迷走势的影响，但也应注意到近年来政府与企业在推动企业转型升级、提质增效等方面所做出的种种努力，这些努力正逐渐发挥效力，加快了民营企业从粗放式经营向内涵式发展的转变。也正因为如此，表2数据在显示民营企业增加值增长速度放缓的同时，其总额在全市增加值中所占的比重却在逐年提高，2014年达到25.2%。若把表2数据换算成经济增长贡献率就会发现，厦门民营经济近两年对整体经济增长的贡献率超过了28%，民营经济仍延续着良性的发展轨迹。即便把核算口径扩大，解读表2中的2015年数据，我们也不难发现，民营企业在增加值增速降低到8.1%的情况下，相较于全市GDP增速7.2%来说还是快了近一个百分点，民营经济增加值比重则达到了50.5%，成为左右厦门经济、拉动实体经济发展的主要力量。

表 2　　　　　2011~2015 年厦门民营经济增加值变动情况

年份	增加值（亿元）	增长率（%）	民营经济比重（%）
2011	607.3	12.1	23.9
2012	679.3	11.9	24.1
2013	748.7	10.2	24.8
2014	824.3	10.1	25.2
2015	1749.7	8.1	50.5

（二）民营经济的分布日趋合理

民营企业增长趋势顺应厦门城市发展布局的需要。2010 年，厦门启动岛内外一体化建设战略，城市建设重点由岛内转向岛外，厦门市产业布局随之调整，岛内重点发展第三产业，第二产业迁移岛外，逐步形成岛内外一体化全域发展的新格局。围绕着海沧、集美、同安、翔安四大新城的建设，市政府出台了一系列经济利好政策，反映到民营企业数量上可以看到 2013 年民营企业户数的增长，岛外地区总体要快于岛内地区，同安、海沧、翔安三区更为突出。2014 年，伴随着众多促进民营经济发展政策的出台，全市民营企业户数增长有了较大的进步，特别是海沧与翔安两区，增长速度都超过了 40%。2015 年，尽管民营企业数量增速有所回落，但仍然是岛外地区快于岛内地区。值得一提的是，尽管岛外民营企业发展迅速，但从资金实力上来看，仍以岛内民营企业为优，从表 3 可以看到，尽管岛外民营企业数量增长快于岛内，但在注册资金的增长上，岛内民营企业要明显优于岛外民营企业，岛内各区民营企业的实力不容小觑。个体工商户的数量增长各区相对均衡，近三年基本都保持在 10% 以上的增速，不同的是岛外个体工商户资金总额的增速要明显高于岛内，是岛外民营经济发展的有效储备。

表 3　　　2013~2015 年厦门市各区私营企业户数与注册资金变化情况

分区 \ 指标	户数增长率（%）			注册资金增长率（%）		
	2013 年	2014 年	2015 年	2013 年	2014 年	2015 年
思明区局	6.88	25.02	18.67	22.55	78.26	44.97
湖里区局	15.59	36.48	26.44	14.91	81.67	45.00
集美区局	15.65	39.75	33.88	29.22	40.58	43.70

续表

指标 分区	户数增长率（%）			注册资金增长率（%）		
	2013年	2014年	2015年	2013年	2014年	2015年
同安区局	22.14	28.06	25.61	11.49	29.94	27.89
海沧区局	21.23	43.91	24.96	51.42	46.32	56.94
翔安区局	19.15	44.89	31.08	25.20	42.10	52.52
市局	16.93	-7.21	8.74	6.78	34.82	28.40
火炬开发区局	12.04	15.93	14.81	26.15	50.74	49.02
象屿保税区局	20.94	24.31	452.02	65.00	48.99	667.50
全市合计	13.07	28.07	28.28	15.87	51.35	53.05

民营经济行业结构向合理化、高级化发展。长期以来，厦门一直致力于发展先进制造业、现代服务业，2015年年末出台的"十三五"规划也强调未来要着重培育计算机和通讯设备、航运物流、软件信息等一批千亿产业链。从表4所反映的民营经济行业结构来看，厦门民营经济实体集中的行业从早期排列前三的批发和零售业、制造业、租赁和商务服务业，变为交通运输、仓储和邮政业，租赁和商务服务业，制造业，以往民营经济中占绝对优势地位的批发和零售业比重优势不在。从民营企业注册资金比重来看，制造业企业的比重在逐年降低，而科学研究、技术服务和地质勘查业的户数比重，特别是注册资金比重上升趋势明显。从民营企业户数与注册资金的增长率来看（见表5），制造业的增速明显，可以说，制造业比重下降是厦门民营经济结构优化调整的一个表现，并非民营经济在制造业实力的下降。此外，建筑业，交通运输、仓储和邮政业，信息传输、计算机服务和软件业，租赁和商务服务业，科学研究、技术服务和地质勘查业等行业都有稳定且较高的增长速度，厦门民营经济的行业发展与城市发展战略相契合。

表4　厦门市各行业私营企业户数与注册资金比重

指标 行业分类	2013年		2014年		2015年	
	户数比重	注册资本比重	户数比重	注册资本比重	户数比重	注册资本比重
农、林、牧、渔业	0.0050	0.0040	0.0056	0.0056	0.0058	0.0063
采矿业	0.0009	0.0014	0.0007	0.0012	0.0006	0.0009
制造业	0.1496	0.1419	0.1407	0.1333	0.1271	0.1130

续表

行业分类 \ 指标	2013年 户数比重	2013年 注册资本比重	2014年 户数比重	2014年 注册资本比重	2015年 户数比重	2015年 注册资本比重
电力、燃气及水的生产和供应业	0.0004	0.0013	0.0006	0.0017	0.0011	0.0019
建筑业	0.0496	0.0576	0.0529	0.0643	0.0521	0.0631
交通运输、仓储和邮政业	0.4157	0.3251	0.4130	0.3040	0.4069	0.2969
信息传输、计算机服务和软件业	0.0301	0.0312	0.0303	0.0284	0.0289	0.0232
批发和零售业	0.0151	0.0048	0.0158	0.0063	0.0151	0.0051
住宿和餐饮业	0.0514	0.0350	0.0604	0.0446	0.0679	0.0566
金融业	0.0025	0.0151	0.0013	0.0140	0.0011	0.0090
房地产业	0.0258	0.0708	0.0218	0.0542	0.0191	0.0408
租赁和商务服务业	0.1582	0.2442	0.1532	0.2598	0.1590	0.2819
科学研究、技术服务和地质勘查业	0.0506	0.0459	0.0537	0.0576	0.0618	0.0737
水利、环境和公共设施管理业	0.0042	0.0059	0.0041	0.0055	0.0038	0.0045
居民服务和其他服务业	0.0333	0.0101	0.0277	0.0078	0.0249	0.0063
教育	0.0008	0.0002	0.0014	0.0004	0.0021	0.0009
卫生、社会保障和社会福利业	0.0002	0.0001	0.0002	0.0004	0.0004	0.0014
文化、体育和娱乐业	0.0066	0.0053	0.0165	0.0110	0.0224	0.0145

表5　厦门市各行业私营企业户数与注册资金变动情况

行业分类 \ 指标	2013年 户数增长率	2013年 注册资本增长率	2014年 户数增长率	2014年 注册资本增长率	2015年 户数增长率	2015年 注册资本增长率
农、林、牧、渔业	0.1411	0.5177	0.4127	1.1262	0.3346	0.7290
采矿业	-0.0792	-0.0108	0.0860	0.2232	0.0000	0.1698
制造业	0.0907	0.1439	0.2045	0.4213	0.1591	0.2972
电力、燃气及水的生产和供应业	0.0488	-0.0196	1.0000	0.9171	1.1860	0.7830
建筑业	0.1887	0.2700	0.3636	0.6895	0.2656	0.5023

续表

行业分类 \ 指标	2013 年		2014 年		2015 年	
	户数增长率	注册资本增长率	户数增长率	注册资本增长率	户数增长率	注册资本增长率
交通运输、仓储和邮政业	14.4780	11.4175	0.2725	0.4153	0.2636	0.4947
信息传输、计算机服务和软件业	-0.2515	0.1286	0.2879	0.3733	0.2243	0.2507
批发和零售业	-0.9591	-0.9826	0.3408	1.0137	0.2220	0.2291
住宿和餐饮业	2.4807	6.9887	0.5072	0.9276	0.4420	0.9420
金融业	0.7908	0.0600	-0.3139	0.4005	0.0585	-0.0151
房地产业	0.0786	-0.0122	0.0832	0.1581	0.1211	0.1537
租赁和商务服务业	0.1609	0.1710	0.2400	0.6099	0.3319	0.6611
科学研究、技术服务和地质勘查业	0.1743	0.2237	0.3593	0.9000	0.4755	0.9569
水利、环境和公共设施管理业	0.0776	-0.4030	0.2489	0.4098	0.1976	0.2718
居民服务和其他服务业	0.0366	0.4193	0.0670	0.1738	0.1498	0.2327
教育	0.0122	0.1567	1.2771	2.3031	0.9683	2.4070
卫生、社会保障和社会福利业	0.0000	0.2583	0.6842	3.4685	0.9688	3.8406
文化、体育和娱乐业	0.0606	-0.0597	2.2047	2.1584	0.7445	1.0114
合计	0.1312	0.1592	0.2807	0.5135	0.2828	0.5305

（三）民营经济的综合实力不断增强

民营企业成为厦门对外贸易的主力军。长久以来，厦门经济以外向型经济为特征，对外贸易的发展成为检验世界经济的晴雨表。尽管到目前为止，厦门仍然保持着贸易顺差地位，但持续疲软的外部需求，特别是 2015 年全球货物贸易出口额出现收缩，使厦门的贸易顺差总额从 2013 年 26.4% 的增速锐减到 2015 年的 4.1%。2014~2015 年，厦门进出口总值增速出现负值，对外贸易形势益发严峻。宏观环境的严苛凸显了广大进出口企业积极应对、大力开发国际市场的种种努力，2014 年和 2015 年，全市在出口总额上仍实现了正增长。具体到不同类别企业，可以发现，从 2012 年开始，民营企业反超外资企业，成为对外出口的主导力量，且这种差距正在逐步加大。2014 年，外资企业出口总额出现负增长，民营企业依然保持 1% 的增速，这种差距在 2015 年进一步扩大，外资企业出口总额下降了 2.2%，民营企业则增长 4.5%，民营企业的出口总额占比超过了50%（见表6）。2015年，厦门外贸综合竞争力水平仍然保持在第五位，民营企业的贡献功不可没。

表6　　　　　　　　2011~2015年厦门市企业出口情况

年份 指标	全市		外资企业		民营企业	
	总额（亿美元）	增长率（%）	总额（亿美元）	增长率（%）	总额（亿美元）	增长率（%）
2011	426.47	20.7	196.66	12.4	183.12	32.3
2012	450.02	12.4	200.93	2.2	205.83	12.4
2013	523.54	15.3	217.85	8.4	257.06	24.9
2014	531.65	1.6	217.53	-0.1	259.55	1.0
2015	534.97	0.6	212.00	-2.2	271.21	4.5

民间投资热情高涨，是厦门经济发展的主要推动力。宏观经济局面上的困难并没有减弱人们对厦门经济发展的信心，近三年全社会固定资产投资一直保持较高的增长速度，分别为1.12%、16.3%和20.6%。对应于表7中的民间投资情况，就会发现2013年与2014年的民间投资增长要比全市增速大得多，也就是说，民间投资意愿及动力远大于其他经济成分，带来的变化就是2014年民间投资比重达到49.4%，厦门近半数投资都来源于民间，厦门经济发展对民营经济的依赖度越来越高，民营经济的发展导向直接影响到厦门经济的未来走向。值得注意的是，2014年厦门民间投资增速达到了37.3%，脱离了稳定多年的大于10%的增速，这里必须提及的是2014年出台《关于促进民营经济健康发展的若干意见》给民间投资带来的诸多利好，好的政策环境直接带来了民间投资井喷式增长，延续到2015年，尽管民间投资有所回落，但还是把增长速度稳定在17.7%。

表7　　　　　　　　2013~2015年厦门民间投资情况

年份	民间投资（亿元）	增长率（%）	比重（%）
2013	464.2	11.3	34.5
2014	776.8	37.3	49.4
2015	868.3	17.7	45.8

民营企业税收收入逐步成为厦门财政收入的主要构成。众所周知，厦门一直存在国有企业与外资企业强、民营企业弱的经济态势，绝大多数民营企业属

于中小微企业，生存发展是企业的主要目标，企业的营利能力及对财政的贡献力有限，尽管纳税总额一直保持上升，但在全市税收收入中所占的比重与民营经济的整体表现并不相称，2013年民营企业税收收入61.46亿元，占全市税收总收入的比重为8.08%（见表8），2014年，民营企业税收尽管增速超过30%，但在比重上却有所下降。尽管如此，我们还是要看到厦门民营经济发展的强劲势头对未来财政收入构成的影响。2015年厦门百强企业出炉，民营企业54家，2家企业进入十强。在百强企业中，民营企业的营业收入、资产比重都超过外资与港澳台企业，厦门企业的实力分布已经改写。百强企业经济实力的体现也表现在它的纳税能力上，在2015年福建省纳税百强名单中，诸如三安集团、银鹭集团等多家厦门百强民营企业都网上有名。2015年，采用全国通用的新民营经济核算口径后，民营企业税收收入增长在下降的情况下，其在全市税收总收入的比重也达到了50.4%，民营企业对厦门财政的贡献开始体现。

表8　　　　　　　　　　**2011~2015年厦门民营企业税收收入情况**

年份	税收收入（亿元）	增长率（%）	比重（%）
2011	49.89	9.31	7.65
2012	50.11	0.44	6.92
2013	61.46	22.65	8.08
2014	80.68	31.27	7.84
2015	546.00	-1.20	50.40

民营经济是解决就业问题的基本保障。小微企业是国民经济中吸纳就业，特别是年轻人就业的主要渠道，2013年第三次全国经济普查数据显示，厦门小微企业法人单位有59167家，占到全部企业法人单位的95.6%，庞大的小微企业群体与个体工商户是解决民生、推进厦门经济增长的主要助力。此外，中大型企业本身就可以容纳大量的就业人口。2014年度的厦门百强企业用工人数达到33.57万人，三安集团、银鹭集团等民营企业的用工人数都在5000人以上。反映到统计指标上，表9的数据显示，2013年民营单位的从业人数在113.4万人，占年末全社会从业人数的比重为40.8%，2014~2015年，该比重已增加到53.1%和56.9%，即厦门从业人员中每两人就有一人在民营企业工作，可以说，民营经济的繁荣是厦门人民幸福生活的有力保障。

表9　　　　　　　2013~2015年厦门民营单位从业人数情况

年份	民营与个体工商户（含投资人）（万人）	比重（%）
2013	113.4	40.8
2014	151.7	53.1
2015	173.4	56.9

民营经济创新成绩斐然成就厦门创新城市名片。厦门民营企业创新从早期的关注技术创新到现在形成多头并进、全面发展的良好势头，是厦门创新城市里的积极力量。技术创新方面，厦门强力巨彩光电科技有限公司是国家级高新技术企业、国家火炬计划项目拥有者、行业内品牌知名度第一，市场占有率第一。管理创新方面，厦门眼科中心集团作为中国规模最大的眼科医疗集团之一，是中国目前医、教、研发展最为均衡的眼科集团，在多方合作共赢上给出了成功的经验；弘信创业工场与央企中集集团合资成立厦门弘信博格融资租赁公司，是央企与民企发展混合所有制经济的大胆尝试。在新兴行业领域，众多民营企业走在了"互联网+"行动计划的前列，4399网络股份有限公司是国内网页游戏平台排名第一的企业，已跨出国门进军海外市场；点击网络在新三板上市受到市场热捧；美亚柏科信息股份有限公司也将产品和服务衍生到"存证云+"、"搜索云+"、数据服务等新兴领域。在文化创意领域，2015年厦门首批11家市级众创空间名单中，爱特创业加速器、一品威客创客空间、青瓦众创空间、坚果众创空间、3W孵化圈等五家众创空间同时获省级众创空间认定。企业创新，不再是迎合市场的被动反映，创新已经成为厦门民营企业的自主行为，引领越来越多的企业走上开拓市场的道路。

二、民营经济发展中的阻碍与利好

（一）民营经济发展的阻碍

国际金融危机后，全球经济仍处于深度调整之中，恢复进程缓慢，且具有脆弱性、不确定性、不均衡性等特点，失业率居高不下，贫富差距继续扩大。受此影响，我国经济增长速度放缓，需求不足导致通缩性下行风险加大，加之中国经济改革进行了40年，很多行业企业都进入转型升级的发展区间，表现出来的一些症状就是企业负债增加、利润减少；员工薪资上升缓慢甚至止步不前……，反映到宏观层面，较为突出的就是制造业不振，经济发展存在不平衡、不协调、不可持续等问题。另外，互联网等新兴行业技术突飞猛进，给企业传统经营管理模式带来颠覆性变化，也造成企业在经营过程中的诸多不适，企业谋求长远发展的困难度加大。在厦门民营经济发展过程中，下面的几个问题尤其突出，已成为当前民营企业关注的焦点。

首先，互联网成为民营企业发展的"双刃剑"。进入21世纪，互联网业快速发展，已经具备了拉动第二、第三产业，带动国民经济的能力。基于网络这一媒介，人们的生活方式、工作方式等都发生了改变，企业销售模式、信息传递模式上的改变也给经营管理模式带来了变革，在大大降低经营管理成本的同时，也为企业带来巨大的收益。然而，从目前来看，互联网对企业，特别是以中小微企业为主的民营企业仍是一把"双刃剑"。这主要是因为互联网使信息公开、透明、即时传播，消除了企业之间、与消费者之间的地域差异，降低企业的营销成本，企业间的竞争加剧，甚至在以价格竞争为主导的领域出现"劣币驱逐良币"现象。民营企业，特别是中小微企业规模小、实力弱，原本在知名度、竞争实力上就很难与大企业抗争，现在在互联网的冲击下更是举步维艰。此外，那些依赖于地区差异获得优势的企业也把互联网看作是威胁企业生存的一个存在，而限于自身能力及企业经营实力，在短期内无法认识或借鉴互联网的优势作用为企业服务。

其次，内外经营环境上的压力加剧了民营企业的困境。众所周知，中国产品在国际市场上长期以低价质优取胜。近10年来，我国的汇率、薪资、能源成本等大幅上升，与之相对的是东南亚等地区开放市场，生产要素价格远低于国内。一方面，众多民营企业仍然没有摆脱产业链的最低端，在生产成本上扬的当下，利润日渐微薄，逐渐失去了价格竞争优势。另一方面，在过去低价竞争、以量取胜的经营模式下，多数民营企业在前期发展中原始积累并不丰厚，很多企业创新严重不足，少有拳头产品，能够走在中高端产品线上的民营企业还是少数，遭遇本轮经济危机，许多民营企业在失去了资金、人才、技术等优势的情况下举步维艰。此外，也要注意到，我国改革开放40多年来的民营企业发展历程基本处于宏观经济的上行区间，国内外市场需求旺盛，多数民营企业没有经历过经济下行的紧缩时期，无论是企业还是企业家本人对当前的危机准备不足，许多企业没有形成行之有效的应对方案，对企业的未来发展认识不清。

最后，企业传承问题对民营企业发展的影响开始凸显。我国民营企业发展至今，第一代企业元老已步入中老年，企业接班人的培养与权力交接问题开始成为影响企业未来的主要因素。其中主要存在的问题在于：一是传承人与接班人因文化背景差异对企业的认知不同。民营企业第一代传承人多成长于 20 世纪八九十年代，这一代人学历较低，通过艰苦创业，与企业共同成长，对企业有着深厚的感情；接班人在优越的成长环境下长大，学历高、理念新、实践经验不足，与企业的联系不深。这些差异导致民营企业代际之间对企业管理的分歧较大，下一代接班意愿不强，他们更愿意创业，而非传承。二是企业隐性财富难以传承。一个成功的民营企业往往都有一位卓越的企业领袖，其自身的人格魅力、威望等形成企业家精神，并进而培育起优秀的民营企业文化，这些隐性财富在传承过程中会被削弱甚至消失，进而影响企业的正常运营。三是职业经理人、资本等市场体系不完善影响企业延续发展。家族企业在内部无法找到志同道合的接班人时，还可以通过企业重组、股权转让、职业经理人管理等方式来解决企业延续问题，这不仅仅只是完善企业内部治理结构问题，还需要进一步完善外部各类市场机制，才能达到目的。

（二）民营经济发展的环境优势

2013～2015 年是民营经济发展困难重重的三年，也是我国各级政府大力倡导、扶持民营经济的三年。党的十八届三中全会明确了民营经济在社会主义市场经济中的地位，提出全面深化改革的指导思想、目标任务与重大原则。在混合经济、创新创业等领域为民营经济指出多种经营管理的可能性；提出供给侧结构改革方案，从经济结构改革入手，倒逼企业转型升级，抓住未来发展机遇。在福建省内部，有针对性的国家级部署有"一带一路"倡议，两岸金融中心与福建省自由贸易试验区的规划，厦门市政府也相继出台了一系列细化政策规定，民营经济的发展无论是政策支持还是未来发展空间的拓展都有了长足进步。外部多方政策环境的利好，为厦门民营企业提供了良好的发展空间，也得到了民营企业的认可。

1. 民营企业对外部经营环境的总体评价较高

2007 年以来的经济危机走到现在已经持续了十几年，从世界范围来看，并没有出现明显的复苏迹象，甚至在 2016 年年初，多国都把经济增长预期下调。对外，全球贸易难以为中国经济增长带来正面影响；对内，经济结构、技术等条件没有明显改善，投资、消费、出口等方面也没有良好起色，经济增长速度放缓成为必然趋势，民营企业的发展环境极为严峻。在调查过程中，认为当前外部环境对企业有所影响的达到了57.32%，认为影响较大的也有35.37%，环境因素是民营企业经营管理中的重要影响因素（见图1）。然而，从结果来看，厦门市民营企业对外部环境的反映并没有呈现出悲观情绪，多数企业对经营环境的评价是客观公正的，有着积极的一面。如图2所示，在所调查的企业中，认为经营环境好的有23.17%，一般的有57.32%，超过80%的企业对当前的经营环境给予了肯定，民营企业对外部环境的评价展示了其成熟的一面。

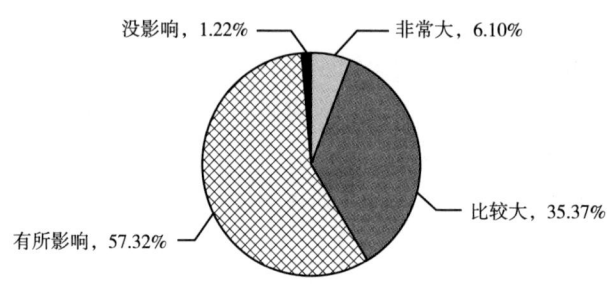

图1　经营环境对民营企业的影响

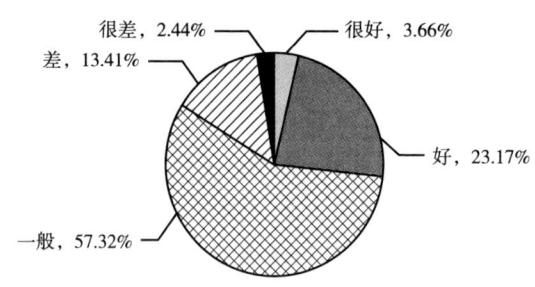

图2　民营企业对经营环境的判断

2. 民营企业的制度环境优良

厦门优良的制度环境长期为民营经济发展提供了有效助力。在可查到的厦门民营经济调查研究中，制度环境一直是民营企业给予肯定的正面因素，是厦门民营经济良性、健康发展的有力保障。在本次调查中，有62.34%的民营企业认为厦门在民营经济政策上具有地区比较优势。特别是近三年，针对外部环境的影响及民营企业的困难，厦门市政府出台了多项民营经济发展政策，为企业量体裁衣、排忧解难，取得良好效果。在调查单位中，有78.05%的企业认为这些政策对企业发展形成良好助力，剩余的21.95%则多半是因为这些政策并不适用于本企业经营领域而勾选了否定答案。在肯定厦门政策环境的调查企业中（见图3），超过30%的调查企业认为在资金、税负、人才这三大民营企业发展的"瓶颈"要素上，政府的扶持力度较大，特别是资金问题，有50%的企业认为政府发挥了应有的作用。值得一提的是，调查企业对厦门市政府部门的行政效率与企业税负优惠政策的肯定并列在调查问卷所列要素的第二位，民营企业对政府部门给予了极高的评价。

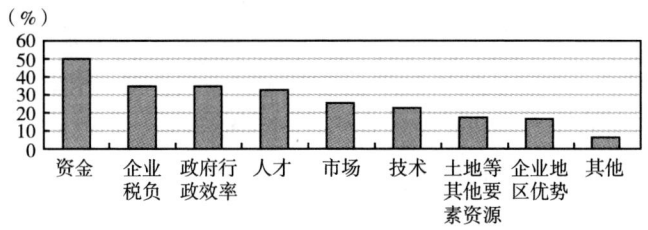

图3　政策对民营企业形成的助力

3. 民营企业对具体经营环境要素给予肯定

在问卷中列出的多项经营环境要素，多数企业都界定在中度影响上，只有税收政策、企业用地和基础设施配套三要素认为影响较大的企业更多，其中认为税收政策影响较大的企业占比为38.96%。对企业影响程度在中度与较大影响之间呈现集中趋势，勾选企业超过半数的环境因素主要有政府行政管理效率、融资环境、人才政策、税收政策、本地法治环境、宏观政策环境、本地社会环境、国内市场环境、与本地创新环境等，显示了民营企业对环境因素的高度重视。在基础设施配套、企业用地以及国外市场环境三要素对企业的影响判断，调研企业的分布出现双峰结构，有超过20%的企业把这三要素对企业的影响界定在无影响或较小影响上，特别是国外市场环境对民营企业的影响主要分布在无影响到较大影响之间，分布相对平均，这在一定程度上反映出厦门民营企业内销、外销并举，且很多企业的环境硬件条件优良。此外，民营企业对厦门总体外部环境的认可度较高，问卷中列出的所有环境要素评分都在中等及以上，对基础设施配套、本地法治环境和社会环境，多数企业给出了良好的评价，优越的外部经营环境已成为厦门民营企业健康发展的坚实基础。

（三）民营企业的自我认识

1. 企业的自我评价

从调查结果来看，厦门民营企业对外部环境的评价与自身经营发展情况相符，有57.63%的企业认为企业经营发展情况一般，37.29%的企业认为当下自身经营发展情况良好。在谈及企业的经营优势时，排在前三位的因素是市场前景、成本与企业声誉（品牌），半数企业把产品竞争力与企业管理能力纳入选项（见图4）。可以说，民营企业对自家产品的认可度很高，认为产品在品牌或价格上存在优势，对于产品在当前与未来市场的竞争有足够的信心。需要注意的是，对于人才、技术等决定企业未来发展实力的因素，勾选的企业较少，这在一定程度上反映出民营企业的发展后劲较弱，多数民营企业在目前仍缺乏与其他类型企业抗衡的实力。

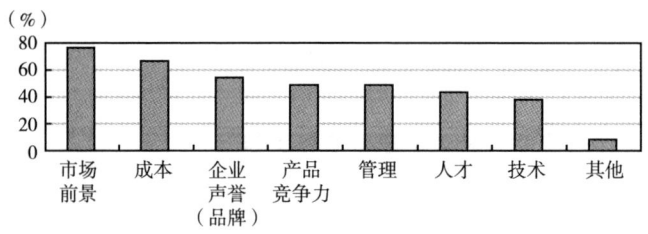

图4　民营企业的经营优势

2. 企业未来的发展预期

近三年厦门民营企业的外部环境，除经济环境受大环境影响略显不足外，其他环境要素都在逐步改进、完善中。民营经济稳步提升、呈现良好的发展态势，民营企业尽管原有的一些困难仍然存在，但从调查的结果来看，融资、税负、用工等难题的影响有了明显的弱化，企业开始把关注点放到内部，开始重视市场、产品、品牌、管理等问题，民营企业的经营管理日趋成熟，对自身有着清晰的认识与定位。基于此，在谈及未来民营企业的发展导向时，有68.29%的企业提出要稳健经营，调研企业几乎不存在冒进思想，即使有些企业已经处于发展的"瓶颈"期，开始谋求纵横一体化发展，但从调研企业来看，比例并不高，分别是21.95%和39.02%。发展迅猛的互联网业也没有使厦门民营企业放弃稳健经营的初衷，仅有15.85%的企业在未来发展中考虑使用网络平台或虚拟经营的方式（见图5）。可以说，越来越多的厦门民营企业在稳定中求发展，稳中求胜。

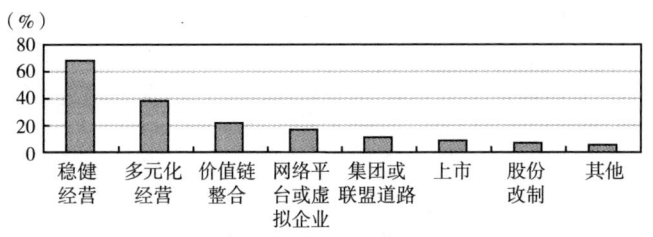

图5 民营企业的未来发展导向

三、推动民营经济发展的对策

如前所述，民营经济成分在整个厦门国民经济中的各项比重都接近或超过了50%，是厦门经济中名副其实的重要组成部分，民营经济发展的好坏直接决定了厦门未来国民经济能否持续健康发展。当前复杂的经济形势与民营企业的困境也为民营经济的发展带来更多的思考，促使我们坚定信心，持续优化民营经济的经营环境，全面激发民营经济的发展活力。

（一）强化政府与企业的角色定位

政府作为行政主体，代表的是公权，依法对公共事务进行管理，与市场所代表的私权有着本质的不同。政府行为要的是公平、高效、规范、廉洁，强调程序的重要性，这与市场对利的追求有着本质的不同，因此，政府应该进一步明确自身在市场中的位置，将市场问题交于市场解决。制度的滞后性决定了政府行为不可能先于市场做出预判，也就意味着政府通过一些产业政策或对特定行业企业的补贴等措施来达到促进经济发展目的的作用非常有限。政府对待行业或企业的态度应秉持着公平、高效、规范、廉洁的要求，给予不同行业或企业以普遍权利，减少对特定行业或企业的扶持政策，以确保公平竞争的存在，关键点在于促进企业或行业依循优胜劣汰的市场规律去芜存菁，锻造出真正的竞争力。

民营企业是私人投资、经营、受益的经济主体，企业家是民营企业的核心所在，许多民营企业的健康发展从外部环境上看，在很大程度上依赖于企业家对市场的正确判断与把握。当前民营企业面对的形势，一方面是全球经济走势持续低迷；另一方面是互联网等新兴技术在不断开拓新领域的同时，对传统行业造成巨大冲击。这需要企业家首先要展现出足够的专心、耐心与恒心，要对企业所从事的行业专心，不盲目跟从、趋短利，只有长期浸润在一个领域内才能真正熟悉它的价值创造模式以及存在的风险，了解它的优劣，进而找到与其他领域对接甚至突破、跨越自身的可能性。另外，企业家还要有自己的判断，要能创新，要寻求感性与理性的统一。不断发展、变化的市场要求企业家不能满足现状、故步自封，要时刻坚守创新与冒险精神，把企业带到正确的发展方向上。

（二）持续优化企业经营环境

1. 企业外部经营环境的优化

企业外部环境的改善在很大程度上依赖于制度环境的培育。党的十八届五中全会在"五位一体"的总体布局上提出"创新、协调、绿色、开放、共享"五大发展理念，已经为未来经济发展提出了战略思路。厦门市各级政府部门应在此前提下从区域发展角度入手，为厦门经济发展方向指路，政策应以导向性为主，引导民营经济的发展能与区域整体发展相契合。政府应着眼于公平、高效制度环境的建设。在市场监管、基础设施建设以及公共事务服务效率等方面继续下功夫，着力解决市场体系不完善、政府干预过多和监管不到位等问题，为民营企业做好后勤工作，使其可以全力投入市场竞争中去。

在具体制度环境建设方面，尽管目前民营企业的一些焦点问题已逐步得到了改善，但从长远来看，政府还应该在资金、税费、人才等方面加大制度供给。在资金方面，政府应该改变过去以补贴、特定领域税负减免等为企业解决发展资金的方式，代之以完善金融市场，以市场来促进资本的分配与流通。这需要政府在法律上明确各资金产权主体的责、权、利关系，降低各产权主体进出金融市场的门槛，接纳不同产权主体进入金融市场，以此来拓宽民营企业的投、融资渠道。政府要进一步强化对金融市场的监管，特别是针对民营企业比较突出的三角债问题，明确产权主体的责任，规范金融交易程序，加大执法力度，保障资金供需之间的合理、顺畅流动。此外，考虑到创新的重要性，政府在严格评价考核机制的基础上可借助基金或奖励资金等方式给予支持与配套，机制应该重奖励而非扶持，避免个别企业为获取政府帮助而偏离市场竞争规律。税费方面，在授权立法的许可下，根据厦门经济发展的需要，在现有的基础上，应加大民营企业的税费优惠幅度，减轻企业的负担，特别是中小微企业，考虑到该类企业的社会贡献不同于其他企业，可适当调高缴税基数，扩大优惠群体范围。人才方面，改变过去单纯依靠福利手段引进人才的方式，强调地区人口整体素质的提升，结合高校和企业加强储备人才的培养，对于高薪引进人才要注意绩效考评的合理性与长期性。

2. 企业内部经营环境的优化

企业内部环境的优化也得益于制度环境的构建与完善。从当前来看，现代企业制度的建立仍然是民营企业的重中之重。要做到产权清晰、权责明确、政企分开、管理科学，需要民营企业内部构建起完善的企业治理结构与财权结构，形成权力制衡机制，以避免企业因裙带关系或者高层管理人员的原因而导致企业经营失败。即便是非股份制企业也应该把完善企业管理制度放在首位，通过制度来管控企业的高风险行为，通过稳健经营为企业在艰苦环境中获得生存机会，进而寻求未来发展的先机。民营企业更要把制度环境的建设扩展到文化环境，制度环境仅在一定程度上说明了企业的文化环境，为摆脱当前经营困境，民营企业还应进一步发挥企业文化的作用。一是强化企业文化的凝聚力，民营企业应谋求员工对自身文化的认同感，强化员工对企业的归属，以此来降低高员工成本及高流动率的困扰；二是培育企业创新文化的氛围，日新月异的市场环境变化，要求民营企业在坚守的同时，还要懂得放弃，创新的不可预见性决定了它不能单纯依靠人才或制度的获得而产生，企业必须营造创新氛围，给予员工最大的自主性，让员工愿意突破，也敢于突破。

（三）民营经济发展策略的有益补充

1. 提高政府部门的执行力

一项制度的好坏不仅仅由其完善程度或前瞻性来决定，还取决于执行的力度。"一带一路"、两岸金融中心和自贸区政策，是影响到厦门未来整个经济布局及发展方向的重大利好,然而,从调查结果来看,民营企业并没有给予同等的关注,其中的一个主要原因就是不了解。因此,尽管多数民营企业对政府的政策、行政效率等都给予了较高的评价,但并不等于没有改进的空间。各行政管理部门依旧要在政策宣导、职责界定、事务流程,乃至服务态度等方面给出更为详尽、清楚的实施规范。各行政管理部门在对民营企业监管到位的前提下,应尽可能把企业的利益放在优先考量的位置,简化程序,减少企业不必要的支出。

考虑到企业趋利的本性,政府与民营企业之间的契约不能以机构或人员的更迭为期限,在一些关系到企业经营成本或经营稳定性的契约签订上,应就长不就短;各行政管理部门应把各种监管行为降低到最低限度,以不干扰企业的正常生产秩序为前提;对民营企业的监管部门也要加以梳理,减少交叉,避免重复设置,杜绝监管不到位或多部门监管现象。以企业创新为例,除了以专利保护法为根本的权益保障外,考虑到市场更新的速度,政府应该进一步简化专利申请、审核及转化程序,加强专利保护,借助各监管部门、行业协会以及各种传播媒体对相关政策、法律进行宣讲,帮助企业了解相关领域的技术发展趋向,为企业解决技术研发之外的各种行政管理问题。

2. 关注民营企业发展的几大问题

企业内部在现代企业制度建立之后,结合当前形势还应注意以下几点:

一是避免浮躁、焦虑的企业经营心态。实体经济萎靡、房地产等个别行业的过度膨胀,使很多企业转向短期利益,妄图通过虚拟模式或投机获利,忽视了长期投资的重要性。企业或者企业家作为国家、地区的一分子,在趋利的本性下还应该坚持一份责任担当,企业也要树立起自身的公民意识,要有自己的价值观,寻求与社会和谐发展共存,不能为一时之利而毁了企业未来的百年基业。

二要顺应区域经济社会发展的需要。在未来可预见的时期内,政府会加大结构改革的步伐,民营企业有望依法进入更多领域。一方面,民营企业应该全面积极参与混合所有制改革,通过合理选择合资、重组、并购等方式,提升自身资本实力和竞争力。另一方面,民营企业要结合厦门市的产业定位,有条件的企业应该在高端智能装备、软件和新一代信息技术、新能源新材料及应用、绿色低碳节能环保、品牌纺织服装、医药健康等领域培育竞争优势。此外,民营企业还应大力借助创新创业东风,利用众创、众包、众扶、众筹等新型孵化模式，依托天使创业、产业投资、深化创业板、新三板改革等，开展创业活动，为企业赢得更多的发展空间。

三是修炼内功。一个企业的可持续发展，离不开人才与技术。从外部引进固然可以快速解决问题，但也要考虑到企业需要负担的成本、文化冲突等问题。企业内部人才的培养与技术研发永远是企业在成长过程中的核心工作，为此，民营企业应该从战略上针对不同时期企业的经营特点制订人才需求计划，并据此对人力资源招聘、培训、考核制度制定、职务设计、资金分配等各方面形成系统性的规划，以期达到积少成多的功效。在技术研发上，企业要正视创新的投入产出关系，加大资金投入，在可以明确创新成果分享机制的基础上，借用多方资金与力量，以小博大，借由外力为企业服务。

四是企业良性传承。一方面，企业应该明确经营宗旨，通过企业文化在代际间的传承来统一高层管理者对企业的经营管理方式，建立、完善接班人的选拔、培养机制，避免代际之间因为观念、知识体系的不同而带来的企业管理经营上的割裂。另一方面，企业的传承不应只局限于企业内部接班人的培养，民营企业要建立起现代企业制度，在产权明晰的条件下，可以从外部人才市场聘请职业经理人来管理企业，以达到企业良性传承的目的。

五是转型升级。无论是当前低迷的经济形势还是互联网的冲击，对民营企业看似威胁，实则为巨大的机遇摆在了眼前。从目前来看，能够获利的企业共性是产品有技术含量、质优、差异化，存在供需缺口。厦门民营企业发展了40多年，许多企业已经积累了一定数量的资源，一是可以通过延伸企业产品的价值链条来转型升级；二是结合互联网，变威胁为动力，此外，还可以深入研究市场，寻找新的出发点。这些已经发展起来的民营企业只有转型升级才能摆脱目前宏观经济发展的困境，迎来未来广阔的发展空间。

厦门民营经济发展报告
(2016~2018年)

2016年来，世界经济呈现较多积极因素，但整体复苏缓慢且不均衡，受贸易保护主义等因素影响，经济增长动力不足，世界经济发展环境依然复杂难解。在此背景下，中国经济进入"十三五"规划的第一年，步入全面建成小康社会、推进供给侧结构性改革的攻坚阶段。民营经济作为中国经济最具活力的部分，截至2018年底，占GDP的比重达到了50.4%，已成为推动经济发展、优化产业结构、扩大就业的重要力量。从厦门来看，经历了2016年超强台风"莫兰蒂"的正面袭击、2017年金砖厦门会晤，依托2018年"双千亿"工程等发展战略的全面铺开，城市的治理能力与管理水平大幅提升，整个社会正能量汇聚，为民营经济提供了良好的发展环境，厦门民营经济在这几年也克难攻坚、砥砺奋进，交出了一份亮丽的答卷。

一、厦门民营经济发展的基本情况

（一）规模实力不断增强，拉动厦门经济快速发展

2013年以来，我国从上至下出台了许多促进民营经济发展的政策，带动厦门民营企业数量连续五年保持两位数增长。从表1和表2数据来看，2016年始，厦门民营企业数量的增长放缓进入回调阶段，但能体现民营企业实力的注册资金增速仍维持在20%以上，远高于企业数量的增长速度。具体到企业层面，近三年，厦门百强企业中过半数都是民营企业。截止2018年，厦门市境内A股上市的民营企业有37家，占全市上市A股企业的78.7%；境外上市

的民营企业有23家,占全市境外上市公司的95.8%;全市151家"新三板"企业中绝大多数为民营企业。在A股上市公司中,三安光电、亿联网络、吉比特、盛屯矿业都是市值超百亿元的公司,其中盛屯矿业在2017年的营收突破百亿大关,净利润增幅达223.67%。此外,2018年,均和(厦门)控股有限公司和禹洲集团两家厦门民营企业入围中国民营企业500强。这些企业作为厦门民营企业的代表,分布在不同行业中,成为拉动厦门经济发展的主要力量。

表1　2015~2018年厦门个体、民营企业户数变动

年份 指标	民营企业		个体工商户	
	户数(万户)	增长率(%)	户数(万户)	增长率(%)
2015	17.99	30.4	17.31	18.5
2016	22.43	24.7	20.00	15.5
2017	26.57	18.5	21.05	5.3
2018	31.09	17.0	25.39	20.6

表2　2015~2018年厦门个体、民营企业注册资金变动

年份 指标	民营企业		个体工商户	
	注册资金(万元)	增长率(%)	资金数额(万元)	增长率(%)
2015	83846316	53.05	1012279	33.75
2016	116871650	39.39	1348670	33.23
2017	157064775	34.39	1713563	27.06
2018	191986469	22.23	2208014	28.86

个体工商户方面,2016~2018年户数、资金和从业人数都保持了持续增长,注册资金数额的增长尤其突出。如表1所示,2016年年底厦门个体工商户比上年同期增长15.5%,相较于2015年的增长来说有所下降,经历了2016~2017年的调整,2018年个体工商户增速放大,达到了20.6%。户数增速的波动并不意味着个体工商户的实力减弱,从表2数据可以看到,个体工商户注册资金数额仍保持高速增长,即便在2017年增速有所放缓的情况下,三年来个体工商户的户均资本额都呈现出稳定上升状态。另外,还要看到厦门的个体工商户有超过93%集中于第三产业,批发和零售业与住宿和餐饮业的个体工商户更超过了总户数的一半,是活跃厦门市场经济不可忽视的一份力量。

厦门市第一产业的发展取决于产业内民营企业的发展，2018年民营企业贡献了第一产业的全部增加值24.40亿元。农民专业合作社是带动第一产业发展的主要经济组织形式，2016年达到2024户，出资总额为466527.89万元，同比增长分别为6.25%、7.0%。2017~2018年农民专业合作社的户数与出资额呈现小幅下降，但户均出资总额仍保持平稳上升，合作社的规模与实力未见削弱。合作社成员中以农民成员为主，通过合作社与非农民、企业单位等合作，整合资源力量，逐步参与到国内外市场竞争当中，强化了自己在市场经济中的地位。

（二）民间投资波动较大，产业布局趋向优化

如表3所示，相较于全社会固定资产投资额增速近三年的回落态势，厦门的民间投资增速呈现出起伏状态，2016年增速放缓到6.4%，2017年有了强劲的增长，2018年再次回落，比上年下降了1.5%。近三年民间投资在全市固定资产投资中的比重也较小，维持在30%上下，远低于国内近五年内民间投资比重超过60%的水平。尽管如此，并不能简单得出厦门民间投资乏力的结论，从2016~2017年来看，厦门民间投资的增速都位列全省前列，从三年的年平均增速来看，与全市相差并不大，可以说，厦门民营企业的投资信心仍在。另外，厦门民间投资结构趋于优化。近年来拉动作用较大的民间投资项目主要有厦门光电产业化项目、厦门海西国际商贸物流城、华强文化创意产业园和三安集成通讯微电子器件（一期）等，这些项目成就了一批优秀的厦门民营企业，也为厦门产业转型升级、优化布局奠定了坚实的基础。

表3　厦门固定资产投资民间占比情况

年份	2014	2015	2016	2017	2018
全社会固定资产投资额（亿元）	1572.5	1896.5	2159.3	2381.5	2622.0
全社会固定资产投资额同比增长（%）	16.7	20.6	13.9	10.3	10.1
民间投资额（亿元）	776.8	868.3	626.2	753.9	742.6
民间投资额同比增长（%）	37.3	17.7	6.5	20.4	-1.5

民间投资对厦门产业结构优化升级的影响突出表现在以下几个方面：一是民营企业成就厦门千亿产业链。在厦门现有的八条千亿产业链中，软件和信息服务业2018年实现收入1493.2亿元，同比增长16.38%。该行业的领军企业

几乎都是民营企业,其中四三九九、美图、吉比特、美柚4家入选2018年中国互联网企业100强;美亚柏科、南讯软件、科技谷在中国大数据企业排行中也榜上有名;意行半导体、芯阳科技入选2017年"中国芯"最具投资价值企业(全国5家);美亚柏科入选中国软件和信息技术服务综合竞争力百强企业;咪咕动漫作为国内最大的动漫发行平台,参与制定的手机动漫标准,成为我国文化领域的首个国际技术标准。二是高端制造业中的民营企业后劲增强。厦门作为全国LED全产业基地之一,自2016年以来,陆续有三安集成电路、乾照光电等一批项目建设、投产,其中三安光电、乾照光电、立达信等企业行业龙头地位稳固,在技术及产能方面都处于行业前列。三是服务业中民营经济撑起半壁江山。厦门民营企业的数量占企业总户数的90%以上,前文提到,绝大多数企业集中在服务业中。仅规模以上重点服务业中的民营企业2017年就完成营业收入683.87亿元,占规模以上服务业的42.7%,增长1.2%。此外,民营企业在生物技术推广服务、文化与健康等产业领域增长迅速,家政、餐饮等传统服务业也加快了转型的步伐,小羽佳等三家企业跻身全国家政百强。四是民营企业以产业园区为中心形成集聚效应。在厦门,大量民营企业集聚在火炬园、软件园、创意产业园等众多产业园区内。以厦门软件园为例,作为软件与信息服务业的重要载体,在2018年实现营业收入近1001亿元,同比增长19.17%。园区立足于智慧城市及行业应用、大数据人工智能、数字创意、电子商务和移动互联等五大细分行业领域,已形成特色鲜明的产业集群,拥有3家国家级双创示范基地、14家国家级众创空间、13家省级众创空间和63家市级众创空间。

(三)经济效益增长,加大对地方经济的贡献

厦门民营经济增加值这两年也在调整中保持上升势头,如表4所示,民营经济的增加值2018年为2414.2亿元,增长了6.6%,近三年的平均增速也达到了10.19%。民营经济增加值自2015年以来占全市GDP的比重都大于50%,2018年尽管各项指标有所回落,但测算的民营经济对全市GDP的贡献率仍达到了43.05%,民营经济实力的不断增强,已成为厦门国民经济发展的主要力量之一。具体到产业上,厦门的第一产业一直由民营企业垄断,全市第一产业的增加值均由民营企业贡献,2018年同比增长了2.6%;民营经济第二产业增加值占全市第二产业GDP的比重也达到了60.66%,增速放缓实力并未减弱;

民营经济2018年第三产业实现增加值1188.72亿元，同比增长6.8%，仍有较大的上升空间。

表4　　　　　　　　厦门市民营经济增加值产业分布

指标 产业分类	民营经济增加值（亿元）			全市增加值（亿元）		
	2016年	2017年	2018年	2016年	2017年	2018年
第一产业	22.75	23.23	24.40	22.75	23.23	24.40
第二产业	1003.42	1110.79	1201.10	1694.00	1815.92	1980.16
第三产业	1003.52	1064.73	1188.72	2328.11	2512.03	2786.85
合计	2028.37	2198.75	2414.22	4043.85	4351.18	4791.41

实力增强的民营企业对厦门国民经济的贡献日益加大。税收方面，2016年民营企业和个体工商户缴纳各项税收总额为176.28亿元，2017年去除民营参股部分的民营企业税收总额也达到91.77亿元。在以年销售收入1亿元以上，纳税总额1000万元以上的龙头企业评定中，首批就有宏发股份等30家民营企业入榜；2016年厦门总商会会员企业中有30家被授予纳税大户称号；2018年各区纳税大户名单中民营企业数量都过半，民营企业已成为厦门主要的税收主体来源。就业方面，这两年随着"双创"政策支持力度的持续加大，厦门小微企业迅速增加，2016年全市新登记小微企业84716户，同比增长23.38%，占新登记内资商事主体的87.74%，民营企业和个体工商户（含投资人）的从业人数有213万人，同比增长了22.84%。2017年从业人数达到245.03万人，同比增长15.04%；2018年的从业人数为284.04万人，同比增长15.92%，民营经济从业人数一直保持15%以上的增长状态。社会责任方面，厦门民营企业一直将自身发展与社会发展并重，有组织、有针对性地参与到各种公益活动当中。由民营企业发起设立的慈善基金会越来越多，这些基金会将厦门公益事业带向社会化、组织化持续化和专业化发展的道路，2017年在中国（厦门）商人节开幕式上有15个公益慈善品牌获奖。近年来由民营经济代表发起设立的厦门市光彩事业会共发动总商会会员企业捐款430多万元，致力于助学、帮困，推进"民企联村"帮扶活动取得了良好的效果，2018年有9家企业受福建省光彩事业促进会通报表彰。此外，厦门民营企业响应"乡村振兴战略"，近几年开展"精准扶贫"活动，先后进入诏安、连城等地根据当地资源优势开展帮扶活动，并总结经验，将"精准扶贫"活动逐步推广到省外地区，扩大厦门民营企业的影响力。

（四）外向发展导向，助力对外贸易成效显著

厦门是我国对外贸易发展较早的地区之一，外向型经济特征明显，厦门市在 2018 年中国外贸百强城市中列第六位。近几年，国际贸易形势严峻，厦门对外贸易发展的主要方向转向加快外贸转型、优化贸易结构、增加贸易附加值。在一系列政策的助力下，厦门民营企业的对外贸易展现出良性发展势头。主要表现为：其一，出口商品结构优化。传统的加工贸易呈现下滑萎缩状态，2017 年进口中来料加工总量仅占进口额的 4.2%，一般贸易占进口贸易的 68.4%，增长 37%。其二，民营经营主体比重增加。2016 年实际从事进出口业务的民营企业有 9050 家，占全市实际从事进出口业务企业总数的 81.66%，其中，出口值超过 1000 万美元的企业有 2368 家，进口值超过 1000 万美元的企业有 439 家。2018 年，厦门外贸民营企业数增至 9965 家。其三，新型贸易业态不断涌现且发展迅速。2016 年，嘉晟成为全国首批外贸综合服务试点企业，"一达通"正式落户厦门。2017 年，亿联网络入选中国服务外包成长型企业 100 强，优利得等六家民营企业获评国家文化出口重点企业。民营企业聚集的软件园荣获中国服务外包产业集聚园区。

由于政策性原因，厦门民营企业进入外贸领域时间较晚，经过短短 20 年的成长，业已成为厦门最富生命力的外贸经营实体。这两年持续低迷疲软的世界经济导致"逆全球化"思潮抬头，贸易保护主义势力上升，对外贸易的不确定性增强，给厦门外贸企业，特别是民营外贸企业带来较大影响。2016 年厦门市全年实现外贸进出口总值 5091.55 亿元，比上年下降 1.5%，如表 5 所示，出口 3094.22 亿元，下降 6.7%，进口 1997.33 亿元，增长 8.0%；贸易顺差为 1096.89 亿元，下降 37.0%。民营企业进出口总值 1992.60 亿元，同比下降 6.2%，其中，出口 1503.0 亿元，下降了 10.7%，进口 489.6 亿元，增长 11.2%，民营外贸企业受到的影响要高于全市整体外贸企业的水平，但民营外贸企业带来的贸易顺差接近于全市水平。2017 年，厦门对外贸易止跌回稳，全年实现外贸进出口总值 5816.04 亿元，比上年增长 14.3%。民营企业进出口总值 2113.09 亿元，增长 6.1%，其中出口 1542.36 亿元，增长 2.6%，进口 570.73 亿元，增长 16.5%，民营外贸企业带来的贸易顺差为 971.63 亿元，高于全市贸易顺差 691.26 亿元。2018 年的贸易顺差略有下降，但仍高于全市贸易顺差水平。综上所述，虽然民营外贸企业的实力还有待提高，但对厦

门对外经济的贡献已不容小觑。

表5　　　　　　　厦门2016~2018年进出口指标分析　　　　　单位：亿元

年份 \ 指标	全市		民营企业	
	进口总值	出口总值	进口总值	出口总值
2016	1997.33	3094.22	489.60	1503.00
2017	2562.39	3253.65	570.73	1542.36
2018	2663.77	3341.54	622.00	1502.19

（五）创新创业效应明显，企业优化升级步伐加快

厦门作为国家第二批创新城市试点单位，多年的投入与经营已经取得丰硕的成果。从民营经济的角度来看主要表现在以下几个方面：其一，创新创业集聚发展，小微企业活力四射。2016年，厦门新增2个国家级小微企业创业创新示范基地，新培育成长型中小微企业492家、55家专精特新小微企业，每万人拥有有效发明专利数18.4件，为全国平均水平的2.3倍；2017年，火炬高新区入选全国第二批大众创业万众创新示范基地，新增国家中小企业公共服务示范平台3家。蓬勃发展的众创空间主要集聚在软件园二期、云创智谷、龙山文创园、湖里高新技术园、集美创业大厦和软件园三期等地。这些众创空间的运营主体90%都是民营企业，呈现出专业化、精细化和多元化的发展态势，其中美亚柏科网络安全国家专业化众创空间和金旸高分子新材料国家专业化众创空间入选第二批33家国家专业化众创空间示范名单。其二，高新技术产业优势明显，涌现一批优秀的民营高新技术企业。2017年，全市规模以上高新技术产业增加值976.3亿元，增长8.4%，新培育省级科技小巨人领军企业182家。在厦门新兴产业"专精特新"企业十强中有七家民营企业，这些企业科技含量高、竞争力强、效益好，其中的美图移动的产值增长超过了50%。技术方面，金牌厨柜、盈趣科技两家企业项目入选国家智能制造试点示范项目。其三，互联网、电子商务发展迅速，成为厦门民营经济的一大特色。在众多创业经营领域中，以游戏、大数据应用、电商为主的移动互联网是厦门民营企业主要关注点。2018年中国互联网百强企业中有4家厦门民营企业上榜，分别为美图、4399、吉比特和美柚，它们均坐落于厦门软件园区，其中4399更是连续六年入围百强。除了软件园外，"云创智谷"等新兴产业园区作为中

小企业应用互联网创新创业园,也为园区内企业提供了充足的保障条件。互联网企业与电子商务产业的发展成就了厦门,多年来厦门一直位列"电商百佳城市"十名以内。

二、厦门民营经济发展的 SWOT 分析

(一) 优势

首先,产业集聚为民营企业提供了发展空间。以软件和信息服务业为例,厦门软件园是其重要载体,2017 年实现的营收占整个产业营收的 65% 以上。园区内企业有 3300 多家,在五大细分行业领域形成特色鲜明的产业集群。产业链群内不但有众多活跃的中小企业,还有实力雄厚的龙头企业与高成长性企业,其中,美亚柏科是全球最大的电子数据取证公司;亿联网络统一通信终端全球第二;美图公司在"全球前十大移动应用开发商排名"中排名第六……这两年厦门评选的贡献大、增长快、创新强等三类重点软件和信息技术服务企业中绝大多数为民营企业。以园区为载体为企业提供基础设施及管理服务,配以全方位的产业扶植政策,促进了技术、人才与企业的有机融合,一批优质企业的汇聚也为行业发展带来巨大的"羊群"效应。在这些因素的影响带动下,厦门软件和信息服务业的发展由规模扩张转向质量升级,着力打造新业态,进一步完善产业链。

其次,创新为民营企业注入了新的生机。厦门地处福厦泉国家自主创新示范区内,拥有 4 家国家级重点实验室,2 家国家级工程技术研究中心,847 家创新型(试点)企业,创新氛围浓厚,创新驱动力也在不断增强。一批民营创新型企业通过加大科研投入力度,提高创新能力,成为厦门经济的引领者。以三安光电为例,企业承担国家"863""973"计划等多项重大课题,拥有国家级博士后科研工作站和国家级企业技术中心,是"国家高技术产业化示范工程"企业。前文提到的新兴产业"专精特新"企业十强也是厦门科技含量高、创新能力强、经济效益好、竞争优势突出的企业典范。此外,各种创新创业载体的创建及扩大,为民营企业的孵化与成长注入了活力与动力。目前,全市共有 200 多家众创空间,其中,美亚柏科网络安全国家专业化众创空间依托其上市公司及行业领先地位,为企业内外部的创业者提供了全产业链创业支持

与服务，孵化了34个创业项目；金旸高分子新材料国家专业众创空间则采用合伙制模式整合产业链资源，孵化了33个创业团队。截至目前，在这些众创空间内注册的企业超过3000家，培育了12家上市（挂牌）企业，众创空间已成为厦门创新创业基地。

最后，闽南文化精神为民营企业扎稳了脚步。厦门民营企业文化各不相同，但企业家身上都有着低调、务实、拼搏、自信、果敢的特征，这些属性由闽南文化浸染而来，可归纳为重义逐利的经商意识、爱拼敢赢的拼搏精神、兼容并包的和合思想。福建闽南地区自古就有重商情结，追求义利一致，既要务实求利，又强调获利反哺。反映到现实中，可以看到民营经济在闽南地区发展迅速，很多地区民营经济占比超过了90%，晋江经验成为全民学习的楷模，即便在厦门面对强大的国资与外资，民营经济也占据了半壁江山。商人逐利的本性并没有掩盖其回馈社会的义理追求，闽商在中国慈善榜上的排名一直处于前列。2016~2018年分别有8位、18位和11位闽商入选《胡润慈善榜》，这里就包括地处厦门的骏豪地产、华夏眼科、三安电子和恒兴集团。探索这些企业成功的秘诀就会发现，爱拼敢赢与兼容开放是其在发展过程中的共性，厦门民营经济发展的几个情况印证了这一点：国际金融危机发生前，繁荣的国际市场形势促成了厦门民营外贸企业的迅猛发展，长期内该领域都是厦门民营经济的主要支柱行业；危机发生后，厦门民营经济并没有低迷不前，反倒在短短10多年的时间内，抓住互联网机遇，成就了软件和信息服务业的千亿产业链。在一些小众行业上，厦门民营企业也成绩卓然，如占据玛瑙资源进口总量80%，销售份额国内80%、国际60%的玛瑙行业；代表当今中国佛事用品产业发展最高水平的厦门国际佛事用品展等。

（二）劣势

多数民营企业规模小、实力弱，抗风险能力低。从前文数据可知，2018年厦门民营企业户均注册资本只有617万元，当年新设企业中近90%为注册资本（出资额）在500万元以下的小微企业，企业的资产规模小、销售收入少，资本积累有限，资金实力弱，很难抵抗市场风险。即便是已经发展起来的民营企业也难与国企和外资企业抗衡，2018年厦门百强企业的前十名中只有均和（厦门）控股有限公司和厦门禹洲集团有限公司是民营企业，营收突破千亿元的企业全部为国有企业。民营企业聚集的服务业里，能列入十强的也只有均和（厦门）控股、禹洲集团和恒兴集团三家公司。截至 2018 年，厦门没有一家民营企业入围科技部公布的独角兽企业名单，在民营企业成绩斐然的软件和信息服务业，尚无一家企业可以入围中国软件收入百强企业，超 10 亿元规模的也仅有咪咕动漫、三快在线和四三九九等三家企业。实力弱可以说是民营企业无法获得平等对待的一个主因，实力弱也限制了民营企业在人力资本和技术研发上的投入，一旦市场发生变化或政策发生改变，企业将难以继续发展，更遑论做强、做大。

低成本优势消失挤压了利润空间，造成许多民营企业陷入经营困境。近年来，原材料成本、用工成本、融资成本、用地用能成本等不断攀升，税费虽有下降趋势，但总体负担并未实质性减轻，这些已严重挤压民营企业的利润空间，削弱了企业的市场竞争力。除单纯价格上涨带来的成本压力外，还有许多其他因素的变化也加剧了企业的成本负担与经营困境。其一，人力资源方面。厦门的高房价与紧缺的教育资源，匹配的是不占优势的薪酬水平，近几年已成为阻碍人才落地的主因；社保、高管退税等人力资源相关政策在执行层面上存在的问题不但没有减轻企业压力，反而在一定程度上加重了企业负担；《劳动法》等法律制度在对员工提供保护的同时存在损害企业权益的情况，最终损及的仍是职员的利益。其二，投融资方面。民营企业在投资上遭遇歧视性待遇，加之急功近利的取向加大企业在投资、经营上的风险。融资方面，银行对民营企业的"惜贷""抽贷""压贷"现象依然存在，民营企业的融资条件严苛、抵押担保难度大、成本高，一些政府配套的资金扶持政策不到位，无法解决企业的实际困难。融资环节的各种服务收费积累起来也是企业不可小觑的资金负担。其三，其他方面。目前出台的民营经济发展政策与其他地区相比优势不明显，缺少针对性，且存在落地困难；一些基础设施配套跟不上企业特别是高新技术企业的需要，也会增加企业的用地用能成本；个别政府职能人员的不作为行为或干扰企业经营活动的行为并未杜绝，企业交易成本仍然偏高。

（三）机会

战略层面。对外，厦门作为 21 世纪海上丝绸之路的支点城市，已针对 9 个"海上丝绸之路"沿线重点国家在基础设施、贸易金融、双向投资、海洋合作、旅游会展、人文交流六个领域制定了行动方案，2017 年设立了全国首支地方政府主导的"海上丝绸之路"投资基金，引导社会资本支持本地企业境外投资，为"走出去"企业保驾护航，已取得初步成效。近两年，厦门与"海上丝绸之路"沿线国家的贸易额与投资额都呈双位数增长，这也带动了民营企业"走出去"的步伐，2017年"走出去"的民营企业有261户，占比高达87.87%。对内，配合"中国制造2025"的提出，厦门在产业布局上持续优化，通过一系列政策规划，明确产业转型升级的发展路径，促进产业区集聚发展，通过积极推动"双千亿"工程做大做强优势产业。厦门连续三年上榜"推动实施'中国制造2025'、促进工业稳增长和转型升级成效明显的市、直辖市辖区"，在新型工业化产业示范基地布局、智能制造和服务型制造等试点示范方面都可得到国家优先支持。此外，厦门加大力度深化创新驱动发展战略，推动"双创"蓬勃发展。近年来，通过"降成本、优环境"专项活动、知识产权综合管理改革试点、推进"19+20"创新平台项目等一系列举措，厦门在创新方面收获颇丰，获得了国家自主创新示范区、海洋经济创新发展示范市、国家十大知识产权强市创建市等多种荣誉称号。

政策层面。战略若想成功，落地执行是关键，前面提到的三个国家级决策在实施过程中都有可遵循的结合厦门本地情况而制订的行动方案或计划。对于重点扶持的产业领域，如人工智能产业、软件和信息服务业等，还有专项政策支持。鉴于当前企业存在的困难，政府专门颁布了"科技创新25条""人才新政45条"等提供帮助。针对民营企业面临的困境，厦门市政府在2014年和2018年两次出台《关于促进民营经济健康发展的若干意见》，并指导各行政部门以及各区、园配套具体的实施细则，为民营经济的发展营造了良好的环境基础。以思明区为例，对民营企业的扶持主要表现在：利用产业和科技扶持资金帮助民营企业规模扩张、技术创新；提供奖励资金鼓励民营企业与高校联合；建立重点民营企业借款信用平台和补偿机制，设立小微企业会计人员资金和应急还贷资金等解决民营企业融资难困境；强化政务服务，简化民营企业办事流程，把为民营企业服务落实到实处。

市场方面。我国"十三五"规划把"拓展网络经济空间"纳入国家战略规划，意味着基于大数据、云计算、"互联网+"等概念的网络经济将成为我国未来经济社会发展的主流。在未来，以云计算为依托，利用大数据可以带给企业更强的决策力和发现力，为人类创造更多的价值。企业可利用信息技术或平台，将互联网与传统行业相结合，赋予传统产业以开放、平等、互动的新特性，进而改造传统产业的生产方式，促成产业优化升级，创造新的发展业态。换句话来说，企业借助互联网可以实现跨界融合，以开放的姿态融合外部创新成果，提升自身的创新力与生产力，加速企业改变定式思维方式，重塑企业结构。当前人们所看到或体验到的分享经济、平台经济等都是企业跨界的结果，企业的成败不再是大小强弱问题，更多表现的是对市场、技术的敏锐与反应度，可以说，未来谁掌握了互联网，谁就掌握了市场上的主动权，谁就有了生存和发展的空间。厦门在这方面已做好充足准备，近两年由政府牵头进行了许多技术、资金、服务等专业平台建设，出台了《厦门市专利运用行动实施意见（2015～2018年）》，鼓励并开展企业上云服务等，在软硬环境上为企业提供了极大的便利。

（四）威胁

国际市场上，2016年，由于发达经济体经济增速明显回落，使世界经济增长普遍低于预期，国际贸易投资更加低迷，全球债务水平继续升高，金融市场脆弱性增大。2017年，世界经济尽管有止跌趋势，但向好的基础并不牢固，无法预期未来高速增长的势头。2018年，有资料显示是百年来全球资产表现最差的一年。低迷的国际市场环境导致贸易保护主义和去全球化势力的抬头，企业为应对贸易壁垒，经营成本进一步加大。以外向型经济为主要特征的厦门对美贸易的依存度高于全国平均水平，进出口额中对美占比均居国家和地区的首位。特朗普当选总统后，推行贸易保护主义政策给中美贸易带来巨大变数，不利影响增加，此外，2016～2018年的外汇市场波动剧烈，人民币对美元汇率的变动幅度超过6%，许多企业受影响丢了利润。相较于国际市场上不确定性的加剧，大多数企业的经营都在稳定持续的状态之中，受内外条件限制，无法对国际市场走向做出准确判断或者是无法及时调整企业经营以适应国际市场的变化，这可以看作是2016年厦门民营经济各项指标的增速放缓的一个主要原因。

国内市场上，近年来，我国实体经济处于下行通道，市场需求较弱，产能过剩、资金瓶颈、成本压力、创新难题等诸多问题一直困扰着企业。厦门实体经济形势同样严峻，同其他地区相比，有两个现象尤为突出：其一，房地产价格。厦门在我国15个副省级城市中GDP排名靠后，近三年的房价却在全国排名前五位，房价工资比更是排名在前三位，过高的房价不但推高企业的经营成本，抑制了人才的流入，更吸纳了大量资金进入房地产业，掏空实体经济。其二，实力强大的国企与外资威胁。前文提到的2018年厦门百强企业的前十名，有七家国企、一家外企；国贸控股、建发集团和象屿集团2018年的营收均超过2000亿元，在百强企业中稳居前三位；国企在制造业和服务业十强中占多数。2017~2018年，厦门的十大品牌中国企与外资企业品牌的数量也过半。差距过大的强弱对比决定了民营企业在厦门市场中的劣势地位。此外，网络经济的快速发展也带来了许多隐忧。目前我国网络经济的发展主要是利用平台建设整合中低端制造业和服务业资源，实现规模收益。从当前来看，这种平台经济对于高附加值创新领域或者说对于实体经济创新发展的作用并不直观，若平台经济的发展最终没有将资本的流向转往高端创新需求领域，势必造成"劣币驱逐良币"的结果，影响企业乃至产业的优化升级。

三、厦门发展民营经济的建议

首先，积极落实民营企业的平等国民待遇。党的十八大报告提出要保证各种所有制经济依法平等使用生产要素、公平参与市场竞争、同等受到法律保护。结合当前厦门民营企业的情况，在落实民营企业平等地位方面还应从以下几个方面加以具体化：其一，政府应继续优化法治环境，依法保护民营企业和企业家的合法财产权不受侵犯，合法经营不受干扰，以此强化民营企业的平等地位，提振民营企业家的信心。其二，政府应在服从宏观调控的基础上，强化微观服务，为企业提供快捷高效的全方位、多层次服务。政府要急企业之所急，帮企业之所需，在简化办事程序的基础上，还应公开政务，实行首问负责、限时办结，在实际工作中落实民营企业的平等待遇。其三，政府应完善相关政策措施，破除各种壁垒，让民营企业获得实质上的平等对待。政府应大力清理民间资本准入的不合理限制，持续推进行政审批制度改革，允许民营企业进入所有法律法规没有明令禁止的行业领域，打破国有资本在某些行业的垄断地位，完善要素自由流动机制，使民营企业能够平等参与要素市场竞争，消除竞争起点上的不公平。政府应继续拓宽金融体系，推动多元化金融生态系统的构建，形成能够与不同企业相匹配的金融格局，让资本市场能够真正惠及民营企业，特别是中小企业。此外，政府在财税体制、监管模式等方面也要加大改革力度，加快形成有利于民营经济发展的公共服务体系。其四，平等对待民营企业，在当下还应体现在对本土企业的重视上。政府应加大对本土企业的扶持力度，在不降低标准的前提下，适当给予本土企业一定的优先权，夯实本土企业在实体经济中的支撑地位。

其次,持续增强民营企业抗风险能力。民营经济的健康发展需要稳定、公平、透明、可预期的营商环境,需要政府在市场准入机制、产权制度、融资、税负等多个方面加大改革力度,减少企业负担,让民营经济在公平公正的竞争环境中锻炼成长。另外,民营企业自身也要勤修内功,通过完善自身来增强抗风险能力。具体来说,一是要弘扬企业家精神,完善企业文化。2017年中央以专门文件聚焦企业家精神,从爱国敬业、遵纪守法、艰苦奋斗;创新发展、专注品质、追求卓越;履行责任、敢于担当、服务社会等方面对企业家精神进行了梳理,在此基础上,民营企业应提炼自己的企业文化,增强民族文化的自信和自觉力,努力营造鼓励创新、宽容失败的创新文化氛围,弘扬创新精神与工匠精神,紧抓主业、深究品质,逐步从规模扩张向高质量发展转变。二是优化组织架构,实现管理现代化。复杂的市场环境要求民营企业加快制度设计与机制创新,通过提高组织变革效率以满足市场变化的需求。民营企业应尽快建立起现代企业制度,以规范化的管理降低决策风险;应自上而下进行组织变革,以达到组织形态、规模以及绩效方面的有效管理,减小企业运营风险;应横向联合,集群发展,抱团形成优势,以对抗市场风险;应理性设计企业传承计划,规避企业新老交替过程中的各类风险。三是培育、储备人才以备企业未来发展之用。民营企业要构建"金字塔"型人才储备系统及制度体系,既要发挥高端人才在创新方面的引领作用,也要认识到中低层次人才对创新乃至企业的支撑作用,通过落实人才优惠政策、完善薪酬激励制度与人才培训规划,为企业做足"引人、育人、留人、成就人"的功课。

再次,努力提升民营企业经济实力。民营经济实力的提升在很大程度上取决于民营企业获取利润的能力,这要求企业在提高收益的同时,更要降低成本,以谋求最大投入产出效率。从目前来看,应重点关注的节点有:其一,以创新驱动收入增长。全社会都应把创新放在战略层面来思考,认识创新是引领发展的第一动力。政府方面,应加快科技服务平台、资源共享平台、创业服务平台、科技企业孵化平台等创新载体的建设;大力推进产学研结合,创新运行模式以完善科技研发、引进、培育与转化机制;加大知识产权保护力度,提高侵权成本,加速知识产权市场化进程。企业方面,应明确发展定位,培育创新思维与创新意愿;加强合作,建立或与其他企业、部门联合创立创新机构或研发部门,广泛利用各方资源,共享创新成果;设立专项创新基金,加大研发力度,以技术创新带动产品创新及模式创新,推动企业转型升级。其二,多方位降成本策略增大企业利润空间。降低税费方面，政府应推行积极财政政策，对现行各项扶持、优惠政策进行梳理，规划重点发展和扶持产业目录，有针对性地灵活运用不同财政政策加大减免力度，可以考虑借用绩效管理的方式对政策执行进行评估，提高政策实施效力。降低资金成本方面，可以从拓宽融资渠道与提高民营企业资信水平两个方向来降低融资费率。政府要鼓励符合条件的民营企业参与或申办银行等金融机构，小额贷款公司、要素交易市场等都是较为合适的融资渠道；政府应健全市、区两级政策性融资担保体系，或者考虑由协会牵头，组织民营企业以团体的方式与金融机构对接，针对会员单位订制战略授信额度，在降低金融机构风险的同时，也让小微企业有款可用。降低土地成本方面，政府应加大土地供给，简化用地审批手续，可以考虑借用级差价格来解决企业土地使用过程中的效率问题。降低人工成本方面，政府应通过高层次人才个税奖励比例，灵活的参保方式等为企业减负；在加大保障性住房和公共租赁住房建设的基础上还应放开民营企业参与廉租房建设，推动各区在人才集聚区周边建设人才公寓，帮助企业完善产业园区周边的教育、商业等配套设施，缓解高房价对企业及人才的影响。

最后，主动出击缓解民营企业面临的外部压力。面对外部环境带来的机会威胁，政府与民营企业应该主动出击，化被动为主动，增强自身实力，扩大国际影响力。政府方面，一是搭建文化展示交流平台，展示厦门与交流地区的优秀文化，促进双方的深层次了解，扩大民间交流的频率。二是要搭建贸易交流信息平台，做好信息沟通桥梁的纽带作用。对内，应打通政府、行业与民营企业间的信息沟通；对外，应做好厦门民营企业的推介工作与合作地区的商情介绍，使企业不打无准备之战。三是尝试建立对外贸易地区与企业的信息档案库或技术贸易壁垒数据库，收集厦门企业在"走出去"过程中遇到的共性问题及经验积累，为民营企业"走出去"提供咨询服务。四是要建立、完善针对外界环境突发事件的预警、应急反应机制，协助民营企业预作判断，快速反应以降低经营风险。五是要推动双边、多边贸易谈判或投资贸易洽谈，为"走出去"企业在当地创造良好的经营环境。六是加大金融、保险、外汇、知识产权等方面对民营企业的支持力度，为民营企业"走出去"提供动力。行业方面，一是发挥龙头企业的带动作用，以龙头企业凝聚行业内中小企业形成抱团之势，加强民营企业"走出去"的实力；二是完善产业链条，增强产业集聚，以产业优势带动民营企业"走出去"；三是行业协会应以服务企业为宗旨，主动承担起对本行业及贸易地区的信息数据收集与监测工作；四是行业协会应从本行业全局出发,加强行业自律,规范行业内企业的竞争秩序,提升行业整体竞争力水平;五是行业协会要协助或代表民营企业应对各种贸易壁垒或争端。企业方面,一是重视当地经济社会发展情况,民营企业向外发展时的首要任务就是研究国际惯例及当地法律、经济、社会等环境的发展水平,制订符合企业与当地需要的管理机制,推进与当地发展水平相适当的产品或项目;二是要建立风险预警与管控机制,民营企业要加大在风险防范方面的投入,增强风控意识,建立、健全内部控制体系,论证各种可能出现的风险及规避途径;三是重视当地工会、宗教、行业协会等方面的影响作用,民营企业要注意地域差异给企业带来的影响,妥善处理各方关系,认真履行所在地区应尽的社会义务,为地域间的发展与交流做出贡献。

思明区民营经济发展问题研究

——以第三次经济普查数据为依据

2008~2013年,受国际金融危机影响,厦门外向型经济遭遇到严重挑战,尽管已经企稳回升,但在今后较长一段时间内,改变经济发展模式,促进内涵式增长的压力会持续存在。作为厦门经济的重要组成部分——民营经济在内外环境影响下放缓发展脚步的同时,呈现出规模扩大、结构优化、经济地位增强等良好态势,展现了民营经济超强的适应能力和发展后劲。思明区作为厦门市商贸服务业的中心,民营经济一直是全区经济发展的主力军,因此,研究民营经济的发展规律,激发民营企业的发展活力,是增强思明区经济发展实力、促进经济可持续发展的有效手段。

一、思明区民营经济[①]发展现状

从第三次经济普查数据来看,思明区民营经济的发展展现出与厦门民营经济整体一致的特征:规模扩大、结构优化、实力增强,除了吸纳大量就业人口、成为劳动力就业的主体市场外,思明区已壮大起来的民营企业还呈现出稳健经营的良好发展势头。另外,也要看到,思明区民营经济发展的优势行业仍以传统行业为主,再加上近几年受外围环境影响,许多民营企业的盈利能力下降,民营经济的发展还存在许多阻碍,需要逐步克服,从自我修炼做起,增强竞争实力,争取更大的发展空间。

---

① 依国家统计局的规定,民营经济统计的范畴是私营经济个体企业主体,包括私营独资、私营合伙、私营有限责任公司、私营股份有限公司四类企业,加上个体工商户和混合经济中的个私部分。受资料限制,本文中提及的私营经济个体企业主体除额外说明外,主要指的是各种私营企业部分,不包括个体工商户。

（一）优势

1. 民营经济的规模与实力逐步增强，成为国民经济的主要构成

民营经济的数量规模增长迅速，已成为思明区国民经济的主要构成。从表1可以看到，民营经济部分①在"三普"期间企业法人单位数量达到23351户，从业人数有631951人，相较于"二普"，民营经济在企业法人单位数及从业人数的增长速度分别超过了思明区总体增长速度8.71%和11.4%，民营经济整体的规模不断扩大。从民营经济占总体的比重来看，企业法人单位数比重从"二普"期间的87.26%增长到"三普"时的92%，是思明区国民经济的主要经济成分；民营企业法人的从业人数比重也从"二普"的68.91%增长到"三普"的74.2%，成为思明区劳动力就业的主要场所。

表1　　　　思明区民营企业法人单位数及从业人数变动分析

	企业法人单位户数（户）	民营企业法人户数（户）	从业人数（人）	民营企业从业人数（人）
"二普"	15837	13819	572899	394793
"三普"	25382	23351	851741	631951

民营经济的实力持续增强，增幅超过了其他经济成分。在"二普"阶段，民营经济无论是资产规模还是盈利水平，相较于民营企业数量规模来说，存在较大的差距，依表2资料计算，其资产总量在思明区企业法人单位中的比重只有40.2%，营业收入所占比重稍高，也只有47.1%，思明区的民营企业实力较弱。值得注意的是，经历了2008~2013年这段经济发展的困难时期，民营经济顶住了压力，实力有了显著提升，资产和营业收入在总体中所占的比重分别提高到48.19%和50.47%。尽管该数据与民营企业户数所占比重相差很大，但通过表2数据可以算出，思明区民营企业在"三普"阶段资产和营业收入的增长速度高达209.23%和138.21%，远远超过了思明区企业资产和营业收入总体的增长速度，也快于民营企业数量的增长，民营企业在"三普"阶段的实力增长显著。

---

① 为保证论据的准确性，本报告所采用的"二普""三普"数据为剔除金融业数据的结果。

表2　　　　　　　　思明区民营企业法人单位资产与营业收入情况

	资产总计（亿元）	民营企业资产总计（亿元）	全年营业收入（亿元）	民营企业营业收入（亿元）
"二普"	3471.78	1395.52	2924.22	1377.36
"三普"	8954.33	4315.37	6501.16	3281.03

2. 民营经济优势行业扩大，行业分布呈现均衡发展态势

思明区民营经济的发展整体上呈现均衡态势，各行业都实现稳步增长，产业结构进一步优化，行业分布日趋合理。如表3所示，"二普"阶段，思明区的民营企业法人单位在批发和零售业、租赁和商务服务业以及居民服务三个行业的民营企业法人单位数都超过了行业的90%以上，其从业人员在全区所占的比重也都在74%以上。到"三普"阶段，除了这三个行业外，企业法人单位数超过全行业90%以上的行业又增加了建筑业，信息传输、软件和信息技术服务业，科学研究和技术服务业，教育业，且从业人数比重都增加到77%以上。其中，比较突出的是信息传输、软件和信息技术服务业，科学研究和技术服务业与教育业，信息传输、软件和信息技术服务业的两项指标增长都超过了10%，科学研究和技术服务业与教育业两个行业虽然指标增幅弱于信息传输、软件和信息技术服务业，但却实现了两项指标稳定同步增长，可以说，思明区的民营企业已逐步从传统行业向新兴行业拓展。

表3　　　　　思明区民营企业法人单位数与从业人数比重行业分布

	企业法人单位户数比重		从业人数比重	
	"二普"	"三普"	"二普"	"三普"
工业	0.7541	0.8320	0.4640	0.4678
建筑业	0.8950	0.9739	0.7955	0.8339
批发和零售业	0.9296	0.9478	0.7513	0.7804
交通运输、仓储和邮政业	0.7246	0.8260	0.4658	0.2772
住宿和餐饮业	0.7132	0.8756	0.3600	0.4931
信息传输、软件和信息技术服务业	0.7690	0.9024	0.5737	0.7704
房地产业	0.6798	0.7390	0.6060	0.5468
租赁和商务服务业	0.9154	0.9280	0.6301	0.7420
科学研究和技术服务业	0.8681	0.9131	0.7882	0.8626

续表

	企业法人单位户数比重		从业人数比重	
	"二普"	"三普"	"二普"	"三普"
水利、环境和公共设施管理业	0.8281	0.7778	0.5899	0.6840
居民服务和其他服务业	0.9328	0.9672	0.8971	0.9639
教育	0.8824	0.9360	0.7973	0.8533
卫生和社会工作	0.8710	0.8421	0.8708	0.9250
文化、体育和娱乐业	0.7730	0.8557	0.6498	0.6353

注：因农、林、牧、渔业和金融业的数据有出入，表3和表4中的行业分布情况省略了这两个行业。

利用资产与营业收入比重反映的民营企业行业实力分布情况基本与企业法人单位数比重呈现出统一的趋势（见表4）。"二普"阶段，思明区的建筑业、租赁和商务服务业、居民服务业、卫生和社会工作业与教育业等五个行业的民营企业资产比重超过了行业的50%，从营业收入情况看，尽管个别行业的营业收入比重低于其资产比重，但所反映的思明区民营经济的强势行业基本与资产实力一致。到了"三普"阶段，资产比重超过全区资产总额半数的行业增加了批发和零售业，信息传输、软件和信息技术服务业两个行业，这两个行业在营业收入比重上也表现不俗，显示出强劲的发展实力，特别是信息传输、软件和信息技术服务业从列举的四项指标都可以看出该行业是民营经济占优势的行业中发展最快的一个行业。此外，值得一提的还有科学研究和技术服务业，水利、环境和公共设施管理业与文化、体育和娱乐业，这三个行业的资产比重在行业中并不占优势，但在"三普"阶段盈利能力大幅提高，营业收入比重都超过了行业的50%，行业的未来发展后劲实足。

表4　思明区民营企业营业收入与资产总额比重行业分布

	营业收入比重		资产比重	
	"二普"	"三普"	"二普"	"三普"
工业	0.3959	0.4028	0.3458	0.3513
建筑业	0.6258	0.6644	0.5020	0.5246
批发和零售业	0.4871	0.5129	0.4893	0.6017
交通运输、仓储和邮政业	0.2681	0.2508	0.1725	0.1397
住宿和餐饮业	0.3055	0.3766	0.1386	0.3494
信息传输、软件和信息技术服务业	0.2513	0.4475	0.3586	0.5094

续表

	营业收入比重		资产比重	
	"二普"	"三普"	"二普"	"三普"
房地产业	0.3565	0.2641	0.3196	0.3022
租赁和商务服务业	0.4445	0.5037	0.5228	0.6426
科学研究和技术服务业	0.6996	0.7855	0.3049	0.2929
水利、环境和公共设施管理业	0.2411	0.5713	0.1393	0.1177
居民服务和其他服务业	0.7720	0.8868	0.7495	0.8332
教育	0.4217	0.8869	0.8010	0.8160
卫生和社会工作	0.7194	0.9450	0.8854	0.5911
文化、体育和娱乐业	0.4830	0.5359	0.1480	0.2512

3. 民营经济财务风险适中，经营趋于稳健

从民营企业的发展来看，"四上"[①] 民营企业的户数在思明区"四上"企业总体中都占到了50%以上，资质等级建筑业的比例已经接近90%，是思明区国民经济发展的主要生力军。尽管"四上"民营企业户数在行业民营企业数量上所占比重较小，但在资产与营业收入两项指标上除重点服务业外的"四上"民营企业都已接近或超过行业民营企业总量的一半，能够较好地反映民营企业经营发展的水平（见表5），代表思明区民营经济的真正实力。

表5　　　　　　　思明区"四上"民营企业规模分布

行业指标	民营企业总户数（户）	"四上"民营企业总户数（户）	民营企业资产总额（亿元）	"四上"民营企业资产总额（亿元）	民营企业营业收入总额（亿元）	"四上"民营企业营业收入总额（亿元）
工业	911	87	144.09	98.09	108.25	72.76
建筑业	1044	255	243.87	194.09	361.07	348.39
批发和零售业	11574	535	2057.38	979.05	2488.08	1446.88
住宿和餐饮业	795	120	39.61	25.13	25.67	18.78
房地产业	974	162	725.47	575.33	86.94	68.78
服务业	9014	332	1830.00	166.99	297.96	122.17

① "四上"是指规模以上工业、规模以上服务业、限额以上批发和零售业、限额以上住宿和餐饮业。

"四上"民营企业财务风险意识强,短期偿债能力高。依据表6,除房地产业外的"四上"民营企业速动比率值都等于或超过了标准值1,即使是房地产业的速动比率也维持在0.8,基本达到了公认的短期债务安全的标准。若从整个行业的"四上"企业速动比率指标进行对比,则可以发现"四上"民营企业的速动比率指标要高于同等级企业的总体水平,有着更优的短期债务偿还能力。从流动比率来看,"四上"民营企业的流动比率数值要比总体高出0.1~0.2,进一步说明"四上"民营企业的短期偿债能力高于行业总体的平均水平,"四上"民营企业的短期财务风险要低于思明区总体行业内的风险水平。

表6　　　　　　思明区"四上"企业偿债指标分析

行业分类	指标	流动比率	速动比率	资产负债率	负债股权比例	利息保障倍数
规模以上工业	总体	1.1	0.9	0.5287	1.1	7.8
	民营企业	1.3	1.1	0.5362	1.2	8.3
总承包和专业承包	总体	1.4	1.1	0.6712	2.0	9.3
	民营企业	1.6	1.2	0.5788	1.4	8.3
劳务分包	总体	—	—	0.8431	—	1.6
	民营企业	—	—	0.8445	—	1.4
限额以上批发和零售业	总体	1.2	1.0	0.7127	2.5	5.3
	民营企业	1.3	1.1	0.7371	2.8	2.6
限额以上住宿和餐饮业	总体	1.0	0.9	0.7557	3.1	1.0
	民营企业	1.2	1.0	0.7796	3.5	0.4
房地产业	总体	—	—	0.6790	2.1	5.7
	民营企业	1.4	0.8	0.6712	2.0	5.6
规模以上服务业	总体	—	—	0.4333	0.8	—
	民营企业	—	—	0.3904	0.6	17.4

注:本表中负债股权比例指标中的股东权益总额是以所有者权益指标替代计算;利息保障系数指标中的利息费用以财务费用替代计算。

"四上"民营企业的长期偿债能力适中,经营趋于稳健。受近几年国内外宏观环境的影响,多数行业的"四上"企业都采用了高风险、高报酬的财务结构,存在一定的财务风险。民营企业因其自身实力对环境的影响更为敏感,但从表6中的资产负债率和负债股权比例两项指标来看,"四上"民营企业的数据并没有大幅度偏离总体水平，除了工业、批发和零售业、住宿和餐饮业以及劳务分包业的"四上"民营企业指标略高于总体外，其他行业的"四上"民营企业数据都低于总体水平。可以说，"四上"民营企业的负债经营程度基本处在行业接受的范围之内，并没有因为经营环境的变化而过度膨胀或收缩。综合各行业"四上"企业的长期偿债能力表现可以看到，规模以上服务业特别是其中的民营企业表现尤为突出，整个行业体现的是低风险、低报酬的财务结构，其中的民营企业财务结构更为稳健，利息保障系数达到17.4，企业的盈利能力强，具有较高的长期偿债能力，从民营经济的角度反映出思明区主导产业的强劲发展后劲。

（二）劣势

1. 民营经济以中小微企业为主体，抗风险能力弱

在表3中可以看到，近年来民营经济发展迅速，从各行业民营企业的数量来看，最低的房地产业民营企业数量也占到了思明区总体的67.98%，然而，在众多民营企业之中已经成长壮大起来的企业还属于凤毛麟角。依表5的数据计算可知，民营企业中建筑业的"四上"比例最大，也只有24.43%，工业、批发和零售业与服务业中"四上"民营企业比重都非常低，不到总体的10%，应该说90%以上的民营企业还处在中小微企业的规模上，中小微企业仍是民营经济的主体部分。

从资产比重上看，工业、建筑业、住宿和餐饮业与房地产业四个行业的"四上"企业资产比重分别达到了68.27%、79.59%、63.45%和79.30%，在企业数量上比重较小的"四上"企业，资产存量却有着非常明显的集中趋势，说明在这四个行业中"四上"企业优势明显，处于领跑地位，而其他民营企业则多数为规模小、实力弱的小微企业，当市场风险加大时，这些企业很难抗御，生存机会渺茫。

表7以思明区"四上"企业为总体的数据可以看到，尽管"四上"民营企业在民营企业总体中非常突出，但在"四上"企业总体中只有户数比重较大，各行业都超过了50%，但在资产比重和营业收入比重上，"四上"民营企业明显处于劣势，资产比重最高的建筑业也只有48.77%，营业收入比重在67.22%，远低于户数比重的88.85%，可以说，"四上"民营企业在"四上"

企业总体中也处于体小、势微的状态，在市场上的竞争能力有限，缺乏抗风险的能力。

表7　　　　　　　思明区"四上"企业总体的比重指标分析

行业 \ 指标	"四上"民营企业户数比重	"四上"民营企业资产比重	"四上"民营企业营业收入比重
工业	0.6259	0.2319	0.2474
建筑业	0.8885	0.4877	0.6722
批发和零售业	0.7926	0.4423	0.3860
住宿和餐饮业	0.6283	0.2943	0.3191
房地产业	0.5159	0.2754	—
服务业	0.6372	0.1992	0.3680

2. 民营经济获利能力偏低，经营和管理能力有待提升

企业经营的主要目的是获得利润，分析企业的盈利能力是了解企业收益水平和赚取利润能力的直接手段，也是分析企业经营业绩和管理水平的有效方式。如果把民营企业一分为二，小微企业反映的是民营经济在吸纳劳动力、扩大就业方面的强大作用力，"四上"民营企业就是研究民营经济盈利能力的主要对象。

"四上"民营企业投入产出效率低于总体平均水平，企业生产经营水平有待提高。表8中的成本费用营业利润率、成本利润率和资本金利润率三个指标从企业投入产出角度阐明了"四上"企业生产经营的产出效率。可以看到，在可获得的数据中除建筑业中的总承包和专业承包业外的所有"四上"民营企业在成本获利水平上都明显低于总体平均水平，"四上"民营企业的股东资金获利水平也基本低于总体平均水平，民营企业的总体情况是投入大、收益小，获利能力低。特别是批发和零售业、住宿和餐饮业的"四上"民营企业，其每元投入带来的产出相对于总体水平来说存在较大的差距，说明这两个行业的民营企业在资产的投入及管理上还有较大的上升空间，改善效率，增强市场竞争能力应成为这类企业的第一选择。另外，若仅单纯看待"四上"民营企业的产出情况，会发现房地产和服务业的民营企业投入产出效率较高，而住宿和餐饮业受行业环境的影响效率最差，在整个行业亏损的背景下，民营企业的困难更加严峻。

表 8　　　　　　　思明区"四上"企业盈利能力分析

行业分类	指标	成本费用营业利润率	成本利润率	资本金利润率	主营业务利润率	销售毛利率	销售利润率
规模以上工业	总体	0.0729	0.0770	0.1891	0.1565	0.1681	0.0661
	民营企业	0.0620	0.0709	0.1971	0.1575	0.1415	0.0489
总承包和专业承包	总体	0.0277	0.0278	0.1339	0.0628	0.0944	0.0270
	民营企业	0.0313	0.0313	0.1418	0.0705	0.1017	0.0303
劳务分包	总体	0.0009	0.0009	0.0263	0.0119	0.0453	0.0009
	民营企业	0.0007	0.0006	0.0194	0.0118	0.0452	0.0006
限额以上批发和零售业	总体	0.0126	0.0147	0.1458	0.0468	0.0497	0.0144
	民营企业	0.0030	0.0070	0.0556	0.0438	0.0470	0.0070
限额以上住宿和餐饮业	总体	-0.0064	-0.0010	-0.0023	0.5777	0.6356	-0.0010
	民营企业	-0.0257	-0.0226	-0.0581	0.5428	0.6096	-0.0232
房地产业	总体	0.2608	0.2483	0.1597	0.2217	—	—
	民营企业	0.2045	0.1608	0.0714	0.2263	0.3701	0.1379
规模以上服务业	总体	—	—	—	—	0.3520	—
	民营企业	0.1138	0.1240	0.3052	0.4229	0.4341	0.1379

注：表中的成本费用总额是主营业务成本、主营业务税金及附加与三项费用的合计数。

"四上"民营企业与总体相比较高的主营业务利润率和偏低的销售利润率水平，在一定程度上反映了民营企业经营管理能力上存在的差距。从表8中企业的经营获利能力指标进行分析，可以看到销售毛利率能够达到0.15以上的行业由高至低分别是住宿和餐饮业、服务业、房地产业和工业，这几个行业的主营业务获利水平也在"四上"行业中依序排在前列。尽管"四上"民营企业的主营业务获利水平与总体平均水平相比各有高低，但反映到销售毛利率指标时民营企业几乎又是一边倒地处于劣势，尤其是反映到销售利润率指标上，除了建筑业中的总承包和专业承包业外，"四上"民营企业获利能力与总体平均水平的差距越来越大，这在一定程度上说明了民营企业产品的竞争实力与企业的管理水平存在差距，民营企业的期间费用比例较大已经成为影响民营企业竞争发展的主要阻力。

二、思明区民营经济发展环境

2009～2013年，是思明区民营经济机遇与挑战并存的时期。一方面，受国际金融危机影响，国民经济增速放缓，国内通货膨胀压力加大，厦门传统的外向型经济形势严峻；另一方面，国家为发展经济、改善民营经济生存环境，出台了大量的惠企政策，同时在国家战略层面指出了各区域未来经济发展的思路，为思明区民营经济发展指明了方向。

（一）机遇

首先，我国政府近年提出的战略构想，为思明区民营经济的发展带来光明前景。2013年，我国提出"一带一路"倡议，福建作为海上丝绸之路的核心区，经由南线经济带纵深跨越亚、非、欧三大洲，为了这一构想的实现，厦门已在基础设施、招商引资、对外投资、海洋合作、旅游会展、人文交流等六大领域给出具体操作项目，旨在充分发挥厦门在海上丝绸之路建设中的优势地位，以期在未来与沿线国家地区的基础设施建设、双向投资贸易、海洋合作等方面全面发力，它也将成为思明区民营经济的展示平台，加快民营企业的国际化进程。

其次，厦门自由贸易试验区的设立，为思明区民营经济发展指明了方向。如果说"一带一路"为厦门今后的发展绘制了蓝图，那么自贸区建设就是围绕着"一区三中心"，即以新兴产业和现代化服务业示范区与贸易中心、区域性金融服务中心、区域性航运中心为核心进行的制度创新与功能培育，通过深化改革与扩大开放，它会为思明区民营企业带来更加国际化、法制化的营商环境、更为广阔的投资领域，激励民营企业加快转型升级的步伐，促进产业升级，有效解决市场竞争力与企业可持续发展问题。

再次，厦门推进两岸交流合作，为思明区民营经济注入了差异化区域竞争优势。早在2011年，厦门两岸区域性金融服务中心就已正式成立，在对台离岸金融、资金清算等方面率先试验，思明区民营企业第一批尝到了金融体制改革的甜头。2015年的自贸试验区规划中也把探索深化两岸交流合作的新模式、新途径和新领域作为自贸区建设的主要任务之一，以两岸投资贸易自由化为例，在服务贸易、货物贸易、金融合作、两岸交流往来等领域都给出了具体开放项目。应该说，思明区民营经济在对台交流上有着最为便利的条件，又处在五缘文化（地缘相近、血缘相亲、文缘相承、商缘相连、法缘相循）的共同圈内，与内陆企业极易形成差异化的区位优势。

最后，厦门多项针对性民营经济政策的出台，有效解决了民营经济的发展困境。我国政府从进入"十二五"开始,针对非公经济、民营企业,出台了多项政策,这些政策大到金融改革、资本市场,小到某一项政策程序或费用的删减,无不体现出政府对民营经济的重视。此外,有鉴于民营经济规模小、实力弱的现状,特别在中小企业划分中增加微型企业类别,并出台"小微企业29条"为广大中小微民营企业的健康发展铺路。厦门市政府在"十二五"期间的国家政策基础上对民营经济的发展也给出了一系列的政策,从民营企业内外环境特别是金融、科技创新、引进人才和企业发展上做出了规范与指导。2014年6月出台的《关于促进厦门民营经济发展的若干意见》更是对厦门民营经济的发展现状量体裁衣,从外围环境上为民营企业做出了最合理的安排。

(二) 威胁

首先,国内外低迷的市场环境恶化了思明区民营经济的生存环境。从前文"二普"与"三普"数据可以看到,思明区民营企业聚集的主要行业之一是批发和零售业,由于国际市场订单大量减少,过度依赖出口贸易的经营方式导致许多民营企业从2011年下半年开始陆续出现减工、停产甚至倒闭的情况。国内市场竞争也日趋激烈,导致批发和零售业的行业整体利润率水平都非常低,民营企业的利润率水平更是低于整体平均水平。思明区住宿和餐饮业的生存环境更糟,在2013年的"三普"数据中竟然出现整个行业亏损的情况,同样,其中的民营企业亏损程度要大大超过行业的整体平均水平。可以说,由于民营企业自身能力的限制,严峻的市场环境对其带来的危害要远大于其他类型的企业,相对而言,若市场环境没有好转的话,思明区民营企业在当前的生存环境也会愈发艰难。

其次,思明区强大的国有和外资企业势力也在一定程度上挤占了民营企业的生存空间。从表3和表4中可以看到,尽管思明区民营企业在数量和从业人数上在多数行业中都已占据优势,但从企业资产实力来看,民营企业却没有办法与总体平均水平相比,多数行业的民营企业资产规模占比远远低于数量占比,这一点在"四上"企业与总体的对比中也同样存在,而且,民营企业的获利能力也大大低于总体的平均水平。只能说,民营企业无论在实力还是企业竞争力上与国有和外资企业等其他类型的企业存在着明显的差距,导致民营企业即使在同等竞争条件下也很难超越国有和外资企业获得发言权。

最后,思明区以中小微企业为主体的民营企业存在被替代,甚至被市场淘汰的危险。从反映一个地区生产力水平的工业来看，思明区的民营工业企业法人单位尽管户数众多，占到思明区总体的83.2%，但从业人数以及资产、营业收入比重都非常小，而且在"二普""三普"期间也没有出现明显的增长，民营工业企业的实力还很弱小，换句话说，多数民营工业企业还缺乏产品竞争实力，存在被替代或淘汰的可能性。在建筑业中，民营企业占据优势的是对专业资质要求相对较低的劳务分包业，该行业的民营企业还存在很大的升级空间。在服务业中，"三普"民营企业法人单位户数排名前二的是批发和零售业、租赁与商务服务业，这两个行业的民营企业法人单位户数比重达到66.32%，传统行业仍是思明区民营企业的主要生存之地，竞争压力大，亟待转型升级，拓展新的市场空间。

四、思明区民营经济发展对策

（一）政府方面

1. 政府要正确看待政府与民营企业的关系与作用

政府作为公众行政权力的载体与执行机构，其工作的重心在社会、民生，目的是全社会的福利最大化，强调的是平等与公平。促进经济增长只是政府众多职能中的一个，它要求政府监督并规范市场经济的运行，而非参与其中。为此，思明区政府首先要明确政府在市场经济中的职责所在，在制度有效、充分的前提下对民营企业做到不干涉、不盲从，在公正、公平和公开的基础上建立起双方良性互动的沟通渠道。其次，政府应该立足于当前国民经济发展的现实，从政策层面为民营企业的发展提出方向。民营企业经过30多年的发展，已经有了一定的基础和存量，思明区政府应该顺应当前国家下调经济增速的契机，从政策层面引导民营企业向新产品、新行业、新市场进军，鼓励民营企业从长远利益出发，向价值链上游移动。再次，政府要正确看待民营企业与市场的关系。市场作为资源有效配置的手段是通过价格机制优胜劣汰，效率卓越的企业才能在市场上站稳脚跟。当前宏观经济正由转变增长方式来完成发展上的跨越，势必对各种经济要素的配比与调整提出挑战，只有具有竞争实力的企业才能跟得上市场经济发展的步伐。政府不应一味地强调扶持，更应强调放手，让企业和市场发挥出更大的作用。最后，在政府管理中淡化国企、民企的概念，无论是国有企业还是民营企业都是厦门国民经济中的重要构成部分，两者同为思明区经济的发展做出贡献，不应存在身份鉴定，更不应该借由身份形成区别对待。

2. 政府应借助区域发展规划，为民营经济的行业发展指引方向

思明区作为厦门的商贸服务中心，区内第三产业发达，有着相对完善的第三产业发展环境，在"三普"数据中可以看到本区民营企业也主要在第三产业中发展较好。若对比"二普"与"三普"数据则会发现民营企业经营行业的变化与政府近年来着力发展旅游业、现代服务业，强化创新驱动存在呼应关系。目前厦门市正在积极筹建自由贸易试验区，将为思明区民营经济的行业结构调整带来了新的契机。例如，旅游业、批发和零售业等行业的民营企业可以通过自贸区跨境贸易或电子商务平台以设立进口商品直销店或合资经营的方式为国内居民带来更具价格优势的丰富的国外产品，扩大在行业内的竞争优势；文化产业可以借助自贸区的文化产业平台，增加与高水准的文化团体对接的机会，取长补短，拓宽业务领域、提升企业的服务品质；交通运输、仓储和邮政业可以凭借自贸区的物流中心延展企业的业务领域，增强企业实力；租赁和商务服务业可以利用自贸区的融资租赁中心开展各种融资租赁业务，并在条件成熟时向混业经营发展；金融业也可以利用自贸区的跨境资金管理中心实现跨区、跨境本外币的双向贷款、结算等业务，真正做到与国际接轨……自贸区的建设对思明区的民营企业来说既是机遇也是挑战，它在给民营企业带来更广阔视野的同时，也加剧了民营企业将要面对的竞争。思明区政府应该结合本区在自贸区中担当的角色，督促民营企业提前做好预防工作，未雨绸缪、积极备战，变挑战为契机，实现企业的转型升级与全区经济结构的优化调整。

3. 政策上，为民营企业营造健康有序的制度环境

尽管厦门政府近年来已经针对民营经济与民营企业给出多项切实可行的政策，但反映到企业层面往往存在针对性不强、熟悉度不够、执行效果差等问题。作为区级政府，思明区政府有责任为企业担当起政策的宣导、解读与执行的功能。此外，政府应该进一步细化政策内容，集中力量专项诊治民营企业存在的通病。例如，在通过制度鼓励创新、研发，保护知识产权的过程中，应考虑到民营企业科研创新能力较弱，在政策激励的同时，可利用专项资金大力支持民营企业的技术研发项目,保护民营企业有限的创新能力,并引导民营企业发展服从于整个区域发展需要。民营企业创新能力弱的根本在于缺乏高端人才。从企业来说,能解决的是人才的工作激励与薪酬待遇,政府应该从人才的户籍、住房以及子女教育等相关问题上为企业提供便利,在思明区形成人才"洼地"的集聚效应。在民营企业普遍存在的融资问题上,思明区应该在现有制度的基础上更多地借助两岸金融服务中心和自贸区提供的平台解决民营企业融资难题,并为民营企业提供国际化的投资视角,实现民营企业跨区、跨境资本流动的常态化。最后,要注意到企业经营的好坏还受限于各生产要素的投入。企业要素的流动取决于政府对企业物权的维护,政府要逐步开放并完善各要素市场,促进要素之间的流动,解决企业在生产要素上的限制"瓶颈",为民营企业经营提供基本保障。总之,政府要为企业建立起健康有序、公平竞争的制度环境,减少民营企业制度上的不确定性,等同于强化了民营企业在经营过程中面对困境的执行效力,是保障民营企业可持续发展的基本要求。

4. 管理服务上,为民营企业降低交易成本,提升效率

健康有序、公平竞争的制度环境还反映在各职能部门与工作人员的管理服务上。第一,思明区政府各职能部门要牢记为人民服务的宗旨,正确认识自身岗位职责,端正服务态度,明确政府与市场的功能界限,不越权、不过界,切实做到公正、公开与公平。第二,各政府职能部门要熟悉政策解读,做好政策制订前的调研、讨论与之后的宣传工作,加快民营企业对政策的适应性,帮助企业在新的政策环境下掌握企业发展方向。第三,各职能部门要树立互联网思维,一方面利用网络等新技术简化各种办事材料、办事程序,提高办事效率;另一方面还可借助网络等各种新型传播渠道宣传政府的各项利企利民政策,增加民营企业对政策的熟识度与利用率。第四,各职能部门应该借助手中资源为民营企业搭建交流合作平台,通过培训、联盟、孵化器等方式促进民营企业自身修为的提升,帮助民营企业进行多业协调,适时借助外力完成企业发展目标。第五,各职能部门要深入了解区内民营企业实际,切实解决企业的实际困难。各职能部门要注意不同行业、不同类型、不同阶段的民营企业不但在经济贡献上表现不一,在资金、技术以及市场等方面的诉求也不相同,职能部门应在有条件的情况下为企业在信息及政策支持上提供订单式服务。

（二）民营企业方面

企业作为能够有效进行资源配置的经济组织，强调的是效率与竞争。企业若想在市场上站稳脚跟并持续发展的话，利润永远都是管理人员必须牢牢掌控的救命稻草，产品和市场则是企业获取利润、寻求发展的命脉，为此，当下思明区民营企业应该从以下几个方面修炼内功，强化自身管理水平，强化企业在市场上的话语权。

第一，民营企业要立足稳健经营，谋求企业的长远发展。中国民营企业寿命短，有外在严酷竞争环境及自身实力太弱的原因，但更多是因为企业在成长过程中冒进求成，发展过度造成的。一个企业要想基业长青，其管理者必须拥有清醒的头脑，保持审慎的态度，立足主营业务，专注自己熟悉的领域，把握市场主动权。在当前传统行业产能及产业组织过剩的情况下，立足于企业的长远发展，正确看待企业的兼并重组现象，正确看待企业上市，始终把企业置于管理安全的底线之上。此外，企业的扩展应该更多地借助内力而非外力，特别是在当前宏观经济环境下，更不应该贪图高杠杆收益而将企业带入危险之中。日趋复杂的经营环境也敦促企业强化风险管理意识，且应该将企业的所有利益相关者都纳入企业的风险管理范畴，避免一损俱损，殃及池鱼。归根结底，企业的稳健还在于它拥有务实、稳健、诚实、守信的文化基础，这样的文化精髓作用到企业的经营理念或目标上会使企业的目标清晰、具体、可操作，制度、管理透明化，这样的企业不投机，企业上下能够踏实工作、诚实待人，将企业精神贯彻始终。

第二，民营企业要以创新为核心，增强企业产品竞争力。如果说民营企业可持续发展需要一种稳健的经营管理态度，那么，拥有强竞争力的产品就是企业可持续发展的保障。前文提到的民营企业竞争力不突出问题简单归类可以从两个方面改进：一是产品的价格竞争优势，二是产品的质量、性能优势。加大价格优势从企业内部来看，根本解决之道就是降低企业的生产成本和期间费用，特别是企业的生产成本是刚性成本，它的降低意味着企业在管理和技术上有了新的突破与创新。产品质量、性能优势的提升取决于企业的技术创新能力。因此，民营企业应从以下几个方面入手，培育创新意识，增强产品竞争力。其一，要塑造自主创新的文化思想，将创新意识融入企业的研发、生产、管理与营销过程中，最大限度地发挥创新积极性，释放创新能力。其二，要建立起提高自主创新能力的长效机制,形成以创新为核心的自我学习机制。其三,要建立起创新人才的培养与激励机制,通过科学高效的人才评价体系和激励机制实现员工的全面发展,确保企业创新能力的可持续性。

第三,民营企业要积极培育和拓宽市场,抵消成本上涨压力,寻找新的成长支点。民营企业产品竞争力弱在一定程度上也会增加企业的销售成本,降低企业的盈利水平。因此,企业在培育创新能力、提升产品质量性能的同时,还应借助创新为企业提供新技术、新产品和新服务。特别是思明区的民营企业多数集中在传统行业,已处在更新换代、产业升级的前沿,企业应该通过创新来改变现在,寻求新的发展机遇。其一,利用现有产品技术的升级,降低企业刚性成本,扩大企业市场纵深,为企业发展积累资金。其二,研发新材料、新产品,拓宽企业市场疆域,为企业寻找新的利润增长点。其三,结合环保诉求,发展绿色、低碳、循环利用产品,满足市场多元化、个性化的需求。其四,捕捉市场新形态,借助互联网等便利条件,研究网络型、平台型、群落型等组织形态,设计新的商业模式,为企业发展寻求更广阔的空间。其五,善用政府为企业提供的各种产业园区、孵化器或优惠政策,充分利用政府的行业市场引导政策规避市场风险。

第四,民营企业要加强内部管理,降低期间费用,提升管理效率。当前市场竞争条件下,粗放式的经营管理已不能满足企业的需要,成本控制能力的高低成为检验企业经营管理能力的主要手段。分析企业管理成本的构成,会发现管理人员的薪酬是其中的一个主要部分,受人力成本上升和企业管理需要的影响,这部分管理成本是该软性成本中较为刚性的部分。降低管理成本中的其他构成项成为提高管理效率的根本保证。解决这一问题的关键在于企业的成本控制:其一,民营企业要树立成本管理意识,强化成本管理基础,建立健全成本管理系统,将成本管理责任与职工绩效挂钩;其二,杜绝企业成本失控或虚假现象,尤其要注意管理成本失控问题,严格成本列支范围与事项,借由成本控制提升企业管理水平;其三,在重视企业生产成本管理的同时,强化企业管理成本的控制,特别是针对产品管理过程中的成本核算与控制,将高成本的产品止步于产品的开发过程中;其四,突出企业组织结构设置的灵活性,创新企业管理模式,使企业结构能随市场环境与企业战略的发展而做出相应改变,避免由于组织结构僵化、臃肿而导致的管理成本浪费。

第五,民营企业要有正确的财务观,强化财务风险防范意识。企业的财务管理不但对企业的财务费用带来影响,管理不善时还会危及企业的存亡。因此，民营企业要树立正确的财务观，强化财务风险防范意识，确保企业的财务安全。其一，企业的财务观不单是财务人员的理念，民营企业应从长远利益出发，让财务思维充斥到企业的每个环节与每个员工，人人都有正确的理财观念，事事遵从稳健的财务管理程度，可以确保企业远离财务风险。其二，强调现金的重要性。企业的管理者要意识到投资是为了企业未来的现金流，管理者必须明白企业的价值是由哪些方面决定的，企业现金流入与现金流出之间的差异是什么，管理者在对企业未来现金流进行预测、规划时，可以避免因资金亏空而影响到企业的生存。其三，注意财务风险的防范。民营企业的管理者应评估自己愿意承担的风险水平，高杠杆的财务结构尽管在当前可以为企业带来高回报，但也要注意到它带来的高风险。对于尚处于弱小地位的民营企业来说，去杠杆化从短期来看也许会减少企业的财务收益，但从长远发展来看，则是确保企业安全的主要手段。其四，善用宏观环境带来的资本市场的利好消息，为企业投融资服务。近年来针对民营经济发展的需要从国家到地方政府在民营企业的融资平台建设上都有了很大的改观，思明区因地缘优势，还有着两岸金融服务中心和自贸区两个更为广阔的企业发展平台。应该说，思明区的民营企业有着目前在中国区域内最优越也最便捷的投融资环境，民营企业所要做的就是熟悉游戏规则，充分借助宏观环境给予的助力，为企业的发展注入资金活力。

湖里区民营经济发展报告
（2016~2017年）

厦门市湖里区"十三五"规划明确以"美丽厦门·创新湖里"为发展定位，构建"一主两辅"产业轴，形成"一核四圈四区"的产城整合空间结构，推动湖里区转变经济发展方式，变速度优势为质量优势，以创新驱动发展，最终实现社会、经济协调发展，各项事业全面进步。为此，湖里区在2016年年底提出"2+4+N"发展战略，借此战略推动区内产业优化升级，激发湖里区发展的新动力。作为湖里区经济发展的重要组成部分——民营经济在顺应城市发展战略的同时，也展现出自身独有的发展特色。

一、民营经济发展的基本情况

（一）民营经济稳定增长，实力增强

在数量规模上，民营企业占据湖里区商事主体的半壁江山，并呈现稳定增长势头。在2016年与2017年区市场监督管理局公布的数据中（见表1），湖里区私营企业占内资企业的比重都超过60%，对应的注册资本比重则超过了75%，民营企业的资本实力雄厚。2017年，湖里区的民营企业数为102630户，与2016年相比增长了22.36%，注册资金增长了33.87%，两个指标的增速都明显高于区内内资企业的增幅。个体工商户数2017年比2016年增长9.3%，注册资金增长25.21%，实力大幅提升。

在效益规模上，"四上"民营企业效益显著提升，民营经济呈现良性发展态势。表2的数据显示，在"四上"及房地产开发经营业中，湖里区的私营企业数占比已经近半，2017年利润总额达到66.06亿元，尽管占全区比重只有

表 1　　　　　　　湖里区 2016~2017 年商事主体情况

	2016 年		2017 年	
	企业数（户）	注册资金总额（亿元）	企业数（户）	注册资金总额（亿元）
内资企业	131201	7117.26	154114	9170.19
私营企业	83874	5399.60	102630	7228.31
个体工商户	44950	27.37	49130	34.27

注：数据来源于湖里区市场监督管理局。

22.06%，但与 2016 年相比增长了 108.52%，资产负债率也由 64% 下降到 61.73%。与之相对的是全区"四上"及房地产开发经营业总体的利润增长率只有 31.99%，资产负债率 2017 年较之 2016 年有上升趋势，由此可见，湖里区民营企业的经营条件趋好，经营绩效快速提升，民营经济稳中求进，优化发展。

表 2　　　　　湖里区"四上"及房地产开发经营业的企业情况

	2016 年				2017 年			
	企业数（户）	资产（亿元）	负债（亿元）	利润总额（亿元）	企业数（户）	资产（亿元）	负债（亿元）	利润总额（亿元）
私营企业	607	664.3	425.2	31.68	617	712.4	439.74	66.06
全区总计	1233	5629	3404	290.12	1276	5947.43	3652	299.4

注：数据来源于湖里区统计局。

（二）民营经济结构不断优化，成为湖里区经济发展的主要助力

湖里区早期提出"优二进三"战略，指出做强先进制造业和现代服务业，把商贸服务、软件信息、休闲旅游和航空维修等"3+1"主导产业作为主攻方向，随着"2+4+N"战略的提出，湖里区的产业发展导向愈发清晰，这一点可以从市场监督管理局公布的辖区内内资企业分布及新增内资企业分布情况得以了解。2017 年辖区内新增内资企业中私营企业户占比为 63.03%；近两年的数据显示，企业数与注册资金排名较前的行业主要是批发和零售业、租赁和

商务服务业、信息传输和计算机服务软件业、建筑业等，[①] 基本与湖里区产业发展战略同步。民营经济结构也与区发展战略契合，从区统计局给出的"四上"企业信息也可以看到（见表3），从企业数量来看，批发和零售业、建筑业的"四上"私营企业最多，但从资产获利能力来看，制造业和服务业的私营企业实力较强。近年来，以美图之家、骑记科技、亿联网络、博游旅游等企业为代表，湖里区在软件信息、休闲旅游等行业上涌现出一大批具有代表性的民营企业，已成为行业内的领跑者。

表3　湖里区"四上"及房地产开发经营业中私营企业行业分布情况

	2016年			2017年		
	企业数（户）	资产（亿元）	利润总额（亿元）	企业数（户）	资产（亿元）	利润总额（亿元）
私营企业	607	664.3	31.68	617	712.4	66.06
制造业	79	61.08	11.98	87	116.92	21.58
建筑业	156	84.4	2.97	168	114.77	3.91
批发和零售业	245	331.4	3.21	220	271.01	3.46
住宿和餐饮业	26	7.59	-0.67	28	7.36	-0.44
服务业	83	60.22	6.67	99	85.68	35.03
房地产开发经营业	18	119.7	7.54	15	116.66	2.53

注：数据来源于湖里区统计局。

（三）民营经济改善民生，回报社会力度加大

首先，民营经济是湖里区创业就业的主要载体。在湖里区，不算个体工商户，单私营企业就占到内资企业的66.59%，民营企业特别是广大中小微企业是吸纳劳动力就业的主力。从"四上"企业来看（见表4），私营企业比例很小，但从业人员数增长迅速，2017年达到92966人，在"四上"企业的从业人员比重从2016年的27.47%上升到33.42%，就业人数增长率达到25.45%，远高于全区"四上"企业的3.1%。其次，民营经济的税收贡献突显。从区内"四上"企业来看，其中私营企业的税收比重并不高，2017年只占全区的20.78%，但从增速上来看，可以看到2017年"四上"私营企业的税金增速达

---

① 此处信息引自湖里区市场监督管理局2016年与2017年两年的经济运行情况汇报材料。

到了43.56%，而同期全区"四上"企业税金相比，2016年却是下降了11.52%，"四上"私营企业税收贡献增速显著，在一定程度上反映了民营经济的税收贡献值。最后，民营企业积极履行社会责任，参与社会管理。湖里区民营企业一直是区内扶贫、救灾、助学等慈善活动的主力。近年来由商会牵头实施"民企联村"精准扶贫行动，深入龙岩、莆田等地以就业帮扶、捐赠帮扶等形式开展产业帮扶、商贸帮扶，带领当地农民走向富裕之路。

表4　湖里区"四上"及房地产开发经营业的企业纳税及从业人员情况

	2016年		2017年	
	税金（亿元）	从业人员平均人数（人）	税金（亿元）	从业人员平均人数（人）
私营企业	18.87	74108	27.09	92966
全区总计	158.03	269798	130.34	278154

注：数据来源于湖里区统计局。

二、民营经济发展的特色

（一）创新是湖里区民营经济发展的核心动力

湖里区民营企业创新形式多样，涵盖了产品、技术创新到服务创新、商业模式等非技术创新的各种创新形式，亿联科技是湖里区高新技术企业的代表，拥有国家级音频、电磁兼容等实验室，其SIP话机市场占有率全球第一。高新技术产业是湖里区的主要支柱产业，以趣游（厦门）、宜加网络、飞鱼科技、盛华创智、合立道等为代表的一大批民营高新技术企业，在软件信息、游戏动漫、创意设计等诸多领域形成领先优势，成为支撑湖里区高新技术产业的主要力量。创新型的企业、行业需要培育适合创新的土壤。湖里区拥有的两大国家级重大片区，以及湖里创新园、湖里创意产业园、两岸集成电路产业园、云创智谷等多个产业园区，致力于孵化、引进优质企业，强调产学研一体化，营造良好营商环境，已成为诸多民营企业成长的摇篮，是民营企业发展的主要基地。可以说，充满活力的创新型民营企业以及以创新为驱动的产业园区是彰显"创新湖里"的耀眼名片。

（二）以街区为界，民营经济呈现行业集聚发展特色

在《湖里区"十三五"规划纲要》中，区政府已对湖里区未来五年各街区的发展定位做出规划，总部经济可以说是湖里区经济发展的一个方向，禾山街道、金山街道和江头街道都把总部经济作为本区的发展目标，2016年87家湖里区总部企业中，恒安、银鹭、中绿、三六一等民营企业的比例过半。在其他行业区域分布上，民营企业布局既有各街区经济发展演变的痕迹，也可以看到未来经济发展的方向。具体来说：

第一，殿前街道。原有的商贸服务业、汽车销售维修业以及物流行业都集聚了大量民营企业，特别是以泷澄建设、鑫泰建筑、凯第建筑等建筑公司，日观建材、三航混凝土等建材公司，坤城、旺荣等房地产公司为代表的建筑建材房地产行业在湖里区起到税源经济支柱作用。现在的云创智谷是福建自贸试验区厦门片区内的首个智慧园区，园区以"移动互联·创业创新"为定位，成为厦门创新创业最活跃的园区之一，大量民营企业由此诞生。

第二，禾山街道。辖区内有五缘湾片区、湖里高新技术园区和枋湖商贸圈等，形成了以总部经济、高新技术、区域性生活商业中心等为导向的经济发展模式。湖里创新园是禾山街道高新技术产业的主场地，趣游、飞鱼科技等民营企业的崛起，使厦门成为国内动漫游戏产业最具发展潜力的地区之一，飞鱼科技被评为2016年中国十大游戏研发商。

第三，金山街道。辖区内的产业集中在金融商务、总部经济、休闲旅游等产业上。以湖里万达为中心，打造万达商圈，恒安国际广场、璞尚酒店、正阳直升机旅游服务基地等民营企业主导的一批项目的建设展现了金山街道休闲旅游产业特色。

第四，湖里街道。辖区重点发展的是邮轮经济、航运物流、文化创意、商贸服务等产业。早期民营企业主要集中在航运物流和商贸服务业，目前位于区内的湖里创意产业园成为文化创意产业的主要集聚地，已引进200余家文创企业入驻。

第五，江头街道。"十三五"规划旨在打造SM、蔡塘、后埔生产商圈，发展总部经济、高端商贸、文化创意等产业。商贸业方面，这里聚集着国美、永乐思文、苏宁等国内三大家电连锁巨头；文化创意产业方面，既有以惠和石文化园与乌石埔油画产业基地为核心的文化旅游休闲产业，也有以吉比特、竹

林传奇、新游网络等民营企业为龙头的文创产业。

（三）民营企业互助合作，行业协会助推作用明显

在实体经济持续低迷的大环境下，湖里区民营经济整体能够呈现出良好局面，与各行业协会的努力是分不开的。以湖里区总商会为代表，建筑材料行业协会、物流行业协会、电子行业协会等行业协会都在各自领域发挥着作用。此外，湖里区还有投融资行业协会、双百人才商会、云创商会等功能较为特殊的综合性商会。其中，投融资行业协会旨在金融与非金融企业投融资业务的信息沟通、创新研讨和业务合作，通过搭建与政府部分合作的投融资平台，帮助企业拓宽融资渠道，壮大地方金融机构与中小企业。双百人才商会的服务对象是湖里区的创业人才，通过线上线下联动等方式，构建"双百"人才交流平台，促进企业合作共赢、抱团发展，架起人才、企业与政府之间沟通的桥梁。云创商会则是针对云创智谷园区内的企业以"互联网+园区商会"方式，构建的一个联谊商情、互助交流、共谋发展的平台，目前已成为厦门民营企业文化创新示范基地。由此可见，湖里区的各行业协会组织已从行业、专业、人才、平台建设等各方面入手为民营经济保驾护航。

三、民营经济发展中存在的问题

第一，民营企业以小微企业为主，传统行业居多，生存艰难。① 从表1和表2的数据中可以看到，2017年民营企业占内资企业的数量比重超过60%，而在"四上"企业中民营企业所占的比重只有49.22%。湖里区市场监督管理局2017年公布的新增内资企业户中，私营企业与个体工商户占比达到99.47%，单从企业户来看，注册资本小于50万元的企业比重也有7.75%，可以说，小微企业是湖里区民营经济的主要经济构成。此外，2017年新增的内资企业主要从事的行业集中在批发、零售业和租赁、商务服务业，与已有的民营企业集聚的行业相同，以传统行业为主。民营企业的这种现况在固定资产投资增速放缓、传统商贸业绩下滑的当前厦门经济形势下，困难重重，生存压力

---

① 本小节数据信息取自湖里区市场监督管理局《2017年1~12月份经济运行情况汇报》。

增大,直接表现就是2017年新增投资规模小于50万元及50万~100万元的小微企业数量及投资规模下降。

第二,民营企业的营商环境仍有改进空间。反映较多的主要有以下几个方面:政府各职能部门方面,与企业的交流方式仍以政府窗口为主,单一的流程化办事或管理模式,在解决工作人员服务效率的同时,也会存在对新生事物或复杂问题不敏感,政企双方信息不对称的情况。政策执行方面,政策出台的速度和力度与企业的需要存在差距,个别已出台的政策与原有法律法规有衔接问题,加之职能部门的执行力较差,造成新政策落地困难,影响了政策的贯彻实施。此外,一些以为企业减负、公平竞争为目的的政策也存在需要完善的空间。例如,一些企业反映"营改增"后企业的纳税工作变得更为烦琐,无形中增加了企业的负担;对企业引进、扶持力度加大的同时,也存在着"外来和尚好念经"的情况,对本地企业倾斜力度不大,甚至个别部门只罚不奖,难以形成对企业的激励力。

第三,民营企业的经营成本居高不下,限制了企业的发展后劲。企业生存的根本目的在于获取效益,有效控制成本是获取利润的根本途径之一。目前湖里区民营企业却因为成本问题极大地限制了企业的发展。土地方面,湖里区的企业基本上没有自己的生产基地,即便可以拿到土地,也存在着取得土地使用权的用时过长,土地的价格及土地使用税偏高,导致土地使用成本居高不下。资金方面,民营企业特别是中小企业融资难问题并没有得到有效缓解,融资渠道与融资成本仍是困扰湖里区民营企业发展的主要问题。人才方面,一方面是用工成本提高,导致企业成本增加;另一方面是厦门的高房价、有限的教育资源等"瓶颈"因素影响带来的招工难、留人难现象。税负方面,尽管国家层面通过各种方式降低企业的税率,但许多民营企业并没有真正减轻负担。以"营改增"为例,一般认为"营改增"的受益者是大企业,以小微企业为主体的民营企业并没有享受到"营改增"减税的好处,个别企业甚至存在增税的情况。综上所述,当前许多民营企业面临的就是要素成本高、负担重、利润率低的困况,这已经成为目前发展湖里区民营经营亟待解决的现实问题。

第四,创新环境有待进一步优化。湖里区民营企业这两年的创新成绩突出,有自身的原因,也得益于政府鼓励创新提供的各项政策及服务上的支持。尽管如此,创新所赖以生存的环境应有改进空间:(1)要素成本高、企业负担重仍是制约民营企业创新的主要阻碍。(2)湖里区的创新环境并不利于企业的持续创新。目前湖里区鼓励创新的政策多为针对某一项目的一次性行为,手段也以奖励、补贴等方式为主，相较于企业创新的投入来说，杯水车薪，激励效用有限。此外，企业的创新还要经历产品化过程或成果的扩散过程，这一环节尚没有针对性的政策帮扶企业，可以说，创新在湖里区有培育的土壤，但还缺少促进创新成长壮大的空间。

第五，互联网对湖里区民营经济的冲击不容忽视。互联网对湖里区民营企业的负面影响主要体现四个方面：一是信息共享打破了企业的市场边界，许多小微企业依仗地缘优势带来的利润空间被削薄，未来难以为继；二是许多企业处于传统行业，同质化竞争激烈，短期内简单植入网络技术对企业而言只是单方面的资源投入，并不能看到明显的收益回报；三是网络经济不同于传统经济，需要企业转换思维模式，采用全新的竞争策略，而现有企业经营过程中的惯性思维与惯性行为尚无法完全适应网络经济的需要，使企业在决策上失去先机，在市场上处于被动地位；四是高速发展的网络销售竞争激烈，以名鞋库为代表的网络零售业由早期做大市场规模转向追求利润，开始进入调整期。

四、加快民营经济发展的对策

第一，在行业内扶持代表性企业，完善与中小企业互动发展机制，促进中小企业成长。湖里区良好的区位优势与软硬件资源条件是发展总部经济的实力保障，未来应继续引进或生成一批优质民营总部项目，通过发展总部经济加快产业集聚，带动相关产业的发展。湖里区应围绕"2+4+N"发展战略，在优先发展行业，特别是已呈现集群发展模式的行业中筛选一批龙头企业，扶持其做大、做强、做优，同时发挥龙头企业在协作引领、产品辐射、技术示范等方面的核心作用，带动中小企业向规模化、集群化、专业化方向发展，利用龙头企业与中小企业间的互动发展机制，打造完整的产品上下游产业链，增加产业竞争力。湖里区还应依托现有的产业园区关注催生"独角兽"企业的新经济领域，结合"独角兽"企业成长的特征，从众多高成长性企业中筛选一批具有潜力的发展对象，给予重点关注与支持，协助解决"独角兽"企业成长过程中的突出问题，帮助企业快速成长为"独角兽"企业。在关注优势代表性民营企业的同时，也要注意其他民营企业个体，特别要重视本土企业对经济的贡献。政府应在政策上对本土企业做适当倾斜，激发本土企业家创新创业热情，发挥本土企业的主体作用，彰显其在湖里区经济发展中的地位。

第二，持续优化营商环境，提高政府效能。政府应坚持"民本位"理念，本着为企业服务的思想，积极作为、自觉服务，把企业的需求及满意程度作为衡量政府服务的标准，为企业提供精准服务。为此，政府要严格依法平等保护各类产权企业在资质许可、政府采购、标准制定等方面的公平待遇，避免利用行政权力排除和限制竞争的行为，发挥各类主体在市场资源配置中的积极作用。政府可尝试设计一套评估民营企业营商环境的指标体系用以评价各部门的服务流程与质量，以问题为导向，对审批环节和业务流程做减法，实现部门间的横向业务协同。政府还应该重视"短板"的存在，特别是新旧政策衔接、跨部门及人员沟通过程中极易出现的手续烦琐、效率低下、政令不通等问题，应采取有力措施加以解决。好的营商环境一定是企业满意的环境，因此，可以在政企之间搭建沟通交流平台，以培训、茶话、沙龙、网络信息平台等多样化的形式，拉近政府各部门与企业、市场之间的距离，瞄准企业所需、所急，提供及时精准服务，同时也可以使企业更清楚政策导向，实现政企良性互动。

第三，精准发力，切实解决民营企业实际困难。目前湖里区民营企业经营中的各类要素成本过高已是不争的事实，要想解决这一难题应多措并举、多管齐下，逐一攻克难关。具体来说，企业用地方面，应把着眼点放到缩减企业从申请收购到交付，到建设的整个土地买卖流程中的部门和时间，通过提高土地使用效率来降低企业成本。融资方面，要充分发挥自贸区和两岸金融中心的功能，多方面金融创新，打破民营企业特别是小微企业融资的"瓶颈"，可以尝试建立区内民营企业的信用评价体系，满足融资的安全性要求。人才方面，应加快出台新的人才引进政策，通过住房补贴、生活补贴、教育资源供给等方式吸引人才入驻湖里区；政府、行业协会与企业应分工协作，构建长效人才培训机制，以人才的成长空间留人；同时还应全面提升居民社会保障和福利待遇，营造宽松、包容的文化氛围，加快外来人才融入湖里区社会的速度。税务方面，税务部门应设置专员为企业提供咨询或引导服务，帮助企业理顺税务流程与纳税申报；可以探讨利用企业的纳税贡献部分解决企业的资金或贷款问题；条件成熟时，应以低税模式替代现行的减税政策以支持民营企业的发展。

第四，创新是网络经济的要求，也是民营经济繁荣发展的永恒主题。创新需要大量的资源投入，更离不开创新思维与创新氛围的培育。湖里区应立足现有的产业园区，在园区内完善金融服务、专利保护、中介组织、研究机构等创新创业配套服务设施，使园区内与园区间人才链、资金链、产业链、创新创业链等紧密结合、优化配置、相互支撑，形成多元化有机生态系统以适应创新发展的需要。此外，湖里区还应着力打造优质创新创业平台，发展平台经济。政府应重视并培育平台型企业，利用此类企业的资源整合能力，催生创业生态体系，降低创业企业风险；要支持企业进行研发平台、资源共享平台、孵化基地等各类平台建设，可以通过减免、奖补等方式鼓励企业以经营方式向社会提供此类服务。最后，政府也要建立高水平创新服务平台，用来整合区域内公共服务资源，实现跨区域服务对接，通过提升公共服务质量水平，吸引更多人或企业进驻湖里区从事创新创业活动。

第二篇
厦门民营经济的转型与创新*

---

* 相关数据来源于课题组调研。

改革开放政策为厦门民营经济的恢复发展提供了契机，经过20世纪80年代10多年的发展，这些个体工商户已初具规模与实力，具备了开办企业的条件与能力。90年代，无论是宏观层面还是厦门本地经济都处于高速增长阶段，这为民营经济带来了不可多得的发展机遇，厦门的民营企业在这一时期经营领域不断拓宽，规模实力显著增强，至2000年年底，个私企业户数达到了43917户，注册资本金124亿元，营收总额为145.74亿元，银鹭、中盛粮油等一批效益好、信誉佳的企业成为民营企业的代表，民营经济的发展已基本完成量变的初步积累。

　　进入21世纪后的20年，厦门民营经济的发展可以用开拓创新、转型升级来概括。从企业来看，粗放性经营向精细化管理转变；专业化与多角化经营并存；品牌运作、资本运营代替了单一的规模效益追求；从单一的技术创新向全方位创新发展；管理机制上也从早期重视血缘关系纽带转向各种经济成分联合。从产业来看，产业结构日趋优化，民营经济逐步从传统行业向高新技术产业以及新兴行业扩展；产业集聚效应显现，且对厦门经济的发展形成导向作用，"双千亿"战略的实施是这一结论的有效佐证。从厦门国民经济整体来看，民营经济从早期面对国资、外企双分天下的局面下夹缝生存，实际践行了从成为社会主义市场经济的有益补充到重要组成部分的过程。走到今天，面对依然实力强大的国有企业与外资企业，厦门民营企业已经成长为稳增长、惠民生的主要力量，也势必为厦门未来的经济发展做出更大贡献。

厦门市民营企业竞争力调研分析

从美国次贷危机延续到欧洲的债务危机,世界金融危机的影响持续加深,致使世界经济增速整体放缓,复苏陷入停滞。在外部市场复苏乏力的压力下,中国经济增长速度呈现趋缓势头,结构调整、通货膨胀、民生等问题愈发突出,复杂严峻的经济环境给民营企业发展带来了诸多问题,具体表现在"成本高、税费高、融资难、招工难"四个方面。在厦门,民营企业的发展也遇到了较大的困难和挑战,如何防范风险、应对危机,提高自身竞争力,确保企业发展安全理应成为当前经济形势下民营企业思考的核心问题,据此,本次调查着眼于民营企业竞争力,以分类抽样方式从厦门各区中获取了304份合格问卷,意在探究厦门民营企业竞争实力,寻找企业发展短板,为提升厦门民营企业竞争力提供借鉴。

一、民营企业发展基本情况

本次调查的民营企业行业分布情况如图1所示。在调查的民营企业中,从事服务业的企业最多,其比例为57.89%,制造业为34.54%,而高新技术企业只有7.57%的份额。同时,在不同区域民营企业的行业分布差异较大,最典型的是海沧区,所中选的民营企业从事服务业的比例高达到93.55%;湖里区和思明区民营企业从事服务业的比例也都在半数以上,分别达到69.62%和56.86%。制造业则是在翔安区和集美区的分布较为密集,高新技术产业则更多地分布在翔安区和湖里区。应该说,从调研企业的行业分布来看,厦门民营企业的分布与厦门"十二五"规划的区域功能分布并不完全一致,意味着民营企业一方面在产业集聚效应的利用以及行业优惠政策的使用上存在劣势;另一方面,也反映出厦门民营企业存在边缘化的问题。还应注意的是,调研的

304家民营企业中只有23家高新技术企业，所占比例很少，厦门的民营企业更多地分布在对资金、技术和人才要求较低的传统行业中，许多企业并未形成核心竞争力，又处在厦门外向型经济的环境下，当近年国际经济形势低迷时，厦门民营企业的处境异常艰难。

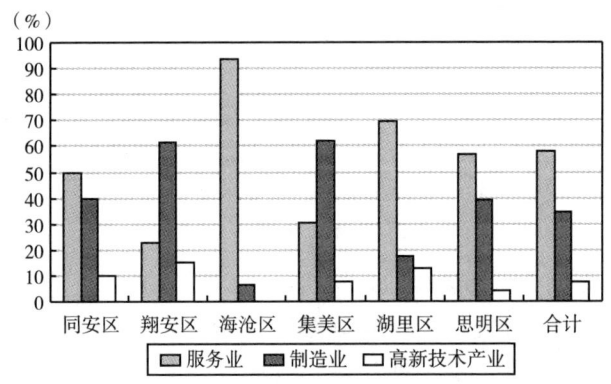

图1 各行政区域内调研企业的行业分布

从调研企业的注册形式来看，厦门市民营企业以有限责任公司为主，在所调查企业中占到了77.38%，股份有限公司比例较少（7.21%），且多集中在高新技术产业，如图2所示。绝大多数企业，特别是高新技术企业已转向产权清晰、权责明确的现代企业管理制度，但也要看到，个人独资和合伙企业占到了13.78%的比例，特别是个人独资企业拥有11.48%，若把家族持股的有限责任公司中的企业算入的话，家族企业在厦门民营企业中仍占有重要地位。家族企业的发展相对于其他企业来说，家族特别是企业领导人的影响至关重要，它在带领企业前进的同时，也有可能成为制约企业发展的阻力，影响企业向更高层次发展。

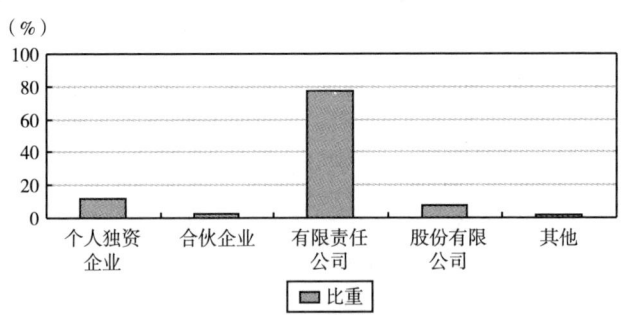

图2 调研企业的类型分布

从厦门民营企业的具体行业分布上看,厦门民营企业的分布较分散,较为集中的几个行业是建筑、建材、化工、商业、其他服务业等(见表1),基本上并没有趋向厦门的支柱产业和重点发展行业[①],民营企业很难在政策支持上获得优势。而且,从图3可以看到,民营企业主要以技术含量低的劳动密集型产业为主,其企业所占比重达到45.40%,资本密集型和技术密集型企业所占比重相对较低(分别为27.63%和26.97%),技术密集型企业主要集中在高新技术企业,基本上与民营企业的产业分布相吻合。由此可见,民营企业转型升级的空间非常大。

表1　　　　　　　　　调研企业行业分布

行业	机械	电子	化工	建材	纺织	食品	轻工	建筑
比重(%)	5.90	3.93	7.54	7.54	6.89	6.89	6.89	10.16
行业	冶金	商业	餐饮	运输通信	房地产	其他服务业	其他	
比重(%)	0.98	10.16	4.92	1.97	5.90	19.67	0.66	

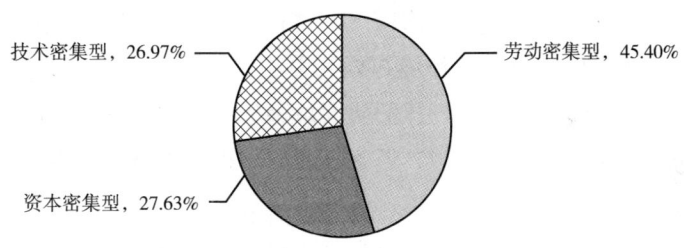

图3　调研企业产业类型分布

二、民营企业发展的外部竞争环境

完善的外部竞争环境有利于民营企业的良性发展。目前海西建设已经从局部战略提升为国家战略,两岸关系和平发展,经济贸易频繁,福建正处在大有可为的战略机遇期,民营企业拥有难得的发展机遇。福建省提出了"把环境作为对外开放的第一竞争力"的要求,致力于创建民营经济发展的乐园。厦门市政府也调动各方面力量,不断创造宽松的环境,以促进民营企业的发展。

---

① 调研企业中的化工企业多为厦门化工支柱产业中的边缘产品生产企业,甚至有一部分是以销售化工产品为主的服务类企业,存在企业行业选项上的错误。

（一）民营企业经营环境的总体评价

从图4可以看到，完善的政策法规和执行力度（77.63%）以及政府的宏观指导和支持（75.33%）这两项成为大多数民营企业最希望拥有的外部环境和条件，其次是平等准入与公平竞争（63.82%）、畅通的信息服务体系（63.16%）和完善的融资环境（62.50%）。一半左右企业（52.30%）把行业协会的自律作为企业发展的外部环境加以考虑。与此相对，厦门市的政策环境、行政管理部门的服务、企业合法权益的保障程度受到的好评率比较高，好评企业的比例分别达到55.59%、47.70%和33.55%（见表2）；市场竞争环境与信息服务体系等好评率尽管未列入前列，但总体评价在中上水平，也就是说，厦门目前所能提供的企业外部经营环境总体良好，符合民营企业发展的需要。劳动力的供应与成本（26.32%）、融资环境（15.79%）和企业用地（15.46%）成为差评率前三的项目，特别是劳动力供应与成本以及企业用地，总体的评价水平较差，已成为制约厦门民营企业进一步发展的障碍。值得注意的是，厦门的融资环境与税负环境在好、中、差的评价中所占的比例均较高，特别是在中差评中的比例较高，我们所能给出的解释就是厦门整体融资和税负环境已经加大了民营企业的负担，但各行业所承担的负重并不相同。高新技术企业因为有优惠政策扶持，对融资，特别是税负环境的评价较高，但服务业和制造业相对评价较低，特别是服务业很难找到对应的税收优惠政策，因此，在税负环境的评价上要比其他两个行业低得多。

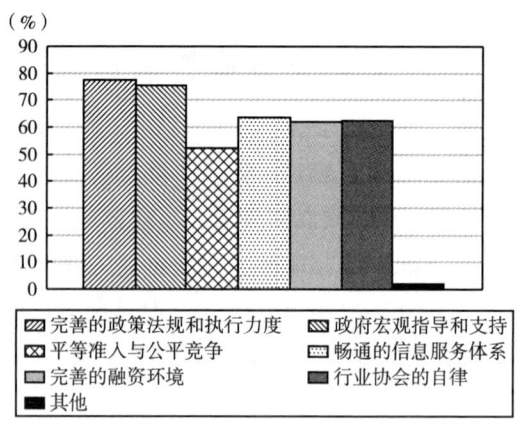

图4　决定企业发展的外部环境条件

表 2　　　　　　民营企业对厦门经营环境的评价分析

外部环境	好（%）	一般（%）	差（%）
政策环境	55.59	17.43	1.32
行政管理部门的服务	47.70	23.36	1.32
企业合法权益保障程度	33.55	27.96	3.62
融资环境	16.78	22.37	15.79
税负环境	13.16	33.22	10.53
市场竞争秩序	13.82	33.89	8.22
劳动力的供应与成本	7.24	29.61	26.32
诚信环境	22.37	15.46	4.93
企业用地	5.92	16.12	15.46
技术储备与科研创新能力	6.91	18.42	8.22
信息服务体系	15.79	15.13	4.93
民众的态度	9.87	14.47	4.28
行业协会的服务	14.47	14.47	5.26
其他	0.00	0.33	0.99

（二）政策环境

民营企业的发展离不开政府提供的优惠政策。从图 5 可以看出，民营企业认为享受最多的优惠政策是税收政策，其次为工商管理政策，排名第三的是土地政策，享受到上述优惠政策的企业占调研企业的比重分别为 34.54%、24.67% 和 12.50%。其他的如产业、融资、人才以及技术支持等优惠政策，除部分高新技术企业能得益于产业政策外，其他优惠企业能够获得的优惠很少。由此可见，虽然政府制定了各种各样的优惠政策，但可能是申请政策优惠的手续繁杂，也可能是企业没有达到优惠政策支持的标准，大多数企业并没有真正享受到政府提供的各种优惠政策。从优惠政策的普及面延伸到企业的需要，就会发现企业对优惠政策的需求存在此消彼涨的情况。从目前来看，民营企业最需要的政策支持是税收政策（占 45.72%），其次是融资政策（占 44.41%），再次是人才政策（40.70%）。除此之外，由于当前厦门企业用地状况以及民营企业转型升级的需要，土地政策和产业政策也成为企业希望得到的政策支持，其比例分别达到 36.51%、34.87%。较为特殊的是，税收政策既是民营企业获得最多的优惠政策,同时也是企业今后最想拿到的优惠政策,从这一方面来看,税收、融资和人才等仍然是困扰民营企业的进一步发展的三大"瓶颈",需要各方面的共同努力,以确保民营企业在相对简便的条件下可以享受到相关优惠政策。另一方面,也要注意到,不同行业对政策的需求不同,从调研来看,制造业比较偏向土地政策的供给;服务业更倾向税收政策;高新技术产业则较在意融资政策和人才政策,甚至可以说,不同的企业规模对政策的倾向性也不同,因此,政策的针对性和可操作性远比为民营企业提供了多少优惠政策要重要得多。

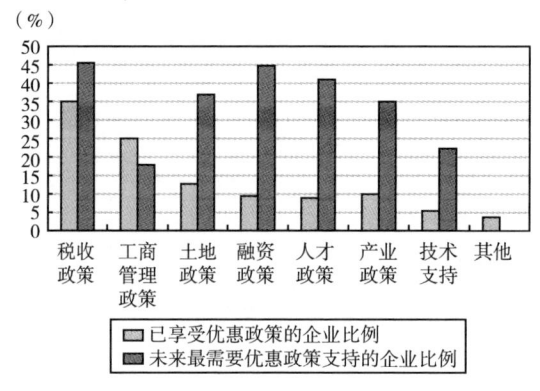

图 5　民营企业对优惠政策的需求

(三) 政府部门、行会组织等的管理与服务

税务部门、工商行政管理部门和劳动人事部门是民营企业接触最多的三个部门,相对的,企业对这三个部门的要求也最高。52.30%的企业希望提高税务部门的管理和服务水平;38.82%的企业希望提高工商行政管理的办事效率;30.26%的企业希望提高劳动人事部门的办事效率。除此之外,金融机构的管理与服务的提升也是大多数企业关注的,有27.96%的企业提出此类要求(见图6)。客观来讲,相较于企业与这些部门的交流频率,该组数据并不足以说明相关部门的管理与服务存在较大隐患,相反,这组数据更多反映出来的是民营企业对各组织部门服务好上加好的期许。这一点从具体行业企业在该问题上的回答也可以看出。例如,相对于服务业和制造业把金融部门排在第四位来说,高新技术产业因其产业的特殊性,把金融部门管理和服务的改善放在了第二位。从企业对该问题的回答可以看出,尽管各部门组织的管理水平和服务态

度已达到一定层次，可以满足大多数企业的办事需求，但为企业服务不会存在最好状态，只能更好。这需要各部门与企业一起成长，顺应市场乃至企业的变化，及时调整自身的管理与服务。

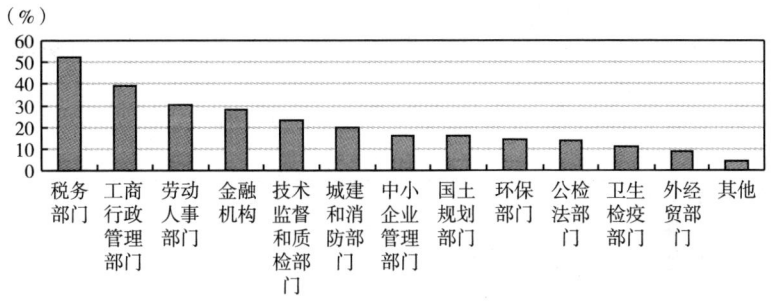

图6　民营企业对各部门管理与服务改善的需求情况

在民营企业生产经营过程中，企业服务体系、行业协会和商会等组织应起中间协调作用，为企业与政府的沟通搭建桥梁。如图7所示，46.05%的企业认为企业服务体系、行业协会和商会等组织提供服务好，29.28%的企业认为各组织提供的服务一般，认为各组织服务很好的企业只达到19.41%。相较于一半以上的企业肯定经营环境中行业协会的作用来说，调研中民营企业对行会服务的肯定比例并不算高，还有很大的发展空间，具体应改进的方向可通过图8中的数据进行说明。约有62.83%的企业认为各行会组织应提供市场、政策和企业信用等信息；55.92%的企业希望各行会组织能够代表企业与政府沟通。除此之外，民营企业还希望行会组织应帮助提供行业技术标准（占44.08%）和进行人员培训（40.13%）。接近三分之一的企业提出了价格协调（占32.57%）和职业规范的自律性管理（占31.58%）等作用。企业希望拓展市场、了解相关政策和相关企业的信用信息，这些瞬息万变的信息随时会影响到

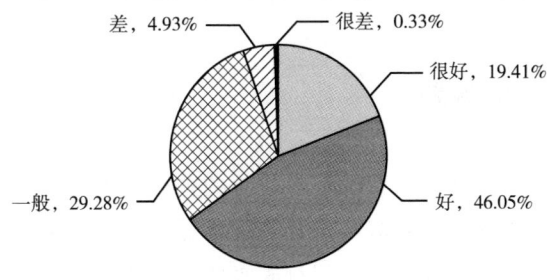

图7　民营企业对企业服务体系、行业协会和商会的评价

企业的经营决策，而作为大多数的民营企业，它们没有能力也没有精力去专门调查掌握这些信息，如果行会组织能够在这方面提供帮助，将对民营企业的发展起非常大的促进作用。在为民营企业服务的同时，还是要注意行业的差别，从调研中可以看到，制造业由于越来越多地参与国际竞争，对行业组织提供技术标准及谈判代表的要求较高，而高新技术产业由于产品的技术含量较高，对行业组织的价格协调要求很低。

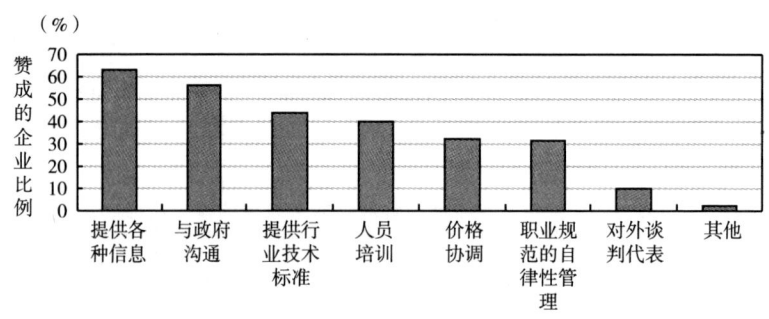

图8　民营企业对行业组织的要求

从民营企业的外部竞争环境分析结果不难看出，尽管环境的持续优化、政府的大力支持和资源的不断整合，为厦门市民营企业实现"二次创业"的新跨越营造了良好的外部条件。然而，在当前，税收、融资以及人才供给环境仍是民营企业发展的主要障碍，是今后政府及各行业组织部门努力改进的方向。同时，厦门民营企业也要利用各种方式，用好用活一系列具有海西和福建特色的优惠政策，在海西建设中找准切入点，打造一批规模大、品牌响的大产业、大企业、大集团，实现厦门民营经济的跨越发展。

三、民营企业的内部竞争实力

（一）企业战略规划

企业战略是决定企业经营活动成败与否的关键要素，一个企业若想保持长久、高效的发展，正确的经营战略选择是根本保证。当前厦门绝大多数的民营企业已意识到战略的重要性，并已拟订未来的发展战略，其比重占到调研企业的81.62%。其中最主要的为多元化战略（74.87%），选择技术领先战略、成本领先战略和差异化战略的企业并不多,分别为 34.55%、28,8% 和 28.8%,选择其他战略的企业更少。具体到行业,过半数以上的高新技术企业把技术领先战略作为首选,然后才是多元化以及成本领先战略;制造业也强调了技术领先的重要性,把该战略排在多元化战略之后;服务业则首选多元化战略,其次是成本领先和差异化战略。从调研企业来看,厦门民营企业在战略定位及选择上还稍显粗糙,很多企业的战略拟订并没有经过战略调查、选择及评估过程,存在盲目性。

(二)市场拓展能力

厦门民营企业主营产品的销售市场以省内市场和本市市场为主,占调研企业的比重达 44.74% 和 42.76%,有 30.59% 的企业产品销售到省外;产品销售到国外的企业有 14.8%。制造业实力不弱,所调研的企业在各市场上的分布较为平衡,服务业受限于产品本身的特性,其市场主要集中在本市和省内市场,总的来说,厦门民营企业的市场拓展力度不足。但在销售渠道方面,有 57.89% 的企业采用直销的方式,35.53% 的企业通过批发商销售,大部分企业已建立起适合自己的销售网络,销售渠道日趋成熟。

在产品竞争优势方面,民营企业的信心明显不足,仅有 184 家明确表明了自己产品的竞争优势(见图9),其中也仅有 40.76% 的企业认为主营产品的竞争优势明显,39.14% 的企业认为竞争优势一般。认为竞争优势非常明显的企业只有 16.30%,主要集中在翔安和思明区,这在一定程度上反映出该地区的民营企业实力水平。在说明产品竞争优势时(见图10),调研企业认为自己产品质量占优势的企业达到 63.82%,其次是服务优势(占 57.24),品牌优势的表现也不俗,达到 45.72%。调研企业中已有接近一半的企业(49.34%)拥有自主品牌,品牌注册时间大多集中在 2000 年以后。已进行品牌营销的企业也积极争取品牌荣誉,扩大品牌知名度,其品牌获得的荣誉以省级(达 43.33)和市级(达 40.67%)为主,国家级和国际级荣誉较少(比重为 24.00% 和 5.33%)。获得品牌荣誉的企业比重从大到小依次为高新技术产业、制造业和服务业,品牌营销还是厦门民营服务业企业的弱项。值得注意的是,传统的成本优势已经不占据主导地位(29.93%),技术和管理优势仍未凸显(31.25% 和 23.03%)。而且,应该以技术见长的高新技术产业只有半数企业勾选了技术优势,其他行业强调技术优势的企业更少,整个民营企业在技术水平上还有待提高。此外，制造业和高新技术产业在管理优势上明显弱于服务业，特别是调研中的高新技术企业强调管理优势的企业更少，不到10%，可见多数民营企业在当前还很难从管理中出效益。

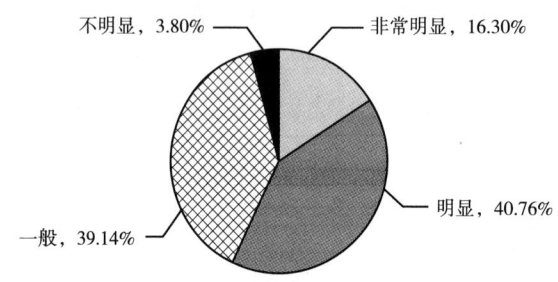

图9　主营产品竞争优势程度

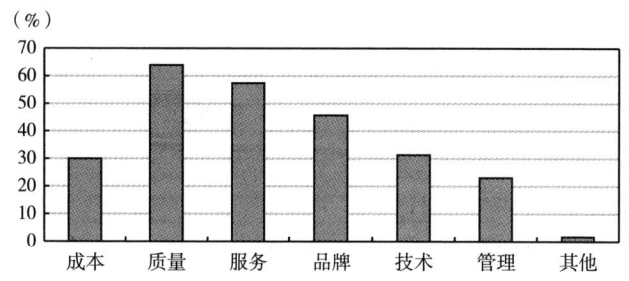

图10　主营产品竞争优势表现

厦门民营企业主要采取的竞争策略是差异化策略和低成本策略，分别占到调研企业的47.37%和31.58%。采用集中化策略的企业很少，只有18.75%（见图11）。高新技术产业更倾向于差异化策略和集中化策略，低成本策略已不是该产业的主要竞争策略，但在制造业和服务中仍有三分之一左右的企业以低成本策略为主。多数民营企业的竞争策略还在低层次、简单化的操作阶段。

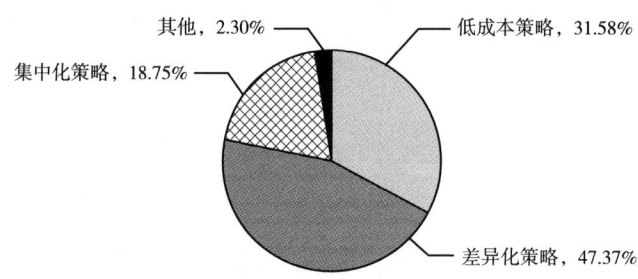

图11　民营企业的主要竞争战略

简单化的竞争策略加剧了企业的压力,面对当前的经济形势,绝大多数调研企业感觉到竞争压力较大(54.28%),有近三分之一的企业(30.92%)认为压力非常大,主要集中在制造业和服务业,高新技术产业由于产权以及产品差异等,对竞争压力的感受要弱于其他行业。只有少数企业认为面临的竞争压力一般(13.82%),几乎没有企业认为竞争压力不大,如图12所示。

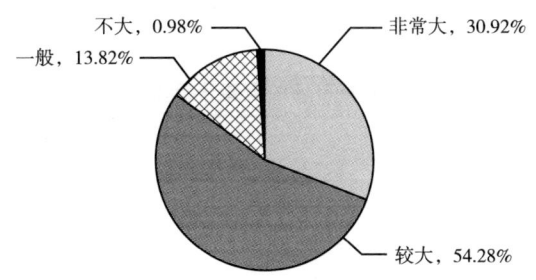

图 12　企业面临的竞争压力

为了缓解企业的竞争压力,加强营销、拓展市场(55.92%)成为被调查企业主要采取的竞争策略之首,加强内部管理(48.36%)排名第二,采取新技术、新工艺以降低成本(47.04%)排名第三。除此之外,企业认为研发新产品(36.84%)和增加产品附加值(30.92%)也是缓解竞争压力的手段。如表3所示。从行业上来看,制造业以降低成本为主,服务业把市场拓展放在首位,而高新技术产业则更强调研发新产品。总的来说,多数企业在缓解压力时还是在当前企业实力的基础上以扩大销售、降低成本作为主要手段,需要大量要素资源投入的策略并没有作为企业的首选方式。也正因为如此,调研企业在提到开拓市场所需帮助时,仍以税费减免这种可以增加企业现金流入的方式为主,有63.49%的企业希望政府增大税费减免(见表4)。同时,一半以上的

表 3　民营企业缓解竞争压力的策略分析表(部分)

企业拟采取的策略	采取相关策略企业比例(%)
加强营销、拓展市场	55.92
加强内部管理	48.36
采取新技术、新工艺降低成本	47.04
研发新产品	36.84
增加产品附加值	30.92
设备更新	26.64
精简人员	19.74

企业（57.24%）希望政府提供市场信息，除此之外，42.11%的企业希望政府能够维护市场秩序。另外，还有近三分之一的企业希望政府简化行政审批流程（31.91%），且选择该项的企业在各行业分布均衡，不存在行业上的差异。当然，也要注意到在前三项共同诉求外，行业上的差异仍然存在，高新技术产业相对于其他行业来说在咨询服务、人才引进以及对企业研发的支持上要求要远高于其他行业。

表4　　　　　　民营企业开拓市场的需要分析表（部分）

企业拟采取的策略	采取相关策略企业比例（%）
增大税费减免	63.49
提供市场信息	57.24
维护市场秩序	42.11
简化行政审批流程	31.91
扩展融资渠道	29.61
组织企业参加商品交易会、博览会	27.96
扩大政府采购民营企业产品的比例	24.67

（三）管理水平

1. 组织构成与决策

从调研企业分析厦门现有的民营企业，非家族控股（55.59%）略占多数，主要集中在湖里区和思明区两个厦门经济较为发达的地区，其他地区家族企业占主流或与非家族企业平分天下。在行业上，家族控股企业主要集中在制造业，服务业和高新技术企业非家族投股比例高些。但在企业的决策过程中（见图13），由企业主本人决策的企业占到了59.54%，居于首位；由企业董事会做决策的企业仅占32.57%，即便在湖里和思明区非家族企业集中的地区由企业主决策的企业比例也都高于董事会决策企业比重5个百分点以上，从行业上看亦是如此。可见，厦门多数民营企业尚未形成群体决策机制，企业行为易受企业主个人判断的影响，从好的方面来看，企业决策迅速、家族成员易形成合力，帮助企业快速适应市场变化；反之，也会使企业的发展受限于个人能力的高低，甚至于因个人判断失误而衰败。

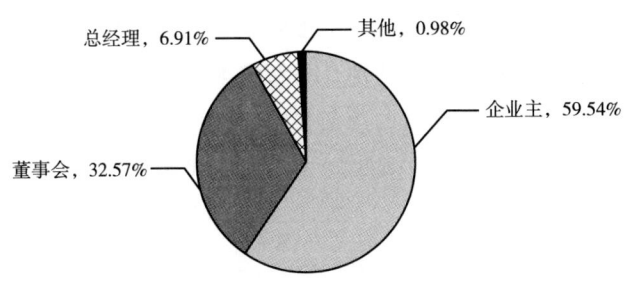

图 13　民营企业决策情况

从调研企业高层管理人员的来源看，64.47%的企业主兼任总经理，而副总经理的选择在有勾选该项的企业中要么从内部选择（27.63%），要么从社会招聘（27.96%）。具体到总经理一职，社会招聘方式也占到了10.53%，但多集中在服务业，较为突出的是思明区民营企业在高层管理人员招聘上更愿意选择社会招聘，特别是总经理职位来自企业外部的比例远高于其他各区。至于财务负责人由于其技术的独特性，民营企业从社会招聘的比例要大得多，达到了53.95%。但财务负责人很难处于公司决策层中，在调研企业中，只有思明和翔安区，特别是思明区的多数企业肯定了财务负责人在决策层中的作用，其他各区的企业多把财务管理人员放在了非决策层，尤其是同安和集美的企业更是如此。总的来说，厦门民营企业还是以家族企业的模式为主，企业的决策权主要集中在企业主手里，集权式领导较为普遍。多数企业并未把财务负责人放在战略决策层，财务负责人的公司治理及战略管理职责并未充分体现，民营企业的资金链安全管理存在隐忧。

2. 企业人力资源管理

（1）企业人员素质。员工文化水平低但管理人员文化水平较高是厦门市民营企业存在的一种现象。根据调查结果，厦门市民营企业选择高中及以下的员工的比例最大，达到41.45%。其次是大专的员工，达到38.82%，大学本科的员工只占18.42%，硕士研究生及以上的员工比例非常少1.31%，如图14所示；企业管理人员的学历主要以大专和大学本科为主，两者之和达到88.49%以上，其中大专类管理人员比例为47.04%，大学本科类管理人员比例为41.45%。硕士研究生及以上的学历比例不高，只占4.27%，如图15所示。其中，湖里、思明区企业的员工整体学历水平较高，硕士研究生及以上学历的员工基本上都集中在这两个区的企业，该区域的管理人员的学历水平也要高于其他几区。从行业上看,服务业员工的学历较高,管理人员的学历构成则是服务业和高新技术产业较好,特别是高新技术企业,其管理人员的学历以大专水平以上为主。可以说,厦门民营企业的整体学历水平并不理想,它在折射当前民营企业整体实力的同时,也反映出民营企业在管理、培训上的难度及重要性。

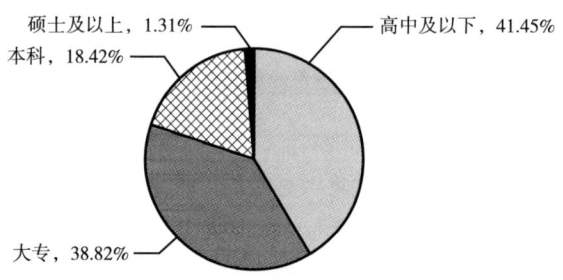

图 14　民营企业员工主要学历构成

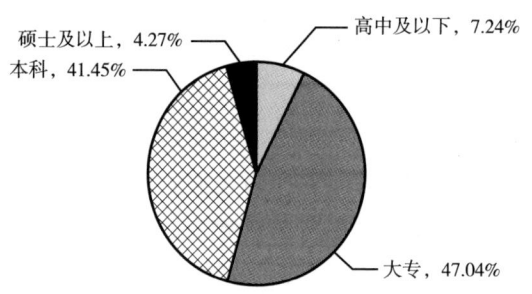

图 15　民营企业管理人员学历构成

　　(2) 人力资源管理制度。厦门市民营企业的人力资源管理制度体系已发展到一定程度,但还没形成较为成熟的人力资源管理制度:调研企业中只有50.66%的企业有人力资源管理规划,48.68%的企业具有人力资源薪酬体系,47.70%的企业具有人力资源的招聘体系。具备人力资源考核体系相对较少,只占41.45%的企业。具有人力资源培训体系的企业更少,只有39.47%的企业(见图16)。民营企业在人力资源管理体系中比较重视薪酬和招聘环节,特别是薪酬体系是民营企业建设较为完备的制度体系,其他人力资源管理制度多数民营企业还不完备。与其他行业相比,高新技术企业会更注重培训体系和考核体系,把它放在与薪酬制度相当的地位,调研的高新技术企业有过半数选择了这三项。

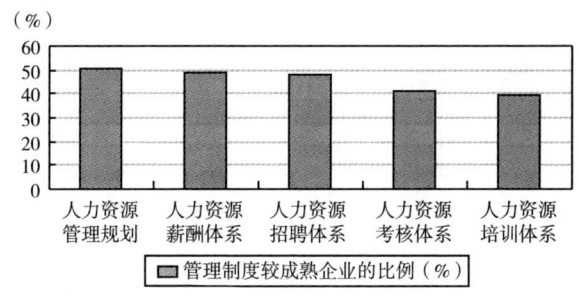

图16 民营企业人力资源管理制度建设情况

具体到民营企业的培训及激励制度上,根据调查,有89.59%的民营企业已经采取了常规化的培训。在采取常规化培训的企业中,有88.16%的企业主要的培训方式为内部培训;44.08%的企业会参加政府部门和行业协会举办的培训;值得一提的是,委托专业培训机构的培训(29.8%)和专业岗位或职务的轮换(28.16%)也成为相当一部分企业的选择。民营企业最常用的激励方法是年终奖,有71.71%的企业通过发放年终奖鼓励员工留在原企业;其次是采取职务提升方法,企业比重达到52.63%,此外还有49.67%的企业采用了销售提成方法,而且组织旅游和带薪假期也为越来越多的民营企业所接受,勾选企业的比重都在调研企业的三分之一以上(见图17)。应该说,当前厦门民营企业的培训及激励机制基本上能够满足企业的需要,符合员工需求的制度管理体系带来的好处就是民营企业的员工流动率并没有想象中的高,在调研企业中有63.16%的企业认为员工流动率相对较低。相反,上述培训及激励机制对应于当前民营企业管理人员及员工的知识技能水平来说是有效的,但若以之来吸纳高层次人才则很难发生效力,这也是造成民营企业人才缺乏的一个主要原因。此次调查中有53.44%的民营企业认为目前最缺少的是高级技术人员,高级管理人员次之,占49.18%,如图18所示。

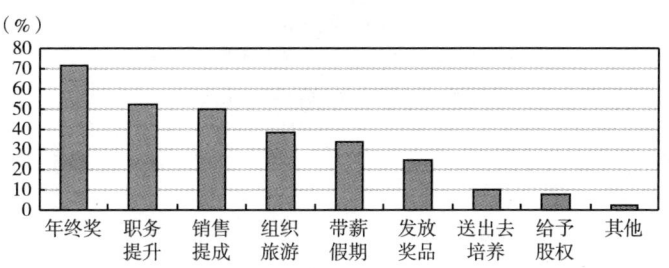

图17 民营企业人员培训方法的选择

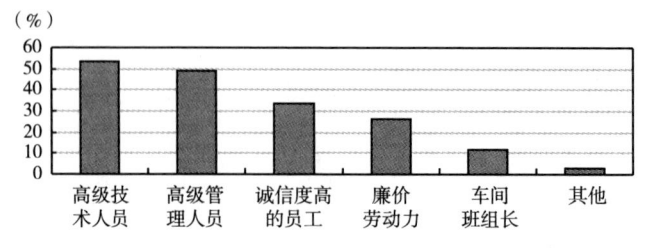

图 18　民营企业人才缺乏程度

3. 生产管理水平

相较于产品市场多局限在本地、本省，厦门民营企业的原材料供应渠道已分布到全国，近一半的企业（45.07%）在全国范围内采购所需原材料与零部件，还有 30.92% 的企业在全省范围内采购，企业来自上游企业的约束较少。具体到企业的产品生产，厦门民营企业多遵循行业标准（53.29%），还有 42.11% 的企业遵循国家标准，在生产过程中不遵循任何标准的企业很少，特别是调研中的高新技术企业，其产品都有标准参照。调研的民营企业中还有 13.48% 的企业参与甚至主持了某类产品的标准制定，企业的产品品质具有可靠的保证。从标准化生产来看，47.67% 的企业遵循 ISO 9000 系列，40.82% 的企业依企业实际情况自行管理。遵循 ISO 4000 和 SA 8000 的企业很少。如图 19 所示。多数厦门民营企业在生产管理方面还处在关注质量的阶段，还没有上升到关注环境乃至社会责任的高度。

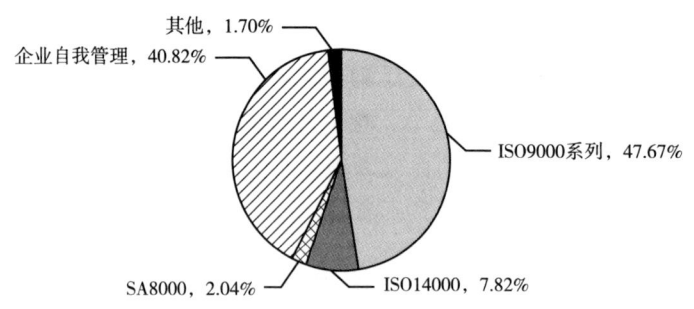

图 19　企业遵循的管理标准

4. 信息化管理水平

随着计算机、网络技术的发展，当前厦门民营企业已有 76.64% 的企业采用了计算机管理系统，其中，79.91% 的企业将计算机管理系统应用于财务管理，58.55% 的企业将其用于企业管理信息系统，还有 55.56% 的企业将其应用于企业网站或网页的建立。如图 20 所示。多数民营企业已经开始借助信息化管理的优势来减少管理工作量,有一半以上的企业开始利用网络宣传自己、走向网络营销的道路。特别是高新技术企业,其信息化管理水平要明显好于其他行业,其次是制造业,服务业的信息化管理水平相对较弱。在企业信息化建设过程中,44.08% 的企业认为缺乏专业技术人员成为影响企业信息化建设的关键因素,这在高新技术企业表现得尤为明显(60.87%);34.21% 的企业认为资金不足。除此之外,23.36% 的企业认为员工素质不足(制造业表现得较为明显),同时,22.04% 的企业认为没有系统性的信息化建设方案也是阻碍企业信息化建设的因素,如图 21 所示。正如前所述,技术、资金和人才一直是困扰民营企业发展的主要因素。

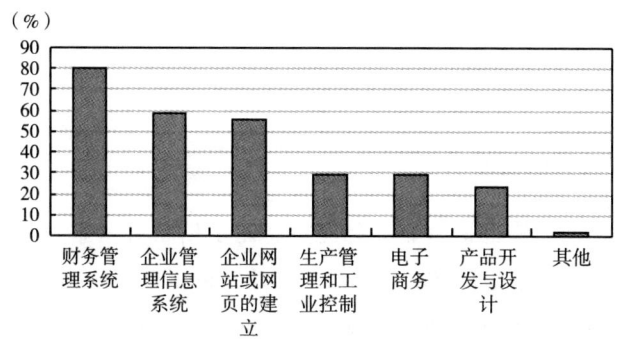

图 20　民营企业信息化程度

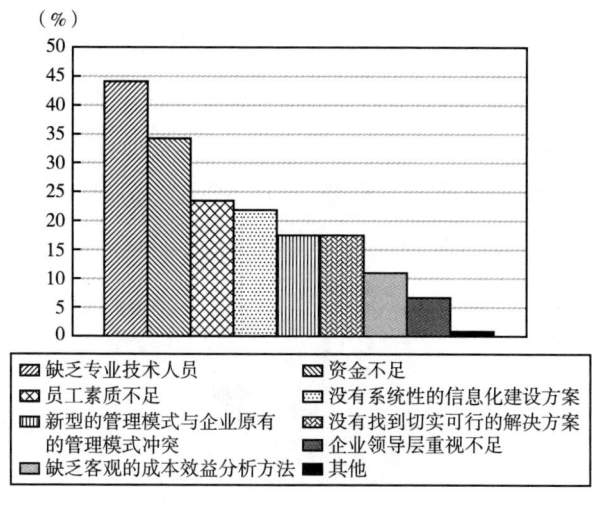

图 21　民营企业信息化建设的影响因素

5. 文化管理水平

厦门民营企业越来越重视企业文化在管理上的作用，在调研企业中有70.16%的企业拥有自己的企业文化，并认为可以通过企业的团队协作（63.49%的企业选择）、优质服务（50.16%的企业选择）来体现，此外，员工的忠诚度与士气（45.72%）、客户满意度（41.78%）等也被认为可以展现企业的文化特性。从文化建设上来看，以宣讲为主，资金等要素投入较少，许多民营企业的企业文化建设流于形式。相比之下，多数高新技术企业能够认真对待，保证企业文化建设具有持续稳定的要素资源投入，能够凸显企业文化的张力。

（四）技术创新能力

1. 产品与设备的技术水平

总的来说，调研中的民营企业已充分肯定了创新对企业经营发展的重要性（认为创新重要的企业达到79.67%），特别是高新技术企业和制造业尤为如此，服务业的创新意识有待加强。反映到企业的产品和设备上来看，多数企业产品处于国内平均水平（占40.75%），28.3%的企业主要产品处于国内领先水平，23.77%的企业主要产品处于省内领先水平，主要产品处于国际领先水平的非常少，仅占3.77%，如图22所示。在195家使用设备的企业中，82.05%的企业主要设备来源于国内生产，17.95%的企业设备从国外进口。企业自主研制设备的情况很少，只占5.13%。从设备的技术水平来看，超过三分之一的企业设备处于国内平均水平（45.53%），26.83%的企业设备技术处

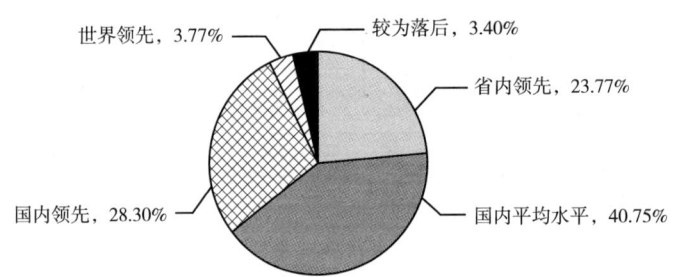

图 22　民营企业主要产品技术水平

于国内先进水平，如图 23 所示。应该说，厦门民营企业产品及设备的总体技术水平居中，优势并不明显。其中，高新技术企业的产品及设备技术水平要高于制造业和服务业，这与其所处的行业特性有着必然联系，但若将较低技术水平的调研数据综合进去，会发现当前厦门民营高新技术企业与其他行业相比并没有显现出明显的差距。

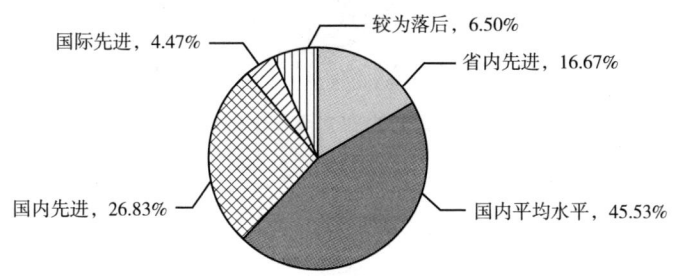

图 23　民营企业主要设备技术水平

2. 技术研发能力

从技术人员来看，有 54.67% 的企业拥有自己的技术研发人员，主要集中在高新技术业和制造业。这些技术人员多半由企业自己培养（51%），其次是从国内引进（31%），民营企业较少采用国外引进的方式或招聘应届毕业生，较为特殊的是高新技术企业更青睐自己培养和招聘应届毕业生作为补充技术人员的主要手段，如图 24 所示。

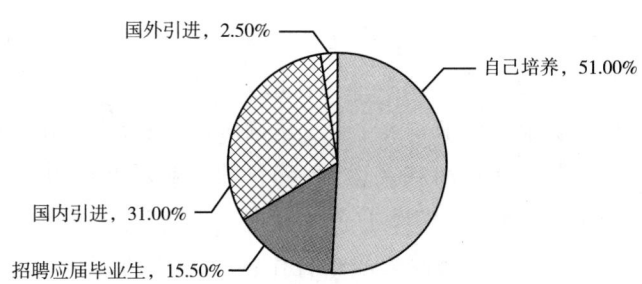

图 24　民营企业技术人员的来源

从研发机构上看，只有 42.58% 的调研企业拥有专门的研发机构。这些企业中多数企业的技术来自自主研发（40.99%），其次是与有关院校和科研机构联合开发，企业数量占到 25.23%，如图 25 所示。高新技术企业在这两项上的比重都非常突出，较为不同的是许多制造业企业把购买新产品、专利技术作

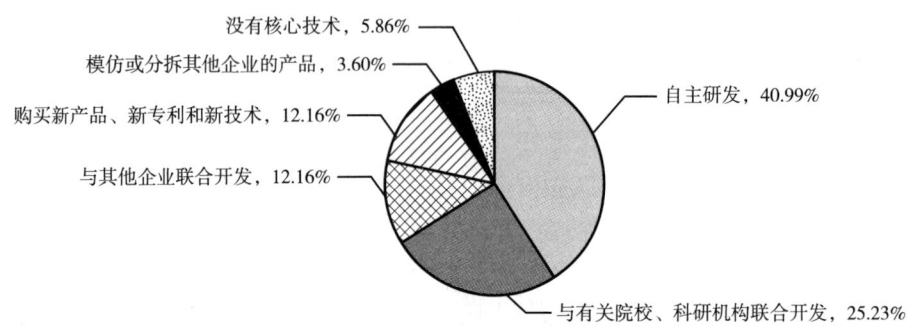

图 25　民营企业核心技术的来源

为企业获得技术的另一主要方式。

从研发费用来看，调研中的多数企业（49.06%）其研发费用占同期销售收入的比重都在 5% 以下，高新技术企业更喜欢把这个比例调整到 5%～10%。民营企业在研发上的资金投入并不高。也因为如此，在调研的企业中只有 55.92% 的企业在近三年有开发新产品，且多数企业开发新产品的数量在 5 项以内。从行业来看，绝大多数的高新技术企业近三年都有新产品出现，服务业相对较少；制造业相较于其他行业来说，产出的新产品种类更多。

3. 创新环境

尽管当前民营企业的创新能力还不突出，但调研企业对厦门整体的创新环境评价在中上水平，有 51.89% 的企业认为创新的外部环境一般；32.95% 的企业认为创新的外部环境较好，其中高新技术企业对创新环境持肯定态度的企业比重要高于其他行业；认为创新环境差的只有 6.06%。民营企业技术创新的困难主要集中在资金、技术和人才上。从调研数据来看（见图 26），居于首位的困难是资金紧张、融资困难（达 35.53% 的企业观点），其次是缺乏研究人员、研发能力不强（有 34.87% 的企业提出），第三是对市场前景把握不准（企业数占 34.21%），第四为缺乏战略合作伙伴（达到 32.24%）。高新技术企业的困难突出表现在人才和合作伙伴上，而服务业特别是制造业在对市场前景的把握上困难较多。总之，民营企业实力较弱，在资金、人才等方面的匮乏导致创新能力有限，需要政府相关部门予以引导与扶持。在调研企业中有 69.08% 的企业希望政府能够在企业创新上给予税收优惠；其次是专项贷款补助，49.01% 的企业选择此项，除此之外，有 32.24% 的企业希望政府定期培训专业人员，提供技术指导，如图 27 所示。行业上存在的差异是：高新技术企业较为关注技术项目与政府的计划扶持挂钩,而制造业和服务业更期望政府提供技术指导、帮助培训相关技术人员。

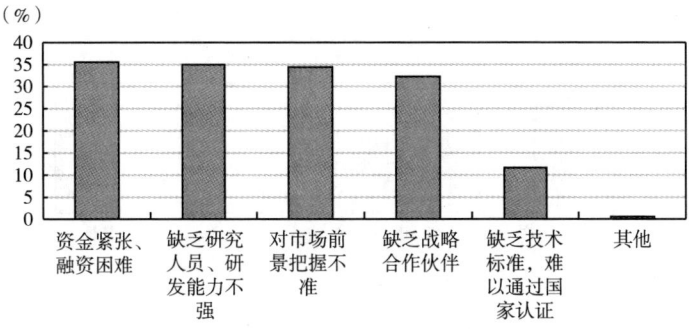

图26　民营企业技术创新的困难

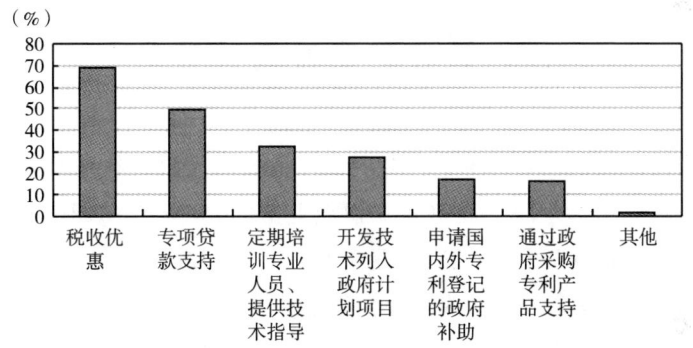

图27　民营企业在技术创新方面需要的扶持

(五)融资能力

从调研企业来看,多数企业的资金状况良好:有22.46%的企业并不需要融资;57.19%的企业略有资金缺口,需要融资;资金缺口大、急需融资的民营企业只占调研企业的20.35%。从资金的使用情况来看(见图28),大多数企业(53.62%)所需资金主要用于扩大生产,45.72%的企业将资金用于维持正常生产资金需要。用于更新技术(研发)的资金需求相对较少,只占32.89%。而且行业不同,资金使用的侧重上也存在差别,制造以扩大生产为主;服务业用于维持正常生产经营;高新技术企业则把资金用在更新技术上。总体而言,民营企业当前仍处在从规模要效益的阶段,企业的利润更多地依赖于销售增长,而非产品与服务价值的提升。从具体的融资渠道来看,自有资金和银行贷款的比例很高,分别达到62.83%和53.95%。同时,也有一些企业会采取内部集资(17.11%)和民间借款(10.20%)的形式。民营企业的融资渠道较为单一,且融资成本、风险较大。

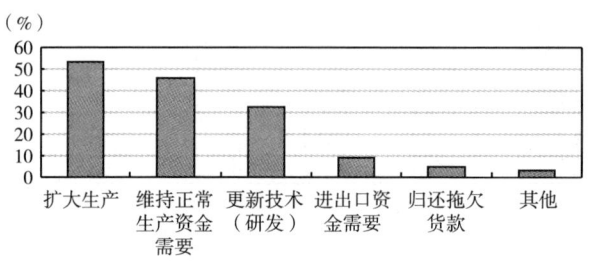

图28　民营企业融资用途

四、民营企业的发展前景

尽管目前国际经济形势较为严峻,但多数厦门民营企业对未来两年我国经济发展形势还是抱持乐观态度(占调研企业的58.91%),只有6.93%的企业对未来持悲观态度。正因为拥有充足的信心,所以在谈到企业未来发展前景时,有83.27%的民营企业认为企业会稳定甚至较快发展,没有企业认为自己无法生存下去。有发展并不等于没有困难,人才缺乏(50.66%)、行业竞争激烈或前景不明朗(44.41%)和资金紧张(42.76%)是民营企业提到的三大挑战,如图29所示。值得一提的是,还有34.21%的企业把政策多变列在了企业发展的困难之中。从行业上来看,制造业和高新技术行业的企业在人才方面的挑战最大,而服务业则把面临的行业激烈竞争环境作为企业最大的困难。

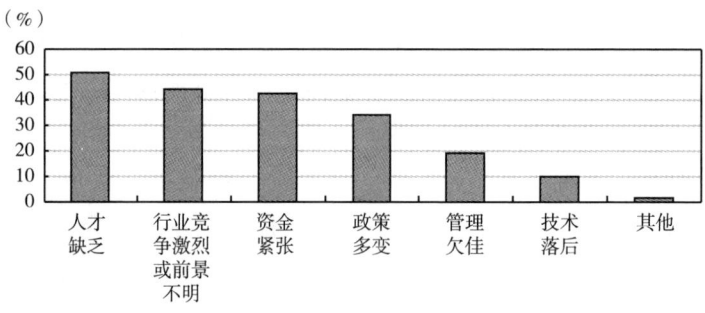

图29　企业发展面临的挑战

从企业发展方式来看,满意目前状况的企业稍多,50.63%的企业并不想转变企业的发展方式,以高新技术产业和服务业的企业为主,相比之下,制造业企业有着较为迫切的转型需求。在考虑转变的49.37%的企业中把产品附加值不高列为企业转型的首要原因(60.68%),其次是科技含量低(41.88%)和资源消耗大(40.17%),也就是说,多数想转型升级的企业已意识到要通过提升价值来增加利润,而非单纯依靠扩大规模。具体到转型的方式,有56.91%的企业要通过技术创新转型,54.28%的企业提出打造品牌来增加产品附加价值。调整产品结构的企业也不少,达到48.03%,除此之外,还有42.76%的企业提出要降低能耗。行业不同,企业拟采用的方式也不同,制造业企业和高新技术企业把技术创新放在了首位,针对自身情况,制造业企业将降低能耗排在第二位,而高新技术企业更着力于打造品牌优势。服务业因其产品的特殊性,把打造品牌放在首位,而排在第二位的是调整产品结构。可以说,多数民营企业都能客观审视自身的强弱,并据此拟订与企业发展相契合的策略,厦门民营企业已步入稳健发展阶段。

五、提升民营企业竞争力的对策

综合前文所述,不难看到厦门为民营企业创造了较为宽松的经营环境,无论是政策层面还是职能部门的工作都得到了多数民营企业的肯定,为厦门民营企业获得今天的成绩创造了良好的条件和氛围。同时,也要看到,人才、资金、税负和土地等问题日益凸显,厦门原有的要素禀赋优势已逐渐消失。另外,厦门民营企业的辉煌业绩改变不了整体底子薄、规模小的现状,从本次调研可以发现,当前民营企业内部的核心问题主要集中在人才、技术、市场和管理上,而且不同行业、不同规模的企业在需求上还存在较大的差异性,需要政府各职能部门提高政策的针对性和可操作性,全方位、多渠道地为民营企业提供服务,为民营企业打造出更加优势的经营环境;民营企业也要积极进取,提高自身竞争力,才能在激烈的竞争环境中立于不败之地。

(一)改善企业外部竞争环境,为民营企业发展铺路

首先,政府应该重视民营企业在厦门城市发展中的贡献与作用,把厦门民

营经济的发展纳入整个城市的发展规划之中。政府应该适时为民营经济发展提供指导性规划，引导厦门民营经济的发展与厦门城市战略发展目标相统一；在一些重点行业与发展区域内要为民营企业预留一定的发展空间，使民营经济发展逐步与厦门经济发展同步；考虑到民营企业整体实力还较弱，政府应该有针对性地制订引导与帮扶政策，特别是对那些与城市发展方向相符的本地民营企业，强化它们扎根厦门、为地区服务的信心，加强这些企业的归属感与忠诚度，使其成为厦门经济建设中不可缺失的重要一环。

其次，具体政策的制定要切合实际、强调政策的可操作性，要宣传、落实到位，让企业真正获得实惠。民营企业行业不同、大小不同、对社会的贡献也不同，相对地对政策的需求也有所不同，这就要求政府在出台具体实施细则时能够区别对待、有所侧重，特别是当前民营企业最为需要的税收、融资、人才和土地政策，要抓紧出台更多、更有效的政策，加快"洼地"效应的形成。这就更需要区分不同行业与企业规模在政策需求上的差异，以使现有政策能够更好地服务企业，在今后新政策出台时也能更易为企业接受。

最后，具体职能部门与行业组织方面，应该进一步规划自身服务职责，为民营企业排忧解难。从调查中可以看到，民营企业特别是中小微民营企业对市场、行业信息的掌握还不到位，这也是企业需要政府及行业组织支持的一个方面。政府职能部门及行业组织应该基于第三方的客观立场为企业搭建起行业及市场方面的信息公共平台，使企业能够及时了解行业及市场前沿的发展动态。从部门、组织的工作来看，政府各职能部门的工作在规范的基础上，应根据企业需要而及时拓宽自身工作内容，顺应市场及企业变化需要；行业组织机构在服务企业的宗旨下更要充当起政府与企业的沟通桥梁，确保政府——行业组织——企业之间的信息通道畅通无阻。

（二）强化现代管理理念，提升企业竞争力

民营企业外部竞争环境的改善只能为企业发展扫清外部的障碍，民营企业竞争力的形成关键还在于自身的努力。通过提升竞争力，小企业加速积累、壮大；大企业转型升级，迈入新的发展阶段，最终促使整个厦门民营经济良性循环发展。

第一，战略管理为企业带来更宽广的眼界。战略管理需要企业对自身的内部条件及所处外部环境有着清晰的认识，并能够依此制订企业的目标及计划，

并进行动态管理的企业经营管理过程。这就要求企业具有明确的市场定位,并实施切实有效的竞争战略;要求企业自上而下都明确自身的职责,对企业具有使命感,各方位一体为共同目标奋斗,战略管理不是一挥而就的,需要企业根据自身情况来制订短期的战术乃至中长期的战略,使企业上下都清楚未来的发展道路及前景,并能将战略转化为行动。具体而言,中小微民营企业可以走小而精、小而专的道路,为大型企业充当品牌、技术、产品等链条的配角,从中寻求技术、信息、资金、市场网络等方面支持,逐渐增强自身实力;其他企业可以通过横向联盟、纵向联盟、并购、重组、引入风险投资等方式,改善企业的规模和经营模式,提升竞争力。

第二,市场拓展提高企业盈利能力。在厦门整体民营企业实力较弱、市场竞争力不足的当下,拓展市场是提高企业盈利能力、增加竞争实力的易行之道。民营企业要改变过去经验之论,变被动为主动,通过市场调查分析明确市场需求,对企业的产品与市场进行科学定位,制订详细的市场推广方案。民营企业要充分利用厦门所处的位置,以大带小,加速向省外市场拓展的步伐,进而走向国际市场。企业要明确自己的目标客户要求,强化产品的技术、品牌与文化优势,勇于利用新兴的销售、推广渠道,凭借厦门民营企业在软件业的优势,充分利用网络销售平台、网络推广平台等新型营销手段进行市场开拓。

第三,品牌管理强化企业市场影响力。品牌是一个企业的灵魂与生命力,品牌作为企业竞争力的综合表现并不因行业或企业的大小而有所不同,尤其是对中小民营企业而言,品牌不仅是企业销售的利器,同时也是企业内部管理的文化力量。民营企业应加强市场调研和分析,找准企业的品牌定位,提炼品牌的核心价值,增强品牌的内涵。一旦品牌的定位和核心价值确定下来,企业的战略与产品架构都应随之而动,根据企业自身的规模与发展阶段,分阶段培植企业的品牌体系,培育品牌资产,规划企业的品牌延伸战略,同时,企业的一切营销传播活动都要进行调整,服务于品牌塑造。品牌在市场上有了知名度后,更要实施品牌关怀战略,使顾客对企业品牌的概念从信誉转向感情,确保顾客对品牌的忠诚度。

第四,创新管理加强企业发展后劲。企业培育竞争力的根本在于创新,没有创新也就没有企业价值的提升。创新的核心是创新思维变传统企业为学习型组织,通过不断学习顺应市场变化,求得长远发展。创新管理的根本是搭建创新链,并将创新纳入整个创新链的管理之中,形成由创意到研发,再到产业、市场,最后回归到创意的螺旋式上升的良性发展系统。从当前厦门民营企业来看,创新管理的首要任务是技术创新,企业要用好、用足厦门政府鼓励创新和科技进步的政策,加大创新投入,强化与科研机构和高校的合作,提高企业产品附加价值,为企业寻找新的利润增长点。同时,民营企业也要重视组织制度创新、管理创新、营销创新和文化创新,通过各种形式的创新提高自身创新、创造的能力,加快企业转型升级,促成企业新一轮的发展。

第五,人才管理储备企业发展能量。市场竞争的终极是人才的竞争,企业若拥有一支高素质的人才队伍,就等于奠定了成功的基石,为未来发展铺平了道路。人才管理不是单纯地管人,而是要充分调动影响人才发挥作用的内外因素,最大限度地发挥人的才能、激发人才的潜能,力求"人尽其才,才尽其用"。因此,民营企业建立、健全人力资源管理的制度体系,规范企业对人才的需求、选拔、任用、考核和培育等行为。概括地说,企业要敢于付出代价引进优秀人才,并给予充分的施展空间;企业愿意通过各种手段培训人才,助其成长;企业还要提供公平、公正的考核平台,并通过有效的激励约束手段,加强对人才的管理。总之,企业要能够创造出人才发展的优良环境,不但要充分发挥人才的作用,更要促进人才素质与能力的提高。

厦门市民营企业转型升级问题研究

2009年，我国人均国民收入达到3600美元，开始进入中等收入发展阶段，这是一个国家或地区调整经济结构、转变经济发展方式、跨越"中等收入陷阱"的关键时期。为此，党的十七大强调要转变经济发展方式，提出"又好又快"的发展战略方向，为经济转型升级指明了方向。与此同时，国务院也印发《工业转型升级规划（2011~2015年）》，明确"十二五"期间我国工业转型升级的发展道路。作为承载一国经济的基本单位——企业理应顺应时势，通过转型升级以求得持续发展的机会。另外，当前的宏观经济形势严峻，企业不可避免地面临外需锐减，原材料、劳动力成本上升，人民币升值等带来的压力。从自身入手，通过转型升级重塑竞争优势已成为当前企业生存发展的主要途径。

从厦门来看，2011年厦门民营经济实现增加值607.03亿元，占全市GDP的比重达到23.9%；2018年民营经济实现增加值2414.2亿元，占全市GDP比重已达到了50.4%。民营经济已成为厦门经济发展中不可缺少的重要一环。厦门民营企业如何审时度势，变挑战为机遇，通过转型升级塑造竞争优势，以期在经济好转时抢占先机、开拓进取、发展壮大起来就成为当前民营企业发展过程中的首要问题。有鉴于此，本次调研从厦门民营经济发展较好的食品加工、光电、IT服务业、商贸业等几个产业中挑选在转型升级过程中具有代表性的14家企业作为典型单位，总结它们在企业转型升级过程中的经验与路径，以期形成可具参考价值的建议，为其他众多民营企业转型升级服务。

一、民营企业转型升级的内涵与路径

顾名思义，转型指的是事物的结构形态、运转模式或人们观念的转变过程,是一个主动创新的过程,转型主体的状态与所处环境的复杂性决定了转型内容与形式的多样性。升级则是指事物从较低的级别升到较高级别,升级意味着能力的提升或竞争力增强,是依靠持续创新与能力的积累来完成的。尽管转型升级从内容上看有着明显的差别,但其本质要求都是创新,通过创新可以升级、增强竞争力,进而改变事物主体生存现状,促进转型形成,反之,事物在转型过程中也不可避免地会以升级的方式来强化自身适应环境的能力。可以说转型与升级经常是相辅相成、同生共长的,其终极目的都是事物可持续发展的需要。

(一)企业转型升级的内涵

1. 企业转型的内涵与类型

把上述转型内容套用到企业中,不难得出企业转型指的是企业的性质结构、管理模式、组织战略上的变化,它是企业内部全面、彻底的变革,会涉及企业的文化、组织结构、权力以及发展战略模式等各方面的变化。Prahalad 和 Osterveld 总结出了企业成功转型的五大特点:(1)转型是在新的思想、新的机会观念驱动下对企业战略和管理过程的革新;(2)转型必须涉及企业整个组织;(3)转型必须触动企业深层次的内容;(4)转型需要构筑和培育一个新的能力结构、业务结构和竞争战略;(5)转型必须构筑一个新的管理系统和运营系统。王吉发则将企业转型归纳为管理模式转型、产品与市场转型、业务过程转型和行业转型四类。

2. 企业升级的内涵及路径选择

早在 20 世纪 90 年代,Gercfi 在全球价值链分析模式中就将企业升级界定为一个企业迈向更具获得能力的资本和技术密集型经济领域的过程。Humphrey 和 Schmitz 更进一步指出企业升级是企业通过获得技术能力和市场能力,以改善其竞争能力以及从事高附加值的活动,指出企业升级主要有工艺流程升级、产品升级、功能升级和链条升级四种方式。Amsden 则给出了新兴工业化国家(地区)的企业由简单的委托代工制造(OEM)到研发设计(ODM),并最终建立自主品牌(OBM)的企业升级路径。此外,施振荣通过"微笑曲线"(见图 1)从另一角度为我们描述了企业升级的路径选择,强调企业应该向抛物线曲线的左右两端（价值链的上下游），即产品研发和品牌营销两个方向延伸，通过产品技术研发、品牌运作、构建销售渠道等方式来增加附加价值，也就是企业的获利能力，变劳动密集型企业为知识或资本密集型，以占据产业链中的有利位置。同时，施振荣进一步解释"微笑曲线"左边的决定因素为技术、制造与规模；而右侧的胜败关键则在品牌、营销渠道和运筹能力。值得注意的是，"微笑曲线"的适用可以从一个企业扩展到一个产业，所不同的是曲线会因产业或时间不同而有所不同，企业所需要做的就是了解自己所处产业的微笑曲线形态，认清自己所处的位置，来调整自己的经营行为。

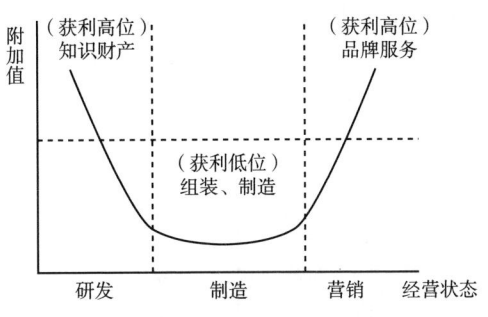

图1 微笑曲线图

总的来说，企业的转型升级是一个全面的、动态的过程，涉及了企业的各个层面，企业应该根据外部环境与自身的发展要求主动求变，选择适宜的转型升级方式，推动企业向前发展。

（二）民营企业转型升级的内涵与路径选择

民营企业相较于其他类型的企业来说，在转型升级的内涵上并无差异。值得一提的是，民营企业是完全依赖市场成长的企业，对市场有着极为敏锐的反应度，又由于受限于人力和财力，民营企业多存在于进入门槛较低的传统产业，竞争激烈、生存艰难，转型升级的紧迫性更为突出。

由于企业转型升级是要将企业转向高附加值活动，向资本、技术密集型转换，这不单是技术、产品的提升，还包括品牌、市场的培育以及企业发展目标、经营方式的转变。企业各种转型升级模式涉及的要素及部门多寡不同，其难易程度也存在差异，单纯地对转型升级进行分类并不能给企业带来有效的借鉴作用。一般来讲，对于民营企业，产品是其首要关注的对象，而产品的成本与质量是企业可以通过自身直接掌控的要素，并在一定程度上决定了企业能否获利，所以产品和技术方面的转型升级往往是民营企业最先关注的内容。在产品技术得到保证后，企业第二步需要做的就是产品市场的培育与推广，这一阶段企业往往会打造自有品牌，制订企业未来的发展战略。有了前两步的保障，企业基本已经能够在市场上站稳脚跟，进入相对成熟、稳定的发展阶段，也可以说企业的发展进入了新的"瓶颈"，这时企业的转型升级则要深入企业内部，从管理效率入手，将企业纳入现代企业管理制度的框架内，并构建自己独特的企业文化，逐渐利用文化统御员工，进而达到文化管理的目的（见图2）。需要说明的是，图2描述的只是民营企业在转型升级过程中的一般情况，它并不排斥企业由于市场条件不同或自身条件上存在优势而将在各个阶段的转型升级内容同时进行或提前进行。

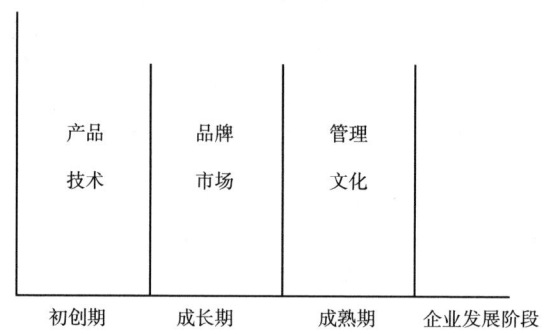

图2　民营企业转型升级示意图

二、厦门民营企业转型升级的特点

尽管厦门民营企业从改革开放以来有了长足的发展，但总体来说还是规模偏小，中小企业数量占到民营企业的95%以上，经营上仍以粗放型为主，产业结构不合理，主要集中在食品加工业、商贸业等传统行业，在厦门的主要支柱产业上民营企业的力量还较薄弱，因此，本次调查将目标定为替广大中小民营企业寻求转型升级的经验，旨在帮助广大中小民营企业能够在转型升级过程中少走弯路，早日发展壮大起来。在选取样本时，调研组从厦门民营企业发展较好的行业，结合厦门今后产业发展方向，在确保能够归纳转型升级规律的前提下尽可能地扩大行业范围,从中挑选出厦门中盛粮油集团有限公司、萤火虫集团有限公司、厦门嘉晟对外贸易有限公司等14家民营企业代表单位,以主要负责人访谈及问卷调查的方式进行。调查共收回领导问卷12份,员工问卷98份。为保证所有企业在调研结果上的公平性,以工龄和不完整性为条件剔除了部分员工问卷,每个企业保留员工问卷以5份为限,最后共计67份员工问卷作为采集数据的样本进入分析。由于调研目的和问卷数量限制,本次调研的分析结果不以具体调研数据的引用作为论据,所有结论都以过半数以上的选项进行说明。

(一)厦门民营企业转型升级情况概述

本次调研的14家民营企业基本都有10年以上的成长史,其中永同昌集团成立于1988年。这些企业都走过了初创期、成长期,多数企业已进入稳定发展时期,企业的发展目标和组织架构清晰,管理制度完善,人员及经营业绩都较为稳定。纵观企业的发展历程,尽管所涉行业不同,但基本都以3~5年为一个发展周期,并在第一个周期内完成企业的创业阶段,进入成长或稳定发展时期,表1归纳了本次调研企业转型升级的历程,结合图2内容我们不难发现这些企业在转型升级上的共性。总的来说,这些企业在初创期主要关注的都是产品和技术,不同的是处于传统行业的食品加工企业在初期都选择了引进先进生产线,通过更新设备来确保产品质量关;高科技企业则从开始就注重技术研发,通过产品技术含量来突出质量,并以质量在业界做出口碑;商贸业因其产品是服务,所以在初期看到更多的是严格服务质量以达到市场对企业的关注。到了企业的成长期,这些企业的共性则集中到品牌和市场开拓上,有实物产品的企业在这一阶段都把品牌建设放在了重要位置,企业的品牌知名度以及企业知名度都是在这一时期确立起来;服务类企业在此阶段除了确立行业品牌外,更多地关注国内外市场的开拓,或进行多元化经营和后向一体化,延伸企业的价值链。到了企业稳定发展的成熟期,所有企业都建立起了规范的管理制度体系,企业内部引入OA或ERP系统,重视企业文化或重新构建企业文化,条件成熟的企业开始筹备或已经成为上市公司,建立起现代企业制度。值得说明的是,惠尔康和嘉晟两家公司在企业注册初期就开始构建自己的管理体系,可以说完善管理制度贯穿了企业的整个发展历程,因此,在稳定发展阶段,我们看到更多的是企业经营领域的拓展。

表 1　　企业成长周期与转型升级

序号	企业名称	初创期	成长期	稳定发展期
1	厦门中盛粮油集团有限公司	引进先进生产技术，强调质量控制；产品单一，市场以省内为主	品牌建设；产品差异化；成立研发团队，自主产品研发；市场推广到全国；管理规范化	强化人力资源管理；倡导"盛洲自家人"；进入"中国食用植物油加工50强企业"
2	惠尔康集团有限公司	引进先进生产技术，产品推广到全国	完成企业战略布局，所属产品及品牌获得"中国名牌产品"和"中国驰名商标"荣誉。集团创建初期即规范各项管理制度	成为"国家杂粮加工技术研发分中心"；建立全球最大液态谷物食品基地；着手开发固态食品市场
3	厦门立林科技有限公司	关注质量，2005年成为国内楼宇对讲行业的标准制定者	注重品牌建设，是行业内首批"中国名牌"和"中国驰名商标"企业，强调发展战略	进军服务业，走国际化道路；强调"立林人"
4	萤火虫集团有限公司	重技术研发；专注于欧洲国外市场；创立品牌	重品牌建设，建立国内销售渠道；运用法律手段维权，在国外市场积极应对反倾销；开发国内市场	强调战略；重视人才与企业文化建设；引入信息化管理手段；向制造服务业推进；实现集团化经营
5	厦门市美亚柏科信息股份有限公司	明确产品定位，确定企业发展方向	从代理国外知名品牌产品为起点，模仿创新，到自主研发，软硬件兼顾；2010年前后企业及产品荣获多项省级、国家级荣誉	持续技术研发，开发新产品新市场；注重企业文化建设；引进高素质人才，设立软件学院；成为上市公司
6	厦门精图信息技术股份有限公司	产品自主研发，参与制定"国家国民经济动员管理信息系统标准"	市场推广，由立足厦门到市场遍布全国	企业及产品获得多项国家级荣誉。企业正积极筹备上市
7	厦门市四美达科技发展有限公司	零售为主，重视服务质量，依靠价廉质优获得市场认可	从零售商转变为代理经销商（批发），开始进行小规模的自主研发	自有软件研发，成为IT系统提供商，介入电商业务，服务对象转向中小企业；强化管理制度，实现了信息化管理

续表

序号	企业名称	初创期	成长期	稳定发展期
8	厦门日华科技股份有限公司	强化质量责任,严格质量管理;强调自主研发与先进技术引进	明确发展战略,强调"实业""投资"两条腿走路,走多元化道路	走高科技路线,研发防灾预警产品
9	厦门永耀集团有限公司	自主产品研发,后期有先进技术引起,重视成本控制及知识产权保护	开始品牌建设,人才梯队建设	引进高素质人才,进行对外投资,强调企业文化建设
10	厦门市嘉晟对外贸易有限公司	以外贸为主,强调质高价低,主要关注渠道与市场	延伸产业链,为顾客提供全方位的服务,依靠供应链创新塑造竞争优势	完善供应链管理,着手开发综合信息服务平台;形成了独特的企业文化
11	厦门好聚合进出口有限公司	专营进口产品,市场以华南为主	由经营100%进口产品转为国内外产品兼顾;市场拓展到华东地区	进口比例缩减到小于国产比例;开始重视企业文化
12	厦门万里石股份有限公司	严格质量,积极开拓国外市场,在国外建立了销售公司,开始着手产业链延伸	企业开始后向一体化,完善产业链,扩大加工制造的规模	完善产业链整合;致力于全球布局;完善企业文化建设;筹备上市
13	厦门市建潘卫厨有限公司	创建品牌;产品单一,注重质量与口碑	完成行业品牌向消费者品牌的升级;信息化管理开始	明确战略定位;由制造商向服务商转型;筹划上市
14	厦门永同昌集团有限公司	以出口贸易为主	进入并专注于房地产开发,注重企业品牌和形象宣传	多元化经营,进入酒店、采矿等行业

注:表1中各企业的具体信息源自企业访谈资料整理。

结合微笑曲线,我们也可以看到这些企业基本上都已向高附加价值的两端延伸,有的公司(如万里石公司)已构建起整个产业价值链条。这些企业在企业创办的初期,甚至很长一段时间都处在附加价值较低的环节,走质高价低路线,主要靠价格竞争。在接下来的成长发展阶段,开始增加产品附加价值。向微笑曲线左端延伸的企业多数都有自己在国内乃至国际站得住脚的拳头产品,甚至成为该产品的行业标准制定者;向微笑曲线右端延伸的企业,其品牌已为公众所熟知,市场也向国内或国际拓展,或者以多元化经营(以公司或个人名义投资)的方式拓展了自己的生存空间;更多的企业则是在微笑曲线的两端同时并举,最大限度地提升附加价值。

（二）厦门民营企业转型升级的具体内容

结合调研过程中的领导问卷和员工问卷可以得出调研企业在转型升级过程中的一些具体做法。

首先，调研企业在企业类型上都已完成转型，成为股份有限公司，乃至上市公司。民营企业很多都是从个体工商户或夫妻店的方式起家，股份多数集中在家族内部成员或合伙人的手中，企业管理更多的是靠情感维系的信任来完成，内部人管理问题严重。转型成为股份有限公司，实际上是企业规范治理结构的过程，是从人治到法治的过程。从调研过程中可以看到，多数调研企业已经形成董事会或核心人员集体决策的机制，有较为完善、通畅的沟通渠道，基层员工的合理建议可以有效上达管理阶层。

其次，调研企业在战略上已经由早期的低附加价值环节调整到高附加价值环节。在战略调整这一选题上，主要被勾选项为从价格竞争策略转向核心竞争力提升、从追求销售规模转向品牌经营。企业处在低附加价值环节时，由于产品的附加价值低，进入门槛也低，企业基本上都是通过价格竞争来争取市场份额，通过规模来获得利润。当企业拥有了核心竞争力和品牌时，就意味着企业拥有了别人无法模仿或复制的能力，这种差异化提升了企业的附加价值，增强了企业稳定发展的可持续竞争优势。

再次，调研企业在转型升级过程中做得最多的是自主研发、引进高素质人才、品牌建设和探索新商业模式。从产品研发上来看，企业基本以开发新产品、提高产品技术含量为主要方向，以居民消费者为顾客的企业，还重视采取新的外观设计。从高素质人才引进上来看，企业主要引进两方面的人才：一是以职业经理人为主的高级管理人才；二是技术研发人员。在品牌建设与商业模式上，多数企业都已打造出自己的品牌或名牌产品；在营销模式上，与经销商建立联销体，采用代理营销或渠道营销，并开始尝试电子商务模式。

最后，调研企业在转型升级过程中也重视提高管理效率、加强质量管理、调整市场结构和区域布局。在管理上，多数员工把管理规范化、人才引进和企业文化建设放在了首选，并且认为企业文化有新的转变，然后是成本控制、人才梯队建设和员工效能提升。在这方面，企业的管理者和员工所关心的角度出现少许偏差，企业的管理者更多的是从企业全局来看待企业管理问题，而员工则是从自身出发，通过自身感受来看待企业的管理。在产业选择上，这些民营企业多注重本业，主要是在维持主业不变的情况下进入新行业或者在本行业中向上下游产业延伸，部分企业由生产型向研发型和服务型转变，以延伸自己的产业链条为主。可以说，调研的14家企业在经营过程中都把稳健放在了首位，即便开始多元化经营，也都是立足主业，通过集团经营的方式进行。从企业市场和区域布局上看，主要是在原有市场的基础上，开拓国际市场或进入新的细分市场。

（三）厦门民营企业在转型升级过程中的困难

在走访企业的过程中，我们不难发现尽管当前宏观经济形势给企业发展带来很多不利因素，民营企业迫于要素成本上升的压力，普遍存在"融资难""招人难"等问题，但经过转型升级过程的民营企业并没有把现阶段看作企业经营的"严冬"，更多的企业认为这是民营企业发展的一个契机，应该把握机会重塑企业，强化企业在市场的地位，为企业可持续发展奠定基础。谈到企业所面对的困难，这些企业更多的是站在企业发展的角度来思考，而非短期生存问题。涉及企业转型升级问题时，被调查到的企业负责人和员工都把政策支持放在了前面，其次才是人才、资金和技术，稍有不同的是员工勾选的项目中突出了经营管理团队战斗力不强这一问题。结合问卷调查，我们可以将民营企业转型升级过程中的困难归纳为以下几个方面：

第一，政府及行业协会组织对民营企业没有充分发挥支持作用。在走访企业的过程中，尽管企业谈到很多政府对自身发展的支持，但多数企业对厦门市政府过于规范的行政管理给出了自己的看法。企业认为过于规范的管理，在某种程度上等同于保守的行为方式，造就办事人员相对保守的意识形态。而企业身处瞬息万变的大环境之中，必须紧跟甚至先于市场变化，特别是处于转型升级过程中的企业，创新更是企业发展的命脉，企业对创新的追求与政府部门相对保守的行为方式形成矛盾，造成企业在抢占某些新市场、新领域时动作迟缓，而政府部门有心帮忙却使不出力的情况出现。此外，税费负担较重也是企业重点关注的问题，它被排在人工、原材料以及资金成本压力之前。企业也要有培育过程，它需要政府能够根据企业发展的不同阶段在资金、技术以及市场等方面为企业提供信息及政策上的支持和帮助。从行业协会方面来看，企业普遍认为当前社会上各种行业协会虽然名目众多，但真正能发挥作用的却很少。

站在企业的角度来看,行业协会拥有许多与企业相关的市场、政策以及企业信用等方面的信息,是企业与政府、企业之间,甚至企业与消费者之间的联系纽带,企业迫切需要行业协会能够真正发挥出作用,促进多方共赢局面的形成。

第二,人才培养与引进是企业当前及今后发展的"瓶颈"。调研走访的14家企业大多已组建起自己的研发队伍和研究机构,即便是没有,也在通过校企联合,或利用培训机构对员工进行定期培训,企业在人才的引进和培养上都形成了切实可行的制度,员工定期培训成为企业的常态。[①] 尽管这些企业都把人才培养与引进当成企业的头等大事,但当问及企业在转型升级过程或今后发展中面临的挑战时都把缺乏人才,特别是高级管理人才和技术研发人才放在了首位。这种与企业意愿及行动相悖的现象与社会对民营企业的认知以及企业自身存在的问题有着直接关系。众所周知,我国已经历了40多年的经济体制改革过程,但在普通百姓的心目中工作的首选仍是行政事业单位和国有企业,民营企业给人的印象仍停留在早期待遇低、发展不稳定的阶段。另外,民营企业个体规模总量相对较小、实力较弱,其所能提供的员工福利以及个人发展平台很难与大型国企或外资企业抗衡,这在一定程度上决定了民营企业在引人、留人方面的困境。而处在转型升级阶段的民营企业,更多的是需要高素质人才来带领企业跨越式发展,这进一步加剧了企业对人才需求的紧迫感。

第三,"融资难"在较长时间内依然会困扰民营企业。当前,民营企业"融资难"问题主要集中于中小民营企业,在本次调研过程中接触的企业都掌握着充足的资金,在银行的信用额度较大,不存在"融资难"问题。尽管如此,在谈及当前的融资环境时,各企业也都提到贷款利率和融资的其他各种成本过高,导致企业在融资问题上困难重重,简而言之,即:银行是出于自身经营目的而非企业需求的角度来考虑贷款事宜,双方存在信息不对称的情况;上市融资对企业自身要求过高,多数民营企业难以达到;其他民间信贷因为高风险的特性也不是企业在融资时愿意首选的方式。处于转型升级阶段的民营企业无论是从产品、技术入手,还是从品牌、市场的培育入手,抑或是仅仅为了规范企业管理,都需要投入大笔资金,而尚处于转型升级前的企业在实力、资质、信用等方面很显然无法与已进入成熟期的企业媲美。

---

① 在调研企业当中,人才培养模式较具代表性的有:惠尔康公司建立自己的"行销学校";精图公司在人才培养上除了师徒制外,更通过预就业工程与高校共同培养企业人才后备;建潘公司成立了自己的企业大学;嘉晟公司实施导师制,每年从营业收入中提留固定比例的培训基金。

既使调研对象中的这些已经历过转型升级的企业，为了长远发展，在技术研发等大项资金投入上也有融资的需要，更何况为了适应外界环境的变化企业还需要持续转型升级，因此，如何改变当前民营企业的融资环境就成为整个社会需要面对的问题。

第四，技术研发仍然是民营企业的薄弱环节。问卷显示民营企业在技术创新过程中最大的困难就是资金紧张、融资困难和缺乏研究人员、研发能力不强。在了解调研企业的发展历程时，我们注意到很多企业特别是产品制造商在转型升级时从产品技术研发入手，主要是因为创业人员对该行业或产品的熟悉度，这时期的技术研发也以提升产品的质量性能和生产规模为主。企业能够发展到今天，得益于当时创业人员对产品战略定位的准确性和团队的高技术水平，企业的主要困难表现在资金筹措和研发周期上，多数企业提到这里时强调的是政府的扶持、亲友的帮助和自身的运气。显然，这种在初创期就拥有研发队伍的企业是少数，更多的企业需要用资金来外购技术人才、技术项目，这对伴随着"融资难"成长的民营企业来说无疑是个难题。另外，已经历过转型升级的企业，面临的是企业更高层次的跨越，这时的技术研发需要高端研发人才，并且伴有资金投入大、回笼慢，研发周期长、风险大的特点，对于民营企业来说仍是无法承受之重。当前，多数民营企业在技术研发上走与高校联合的道路，但也存在着双向选择、需求差异以及合作契约的规范性等方面的问题，对中小民营企业以及重大科研项目的攻关不利。

第五，民营企业在市场或产业调整方面存在盲目性。民营企业进入新兴市场或产业时往往以培育新增长点或看好市场前景这些获利因素作为第一顺位考虑的因素，其次才会思考自己的市场或产业优势以及政府支持力度，这点在调研企业进行扩张或多元化经营时表现得非常明显。在提到进入困难时，企业也承认对所入市场或产业的技术路线、体系不成熟是最大的风险，这在某种程度上显示了民营企业在市场或产业调整上存在盲目性，在进入前更多地考虑利益因素，而未能很好地把握企业对新入市场或产业的适应能力。此外，当民营企业发展到一定的阶段时，视野、格局和战略成为企业继续发展的重要决定性因素之一，管理团队的自身修为是否跟随企业同步成长，即成为企业在发展"瓶颈"上能否取得突破的关键所在。与企业同步成长的管理团队一般具备战略远见，能够在市场或产业调整时为企业选择正确的发展方向，而落后于企业成长的团队则可能因为决策失误而错失市场机会，延误企业发展。从当前民营企业的发展来看，管理团队能力的局限已慢慢显现出来，即便是我们所调研的企业也不敢说个个都有战略规划，员工问卷更直接指出企业的管理团队战斗力不强，这在一定程度上反映出了民营企业管理层面的问题，推而广之，广大中小民营企业因管理而导致的市场或产业调整问题将会更多。

第六，规范企业内部管理是民营企业持续修炼的课程。企业最终都要向管理要效益，从民营企业转型升级的路径也可看到，管理水平的提升是企业转型升级的终极。需要注意的是这里的管理水平指的是管理效率，而非单纯管理体系的构建。从调研企业来看，绝大多数企业已规范了自己的管理体制，有些已建立起现代管理制度，但企业管理者谈得最多的也是企业规模扩大、产业链延伸或多元化经营后管理难度大幅增加了。这可以说是所有企业而非民营企业单独面对的问题，所不同的是民营企业除了要面对管理效率问题外，还要面对管理规范与企业传承问题，这些都影响到企业经营的稳定性，是成长起来的民营企业重点关注的问题。一般而言，面对市场变化的巨大压力，民营企业因其生存需要更容易形成管理团队的凝聚力和战斗力，然而在调研过程中我们发现仍有较大比例的员工对管理团队的战斗力提出异议，也就是说，这些成长起来的民营企业还要持续面对"成长的烦恼"，即如何保持原有的高效率、如何培养得力的高层管理者，将是民营企业需要长期面对的挑战。

三、厦门民营企业转型升级的建议

如果把调研企业的转型升级经验做一总述的话，不难发现这些企业都把产品服务质量当作企业的生命线来用心维护，并以此作为进入市场的"敲门砖"，逐步扩大市场份额，品牌的培育与维护也是如此。以至于这些企业可以自豪地说自身知名度是靠顾客口碑相传得来，而非大量的广告投入。顾客认可了企业的产品服务后，这些企业才开始向外拓展，有些完善自身的产业价值链，有些则走向多元化道路，很多企业都是从这时开始着手进行企业内部管理制度体系的建设，通过逐步规范企业内部管理、提炼企业文化来适应企业新一轮的发展变化。这一规律并没有产业性质区分，也就是说，可以适用于所有需要转型升级的广大厦门中小民营企业。当然，有规律并不意味着遵循它就可以转型升级成功，企业的成长还需要各方共同努力。结合本次调研，我们从政府、行业协会和企业三个方面给出以下建议。

（一）政府方面的建议

在调研中，企业谈到政府时更多的是希望政府给予的支持，其范围涵盖了人才、技术、市场、资金等企业经营中涉及的各个方面，归纳起来包括以下五个方面：

1. 充分发挥特区政府先行先试作用，为民营企业发展铺路

政府人员要考虑到多数制度是基于前人经验总结得来的，它相对于企业所面对的市场而言往往是滞后的。规范的制度管理固然重要，但凡事寻求先例的结果等同于消极办事的态度，不利于辅助企业在市场上夺得先机。政府人员要把政府与企业的关系对等于企业与顾客的关系，服务好企业就是服务好自己的衣食父母，不但可以富裕一方百姓，更可繁荣当地经济。特别是本土民营企业，因地缘关系很容易建立起忠诚度，如同顾客的忠诚会为企业带来效益一样，忠诚于地方的企业也会为本地经济社会发展树立起一道坚实的保护屏障。因此，政府人员要自上而下统一对民营企业的认识，形成为民营企业服务的意识，为民营企业营造起亲和的地域环境。这就要求各级政府禀着先行先试的精神，以海西战略为基础，结合对台优势，抓住厦漳泉融合的契机，积极研究和出台扶持民营企业发展的对策，将"国36条"落到实处。

2. 对民营企业给予适当的政策倾斜，帮助民营企业做强做大

在调研过程中，民营企业几乎都提到厦门国有企业和外资企业的强盛，导致在市场竞争中民营企业处于夹缝中生存的窘况。因此，政府人员首先要明确对民营企业的定位。应该说企业的差别只在企业类别，其经营宗旨都是一致的，这就意味着政府在招商引资、政府采购等环节要给予所有企业以平等身份，不能预设立场或门槛。其次，政府人员要立足长远，重视民营企业对地方发展的贡献。民营企业不但是厦门经济的重要构成，还是就业、慈善、纳税等其他方面的主力军，也将会成为厦门未来发展的核心力量。政府人员在明确民营企业贡献的同时，还要看到民营企业基本都是伴随着改革开放成长起来，相较于国有企业和外资企业来说，还很幼小，缺少足够匹配的抗衡能力。因此，在平等对待各类企业的同时，应该综合考虑企业对厦门的贡献，在不损害公平的原则下可以对本土民营企业做适当倾斜。最后，涉及民营企业普遍关注的税负问题，在逐步推行结构性减税外，可以适当根据政策提供贴息贷款以减轻企业的负担。

3. 为民营企业提供政策指导，强化民营企业对政策环境的适应力

当前，史无前例的知识更新速度加剧了宏观环境的多变性，再加上我国经济社会处于转型期，造成政府的各项政策具有滞后和时限短的特点。民营企业在无法预测政策变化取向时会弱化长期发展战略的重要性，容易形成急功近利的短视行为，对企业乃至社会造成危害。从目前来看，政府也许无法改变政策多变的现状，但可以改变民营企业对政策的适应性，以使其能够快速适应政策环境的变化，把握自己的经营方向。具体来说，政府在新政策特别是民营企业关注的产业政策或土地政策出台前，应落实听证制度，结合大量实地调研、全面取证，找出核心问题及其解决方向，尽量避免顾此失彼、损荣共存的情况出现；在政策出台后要充分利用媒体、行业协会等各种机构通过社会宣传、知识讲坛、专题座谈会、下基层走访等方式为企业提供政策解读。此外，考虑到企业的特殊性，相关部门应该在新旧政策交替时，留有适当的政策实施过渡期，并在部门内规定具体职责或特定人员为企业提供政策咨询，帮助企业尽快适应新政策环境。

4. 拓宽民营企业融资渠道，改善民营企业融资环境

调查问卷显示，尽管民营企业银行融资障碍重重，但在融资渠道选择上，多数企业还是把国有银行和地方银行放在了首位，这与融资风险大小和资金稳定性存在着很大的关系。因此，在解决民营企业"融资难"问题时，银行资金仍应放在首选。政府需要做的是：银行方面，应该督促其细化民营企业资金需求的种类，根据不同资金的需要给出不同的贷款方案，避免"一刀切"的行为加大企业负担；此外，要加快小额贷款公司的发展步伐，积极协助民营企业进入小额贷款公司的经营领域，拓宽民营企业融资渠道。企业方面，考虑到权威性和公共产品的属性，应该由政府联合行业协会分行业制定标准，逐步建立起企业信用体系，降低各方融资风险。另外，政府应该注意到信贷公司以盈利为目的的企业属性，在广大小中民营企业经营困难的时期能起到的作用非常有限。政府可以整合社会资源，尝试在中小民营企业间建立起以融资为目的的帮扶机制。该机制资金的筹集以政府拨专项资金、中小企业认缴份额为主，结合各界捐赠，也可吸纳部分社会闲置资金。政府要在其中起到监管作用，地方

银行或行业协会可协助具体执行，资金使用流向要定期公开，接受社会大众监督。债权人的权益可以通过区别在机制下的作用而定，对于社会资金可以参照国债或银行理财产品等相关产品作浮动调整；债务人方则要本着支持中小民营企业的宗旨，区分中小企业融资需求，以低息甚至无息、贴息等方式为中小民营企业提供资金支持。

5. 建立民营企业帮扶机制，为民营企业解决具体问题

应该说，"融资难"只是民营企业存在的一个普遍现象，每个企业在成长过程中还伴随着人才、市场、技术、管理等各种难题。在一些共性问题上，政府可以通过一些具体的举措来帮助民营企业。例如，在人才方面，民营企业用人、留人难除了自身平台问题外，在很大程度上是因为与人才相关的各种福利制度无法跟上造成的。政府应该做民营企业的坚强后盾，为民营企业引入人才的户籍、住房、子女教育等相关问题提供优惠政策，特别是在高端人才和重点行业人才引进上，政府应适当承担人才引进成本，放低户籍门槛，加快办理速度，允许企业分批次使用落户额度。在技术研发上，政府应该通过大力支持民营企业的技术研发项目来调动整个社会的创新氛围，通过政策激励、加大民营企业项目纳入政府规划的比例、设立民营企业专项科研扶持基金等措施来扶持民营企业技术创新，引导民营企业发展服从于整个地方发展大局。在产业、市场拓展方面，政府应该及时了解民营企业的发展趋势，对一些政府支持或已初步形成规模集聚效应的产业，政府可以通过设立产业园区，在产业政策、技术指导、市场信息上提供协助，降低企业之间的协同成本，优化民营企业发展模式，以达到产业调整与发展的目的。最后，针对管理等具体性问题，政府可以设立针对中小民营企业的"企业医院"，由行业协会监管，着力解决中小企业运营过程中的各种问题。"企业医院"的医生可以是专职，也可以由不同部门岗位的各类专家兼职组成，"企业医院"的收益可以以利润或科研成果的方式来回馈。企业通过预约挂号，提出要求，医生以团队的方式通过调查以及专业分析来为企业提供详实的体检报告，指出企业存在的现实问题，并给出具体的改进建议。

（二）行业协会方面的建议

行业协会名目繁多，但真正能发挥到具体作用的很少，已成为民营企业的共识,尽管如此,民营企业还是抱着下一家会更好的心态,尽可能地多参加各种行业协会。在总结调研企业意见的基础上,我们认为行业协会目前在中国至少应该发挥起四座桥梁纽带作用,完善五大职能,具体说明如下:

1. 行业协会的桥梁纽带作用

(1)政府与企业间的桥梁:民营企业分散于各行业之中,依靠单个企业的力量很难将自己的意见反映到政府,即便做到了也会因为是个体现象而无法得到政府的快速响应。同时,政府也需要将自己的声音传达到广大企业当中,一对多的局面同样阻碍了政府政策的宣导,行业协会可以代表企业与政府对话,同样,也可以帮助政府完成政策的解读。

(2)企业与企业之间的桥梁:民营企业多处在激烈竞争的市场环境下,竞争意味着优胜劣汰、弱肉强食。行业协会作为整体的代表,可以从规范行业服务、维护行业信誉入手,凝聚行业内部人士,协调企业之间的关系,通过制定行规、行约来约束企业行为,支持行业内的公平竞争,促进行业内企业同进共退,进而形成整个行业的繁荣稳定发展。

(3)企业与高校、科研院所之间的桥梁:高校与科研院所是中国高素质人才的主要聚集地,多数民营企业在技术研发上都采用了与高校联合的办法。从目前情况来看,此种方式还存在着双方的研发目的、领域以及合作方式等诸多不协调或不明确的地方,双方也因为缺少信息,各自专营在自己的领域而无法建立起有效的联系。行业协会可以出于行业整体考虑,为本行业建立起信息库和人才库,减少双方寻找合作伙伴的成本。

(4)企业与供应商、经销商或消费者之间的桥梁:行业协会还应为企业在上下游各方建立起良好的沟通渠道。对上下游的企业来讲,行业协会应从行业长远发展的角度出发,协调各方形成统一的发展方向,为各方营造良好的合作空间;对消费者而言,行业协会更应主动承担起信息沟通的责任,避免由于信任危机而造成的双方损失。

2. 行业协会的五大职能

(1)组织职能。行业协会作为本行业企业的代表,应该担负起对同行业企业的组织与管理工作。行业协会可以依据共同章程来约束企业行为、调配资源、维护企业共同利益、增强企业抗风险的能力。尤其在当前西方国家为了本国利益经常对我国企业实施反倾销措施,企业单兵作战、分别应诉的结果往往以败诉告终，而由行业协会组织业内企业集体应诉则可以集中收集证据、群策群力，统一对外口径，最大限度地维护行业企业的共同利益。另外，行业协会还可以组织业内企业在扩展国际市场时联合行动，避免同行相互挤压，从整体上增强企业的国际竞争力。

（2）沟通职能。前文所提到的行业协会应搭建起的桥梁纽带，其主要目的都在于体现行业协会的沟通职能。行业协会作为企业的代言人应该及时将企业信息传递到各方，要采用一切可用手段来满足双方在信息上的需求，理顺彼此之间的沟通渠道，实施无障碍沟通，最大限度地协调各方利益，保护企业发展。

（3）研究职能。从减少重复投入、为企业服务的角度来说，行业协会还应为企业承担起一定的研究工作。行业协会要针对本行业的国内外发展情况、行业发展问题、行业市场发展动向等方面进行研究，搜集行业有用信息，研究行业标准的制定，并形成具体建议反馈给政府和企业，承担起一定的信息咨询工作。

（4）服务职能。行业协会应该树立起全心全意为企业服务的意识，承办一切与企业有关且需要协会帮助的事项。行业协会可以借助自身优势为企业搭建交流平台、信息平台，为企业提供信息咨询服务、教育与培训服务，帮助企业进行国际交流、拓展国际市场。

（5）监管职能。行业协会在为企业争取合法权益的同时也要约束企业的不规范行为，通过有效实施监管职能来打击行业内的违法、违规行为，维护行业信誉，保护企业及行业的健康发展。一方面，行业协会应积极参与制订本行业的政策与法规，通过法律手段来约束企业；另一方面，通过制订共同遵守的行业准则来对本行业的产品服务质量、企业的竞争手段等进行自我监督、约束和管理。

结合对行业协会的认识，我们认为工商联在具体工作上应该做到以下几点：

（1）本着全心全意为民营企业服务的原则做事。

（2）协助政府落实对民营企业的各项帮扶政策，设立或监管针对民营企业的各种帮扶机制，让民营企业真正得到实惠。

（3）作民营企业的喉舌，通过参政议政，从政策层面加大民营企业在当地的话语权，为民营企业争取平等权益；为企业提供政府事务帮助。

（4）通过组织企业家沙龙、民营企业高峰论坛、各种专题研讨会等方式促成桥梁纽带各方的实质性交流；以高规格的交易会、展览会等方式来展示本地企业风貌，促进企业间的跨域合作。

（5）整合各种资源，为企业提供政策解读、经济热点解读；为企业物色高端人才、安排企业内部培训、开展国际性交流活动等。

（6）建立行业专家库，联合企业与高校、科研院所加强对本行业经营环境、发展前景和技术的研究；出版行业汇刊，定期发布研究成果，传播最新管理知识。

（7）搭建信息平台，为民营企业提供各类信息；整合行业资源，实地调研企业，为企业提供管理咨询服务。

（8）尝试建立民营企业的信用平台，为各方提供企业的信用咨询、担保等服务。

（三）企业方面的建议

企业的转型升级从前文提及的路径来看，要针对产品服务质量、技术研发、品牌培育、产业及市场的战略调整、企业价值链整合、管理效率、企业文化建设、创新等多方面给出合理建议，这些内容专家学者们已经给予了足够多的建议。这里所要给出的建议主要是从对民营企业家访谈时归纳出的各企业的共性或特性，这实际上也是一个民营企业要想转型升级成长壮大起来所应该具有的基本特征。具体有以下几点：

（1）企业家精神与理念是民营企业可持续发展的根本。调研的这14家企业的共性都在务实、稳健上，投机行为不重，甚至可以说这就是厦门本土民营企业的主要特征。企业家的务实精神反映到企业的经营理念与目标上，体现的就是理念与目标的具体、可操作性。例如，调研的两家食品加工业企业朴实的经营理念却体现了消费者的内心夙求，中盛公司只专注为消费者提供"放心油""健康油"；惠尔康公司则单纯地强调喜欢这个行业，想把厨房中的美味食品以工业化的便捷方式提供给消费者。其他公司的目标也都是一目了然、具体可行，例如，精图公司谈及企业从注册开始整个团队就把成为上市公司作为公众认可的评判依据；立林公司则强调要让企业立于世界之林；建潘公司则希望通过厨房来展现人们的高品质生活。

（2）立足主业，谨慎对待多元化是民营企业发展的基本条件。如果把稳健、务实的作风落实到企业战略上，就会发现这些经历过转型升级的民营企业都专注于自己熟悉的领域，轻易不涉及多元化发展战略。中盛、惠尔康、美亚柏科、精图等几家企业至今并未把多元化经营放在发展日程上，这些企业表示今后如果走多元化道路也将是在主业的上下游产业领域或客户开发上做文章。万里石、嘉晟和四美达等企业则尝试整合产业链，并取得了优异的成绩。在有多元化的几家公司也都本着经营专业化、投资多元化的思路，强化自己的主业，把多元化投资放到集团运作或老板的个人行为。

（3）高效管理团队与人才梯队的形成是民营企业发展的核心。民营企业往往存在员工与企业共同成长的现象，能够在多变的市场环境下高速发展与企业内高效率的管理团队是分不开的，在调研企业中，美亚柏科和精图公司表现得尤为突出，企业的管理团队具有高素质、自我管理、充分信任、目标清晰、群体决策等高效团队的特点。在企业创建初期没有核心团队的企业也会通过自身努力来培养团队精神，中盛和惠尔康都是借助外力来打造自己的管理团队。管理效率的提升还表现在企业管理者对授权的态度上，立林公司的领导者可以在四年内没因为企业的经营问题签过一个字，就足以说明这一切。在人才梯队的建设上，调研企业都重视员工的培训，有国际合作经历的企业也都把人才培养计划与国际接轨。表现较为突出的是精图公司，实施预就业工程，把高校人才培养与企业人才培养结合起来，既节约了成本也为企业挑选到了合适的人才。嘉晟公司则把企业的培训经费比例通过制度确定下来，以确保培训计划的实施。此外，两家公司还在人才培养上实施师徒制或导师制，一来保证了人才培养的质量，二来增加了企业员工之间的情感与忠诚。

（4）技术创新是民营企业发展的硬实力。尽管技术研发是民营企业的弱项，但在调研企业技术成果整理中却很难发现这一点。这些企业都把产品的质量与技术当作自己的生命线，认为技术领先是抢占市场的第一步，萤火虫、立林、精图、美亚柏科这些高科技企业都遵循该原则确立自己在市场上的领先地位。而处于传统行业中的惠尔康、中盛、万里石等企业则通过先进生产线的引进、新产品研发等来保证自己的市场份额。此外，这些企业都积极参与行业标准的制定，也都建立起完善的技术人员激励机制，通过培育、激励、淘汰等手段来确保创新的能力和可持续性。

（5）良性的资金循环是民营企业发展的能量储备。企业管理实际是从货币资金到增值后的货币资金管理过程，企业只有在保证最初投入的货币资金能够增值才有持续经营的可能性。首先，企业的管理者应树立起正确的财务观，建立复利思维方式，审慎选择投资项目，正确对待风险评估，严把内部控制关，确保企业的资金得到有效使用。其次，管理层应从战略上看待企业的资金问题。管理者应对企业各单位的现金流进行评估，及时止损；在涉及企业重大战略改变时，要进行充分的财务评估，对其带来的资金变动走向给予判断。最后，企业要完善财务管理制度体系，理清责任链条，从制度上确保企业的资金安全，在此基础上，有效利用各类金融工具最大限度地提升企业的资金使用效率。在调研企业中，建潘公司有着非常明确的财务经营思路值得民营企业学习；立林公司也在集团内部建立起财务资源共享机制，为集团内各公司提供资金保障。

（6）与企业融为一体的先进企业文化是民营企业发展的软实力。这些成长起来的民营企业都有着独特的企业文化，如果从共性上来看，这些企业对社会、国家具有强烈的使命感，能够明确企业在国家中身负的责任和义务。很多调研企业的文化都把为员工营造家的氛围放在了首位，惠尔康和立林都以家为概念出发为员工谋求福利，中盛公司更把家的概念放大到与企业息息相关的利益共同者身上，强调"盛洲自家人"。精图、美亚柏科、万里石、嘉晟等公司也都从自身出发，努力为员工营造良好的工作环境与氛围，嘉晟公司更把对员工的福利细分到不同的人群身上，充分体现了家人般的关怀。对外，这些企业一方面通过产品服务质量来回馈社会；另一方面，响应国家号召、热心慈善事业、关注弱势群体也成为企业的一种责任体现，并把它推广到整个企业的每一个角落，形成企业的常态。

参考文献

[1] Prahalad, C. K. & Ocsterveld, J. P. Transforming internal governance: The challenge for multinationals [J]. Sloan Management Review, 1999, 40（3）: 31 – 40.

[2] 王吉发. 企业转型的内涵研究 [J]. 统计与决策, 2006（1）: 153.

[3] Gary Gereffi. International Trade and Industrial Upgrading in the Apparel Commodity Chains [J]. Joumal of Intema – tional Economics, 1999（48）: 37 – 70.

[4] Humphrey, J., Schmitz, H. Govemance and Upgrading: Linking Industrial Cluster and Global Value Chain Research [R]. IDS Working paper 120, Brighton: Institute of Development Studies, 2000.

[5] Amsden, Alice H. Asia's Next Giant: How Korea Competes in the World Economy [J]. Technology Review, Cambridge, May/Jun 1989.

[6] 施振荣. 再造宏基：开创、成长与挑战 [M]. 北京：中信出版社, 2005.

厦门民营企业创新创业路径研究

创新和创业，是当前中国最炙手可热的两个词，"双创"构成了中国经济发展新的引擎，是建设现代化经济体系的战略支撑。2014年9月的夏季达沃斯论坛上李克强总理发出"大众创业、万众创新"的号召，在中国大地上掀起"大众创业""草根创业"的新浪潮，形成"万众创新""人人创新"的新势态。此后，李克强总理在首届世界互联网大会、国务院常务会议和各种场合中频频阐释这一关键词。2016年5月，中共中央、国务院印发《国家创新驱动发展战略纲要》，强调科技创新是提高社会生产力和综合国力的战略支撑，必须摆在国家发展全局的核心位置。2017年党的十九大报告提出，到2035年我国经济实力、科技实力将大幅跃升，跻身创新型国家前列。2018年9月18日，国务院下发《关于推动创新创业高质量发展打造"双创"升级版的意见》，为创新创业再添强劲动力。

国家要创新，企业更需要创新。尤其是在国际市场萎缩和国内劳动力、原材料、资源环境等综合成本上升的多重压力下，创新在引导中国民营企业转型升级与可持续发展方面起着至关重要的作用。近年来，厦门市民营企业在产业转型、产品更新、技术升级等方面不断取得新突破，经营领域进一步拓宽，民营资本投资已从单纯地以扩大生产规模为主的粗放型投资方式，向以提高技术含量、跨行业投资为特点的集约型投资方式转变。厦门市委市政府出台《关于促进民营经济健康发展的若干意见》，针对民营企业发展的热点、难点和重点问题，从创业扶持、市场开拓、融资促进、用地保障，以及放宽市场准入、促进投资贸易便利化等方面入手，促进厦门市民营经济健康发展。经过不断的探索与实践，厦门涌现出了很多锐意进取、敢为人先、行业知名的民营企业，逐步走出了自己的创新创业路径。本文以厦门市2018~2019年度龙头骨干民营企业作为研究对象，分析本土优秀民营企业的案例，希望为其他民营企业提供借鉴，促进厦门民营经济持续、快速发展。

一、厦门民营企业面临良好的创新创业机遇

全面深化改革进入深水区，供给侧结构性改革加快推进，改革红利进一步释放，"大众创业、万众创新""中国制造2025""互联网＋"等国家发展战略深入实施，以及民生优先、内需主导、创新驱动和消费驱动的政策取向，都需要更加激发民营资本活力，也为民营企业的发展带来更大发展空间和新的市场机会。

（一）"一带一路"给厦门民企发展带来新动力

2017年9月金砖国家领导人第九次会晤的成功召开，让世界的目光聚焦厦门这个中国东南沿海城市。国家发展改革委、外交部、商务部联合发布《推动共建丝绸之路经济带和21世纪海上丝绸之路的愿景与行动》，福建被定位为21世纪海上丝绸之路核心区。围绕"21世纪海上丝绸之路倡议支点城市"定位，厦门把互联互通作为"一带一路"建设的先导性工程，加快构建与沿线国家和地区互联互通、高效便捷的海陆空运输网络。近年来，厦门不断创新交流载体和平台，通过教育合作、文化互动、举办城市活动、建立友城等方式，提升厦门的国际化水平和全球影响力，深化与"一带一路"沿线国家和地区在人文交流领域的合作，为民营企业的跨国商业往来提供了更大的舞台。

（二）自贸区建设给厦门民企发展带来新活力

福建自贸区挂牌以来，厦门自贸片区以制度创新为核心任务，陆续推进闽台通关"三互"合作，扩大"监管互认"范围；推动与台湾地区金融行业组织建立合作机制；提升"三创"基地建设水平，吸引台湾青年来厦创新创业；加强与海丝沿线国家和地区海关、检验检疫、认证认可、标准计量等方面合作，提高通关效率；做强做大中欧（厦门）班列，打造国家物流新通道；推动设立海丝投资基金、知识产权运营投资基金，积极对接亚投行和丝路基金，扩大项目合作等重点试验任务。这一系列举措为厦门民营企业提供了便利，提高了企业发展的效率。

（三）供给侧改革指明民企发展新方向

党的十九大进一步明确了深化供给侧结构性改革的思路，厦门市把发展经济的着力点放在实体经济上，把提高供给侧体系质量作为主要工作方向，深入实施质量强市战略，注重品牌的培育和打造，努力增创经济发展的质量效益优势。同时，厦门市持续推进千亿元产业链（群）培育工程，做大做强集成电路、生物医药等高端制造业产业集群，大力发展软件信息、新材料等战略性新兴产业，积极培育大数据、石墨烯等新增长点。支柱性产业的调整和转型，为民营企业的未来发展指明了方向。

（四）"双创"之城造就民企发展新氛围

2016年6月，国务院批复同意在福州、厦门、泉州3个国家级高新技术产业开发区建设国家自主创新示范区。自获批以来，厦门自创片区扎实谋划，高效推进，努力营造一流的创新创业生态环境，创新型城市建设再上新台阶。2017年，厦门全市R&D投入占GDP的比重达3.25%，科技进步贡献率约65%；国家级高新技术企业将突破1400家，实现净增200家；规上高新技术产业增加值占规上工业增加值比重67.7%，比上年末提高8.6个百分点；每万人有效发明专利拥有量约24件，年净增近5件，国内首家知识产权支行挂牌成立；实现技术合同交易额68.68亿元，占全省64%。跻身全球城市可持续竞争力百强，中国城市科技创新指数厦门居第11位，中国创新创业指数厦门居第9位。得益于良好的创业氛围，厦门涌现出一大批自主创新企业，从成为"准独角兽"企业到一步步走向上市，带动了厦门中小科技企业整体发展。从2017年至今，厦门就有8家人才自主创新企业上市。

（五）优良营商环境提供民企新便利

营商环境是一个国家或地区经济软实力的重要体现。2018年国家发展改革委在北京举行全国营商环境评价现场会，宣布我国首个营商环境评价体系建立，厦门营商环境位居全国第二。厦门市从2014年开始对标世界一流经济体，突出问题导向，聚焦企业需求，坚持以改革的办法，有效解决营商环境建设中的重点难点问题。首创"五个一"工程建设项目审批管理体系,这一体系被国务院认可并作为标准在全国推广;率先建设国际贸易"单一窗口"平台,通过该平台报关比例达 97%,报检比例达 100%,服务企业 1.5 万多家,年单证处理量破 3000 万票,被商务部推荐为全国自贸试验区最佳实践案例。厦门还聚焦市场主体反映强烈的一些"堵点"问题,打通便民服务"最后一公里",大力推进审批服务"马上办、网上办、就近办、一次办",全面深化"一趟不用跑"和"最多跑一趟"改革。截至目前,2016 项审批服务事项实现网上预审、网上办理,占全部审批服务事项的 97.8%,其中 264 个实现全流程网上审批,362 个实现全城通办,让"数据跑路"取代"群众跑腿"。

二、厦门民营企业创新创业路径分析

厦门市 2018~2019 年度龙头骨干民营企业的名单分为 13 个大类,共 60 家企业,如表 1 所示。通过研究每家企业的发展历史、主营业务、行业地位、竞争优势等,可将他们的创新创业路径分为 4 个类别,分别是技术先导型创新创业发展路径、互联网思维导向的创新创业路径、全球布局型创新创业路径和社会网络型创新创业路径。诚然,在这些企业成长、壮大的过程中,可能存在多种方式并举的情况,本文为了厘清思路,选取了一些典型企业,以主要发展路径作为归纳分类的标准。

表 1　厦门市 2018~2019 年度龙头骨干民营企业拟认定名单

农副食品生产加工、制造业	机械装备	软件和信息服务
厦门银祥集团有限公司	厦门航天思尔特机器人系统股份公司	厦门市美亚柏科信息股份有限公司
福建安井食品股份有限公司	环创(厦门)科技股份有限公司	厦门吉比特网络技术股份有限公司
厦门惠尔康食品有限公司	厦门欣机电器有限公司	厦门万安智能有限公司
平板显示、光电、计算机与通讯设备、集成电路	建筑业(含勘察设计)	四三九九网络股份有限公司
厦门立达信绿色照明集团有限公司	厦门中联永亨建设集团有限公司	罗普特(厦门)科技集团有限公司
厦门乾照光电股份有限公司	福建省九龙建设集团有限公司	易联众信息技术股份有限公司

续表

农副食品生产加工、制造业	机械装备	软件和信息服务
厦门强力巨彩光电科技有限公司	厦门合立道工程设计集团股份有限公司	厦门美图网科技有限公司
厦门弘信电子科技股份有限公司	新材料	厦门狄耐克智能科技股份有限公司
厦门立林科技有限公司	科之杰新材料集团有限公司	厦门网宿有限公司
清源科技（厦门）股份有限公司	厦门三维丝环保股份有限公司	厦门柏事特信息科技有限公司
批发行业	厦门卓越生物质能源有限公司	智业软件股份有限公司
均和（厦门）控股有限公司	厦门聚富塑胶制品有限公司	厦门科拓通讯技术股份有限公司
厦门信和达电子有限公司	其他高端制造业	趣游（厦门）科技有限公司
福建三安集团有限公司	厦门松霖科技股份有限公司	厦门三五互联科技股份有限公司
厦门航空开发股份有限公司	厦门金牌厨柜股份有限公司	厦门鑫点击网络科技股份有限公司
厦门安踏有限公司	厦门合兴包装印刷股份有限公司	其他现代服务业
零售业	厦门华特集团有限公司	华厦眼科医院集团股份有限公司
斐乐服饰有限公司	厦门万里石股份有限公司	厦门恒兴集团有限公司
现代物流	厦门唯科模塑科技有限公司厦门保沣实业有限公司	健研检测集团有限公司
成记泰达航空物流股份有限公司	文化创意	铂爵蜜月文化（厦门）有限公司
弘信物流集团有限公司	厦门美柚信息科技有限公司	
	大洲控股集团有限公司	

（一）技术先导型创新创业发展路径

技术创新是大部分民营企业在创新创业的过程中的必由之路，很多民营企业意识到拥有自主技术能力、形成自有品牌的产品组合对提升企业市场竞争力和产品市场占有率的重要性。企业必须依靠引进技术人才、更新机器设备、加大研发资金投入来突破企业成长的技术"瓶颈"。这种以提升企业技术创新能力为先导，强化企业技术创新能力体系建设，并以此为基础带动制度和管理变革的企业成长模式，可以称其为技术先导型创新创业模式。技术先导型创新创业发展模式的基本内涵包括创新主体、创新的直接目标、创新手段和创新内容等。其基本特点是首先集中投资于新产品开发，以产品质量和技术含量开拓市场，提高产品市场影响力和市场占有率，然后以此为基础推动企业品牌建设，改进企业管理方式，促进企业制度变迁，带动企业创新能力的全面提高。纵观厦门的骨干民营企业，可以看到对技术的高投入、高要求是普遍现象，三维丝、松霖、美亚柏科、艾德生物、立林科技、弘信电子等都有对标世界、全国领先的"一技之长"（见表2）。

表2　　　　　　　　技术先导型创新创业发展模式

创新主体	直接目标	创新手段	创新内容
企业技术人员以及大学或科研机构的合作伙伴	提高资源的投入产出效率	自主研发、外部引进、模仿创新	基础研究、新产品开发、工艺流程再造

中国"工业设计黄埔军校"松霖集团。松霖1989年以卫浴产品起家，在技术上精益求精、不断突破，其最独特的是对设计的无比执着。在创业之初，企业就确立了"松霖参与国际竞争早，想要竞争力强，必须在设计能力上下功夫"的信念，也因此赢得了中国"工业设计黄埔军校"的美誉，培养了大量工业设计的优秀人才。一路走来，松霖申请了2600项专利，斩获全球工业设计大奖104个，其中包括德国红点、IF、美国IDEA大奖，成长为国际卫厨产业界技术及设计的领导性品牌。目前，全球顶级花洒产品有七成来自松霖。而松霖还在不断探索进取，不再满足于做单一的卫浴生产企业，开始了泛家居化的"新长征"，为消费者提供家装、家具、智能家居等一站式服务。强大的设计力与生产力，让个性化订单生产成为可能；快速的制造能力，成为赢取市场的竞争优势；机器人等智能方式的采用，让产品生产的精度与稳定性不断飞跃。

网络安全专家美亚柏科。刚刚亮相央视"大国重器"的取证车和金砖会晤的信息安全保障，都指向一个共同的名字——美亚柏科。自1999年成立以来，公司深耕电子数据取证及大数据信息化等业务，逐步成长为电子数据取证行业龙头企业、网络空间安全及大数据信息化专家，是为全球电子数据取证行业两家上市公司之一。技术创新一直是美亚柏科发展的主要引擎，不断提升专业技术，加强产品迭代研发，提高服务质量是全公司的共同目标。截至目前，公司共取得授权专利205项，其中发明专利127项，实用新型专利42项，外观专利36项，有效注册商标46项，软件著作权344项；被认定为"国家高新技术企业""国家规划布局内重点软件企业""国家创新型试点企业""国家知识产权优势企业";获评"中国软件和信息技术服务综合竞争力百强企业"、全国网络安全企业50强;拥有"国家企业技术中心""福建省院士专家工作站""博士后工作站",承担国家发改委高技术产业化专项、国家重点研发专项、国家"十二五"科技支撑计划项目等科技计划项目共30余项。

(二)互联网思维导向的创新创业路径

互联网技术的发展渗透到社会经济运行的各个方面,对传统的商业形态产生了深刻影响,为经济活动开放出一片前所未有的"蓝海"。企业依托互联网,将各自的产品和服务准确地送到用户面前,极大地改变消费者购买、使用、思维、生活等习惯。所谓的互联网思维,不是技术、营销、渠道等的改革,而是一种系统性的创新,是对整个产品体系、价值链和生态系统的重新审视,重点在于用户、简约、极致、迭代、流量、社会化、大数据、平台、跨界等。概括来说,精准地把握顾客需求、构建快速反应的能力、不断进行产品升级、专注于获取用户规模而不是短期利润,这正是一些厦门民营企业"独角兽"得以快速崭露头角所走过的路。2018年由中国互联网协会、工业和信息化部信息中心联合发布的"2018年中国互联网企业100强"榜单中,厦门有四家企业上榜,分别是美图公司(第17位),四三九九网络股份有限公司(第34位),厦门吉比特网络技术股份有限公司(第60位)和厦门美柚信息科技有限公司(第98位)。

美丽天使美图。美图公司成立于2008年10月,以"让更多人变美"为使命,以"成为全球懂美的科技公司"的愿景,创造了一系列软硬件产品,如美图秀秀、BeautyCam美颜相机、短视频社区美拍以及美图拍照手机,改变了用户创造与分享美的方式,也使自拍文化深入人心。美图多年来位居"美丽产业链"的顶端,其影像及社区应用矩阵在全球已覆盖超过15亿台独立设备,曾被《华盛顿邮报》称为全世界最大的"美丽生态系统"。近年来,美图加速全球化布局,把握前沿关键技术,如今公司的影像实验室在人脸技术、人工智能等领域抓紧开发研究,已具备全球屈指可数的图像数据。纵观美图10年来的发展历程,其精准把握顾客痛点,提供免费的服务,快速升级产品,早就遍布全球庞大顾客群,无不体现了互联网思维。

专注"她经济"的美柚。厦门美柚信息科技有限公司,创始于2013年4

月,是一家专注为女性服务的互联网公司,从女性的生长历程和生活需求出发,以经期管理为切入点,为女性提供备孕、怀孕、育儿、社区交流等功能服务,陆续推出了美柚、柚宝宝、返还购、柚子街等一系列软件,为女性提供了一种全新的生活方式。目前,美柚用户超过1.5亿,日活跃用户700多万,2017年净利润超过1亿元。

互联网思维导向的创新创业路径如图1所示。

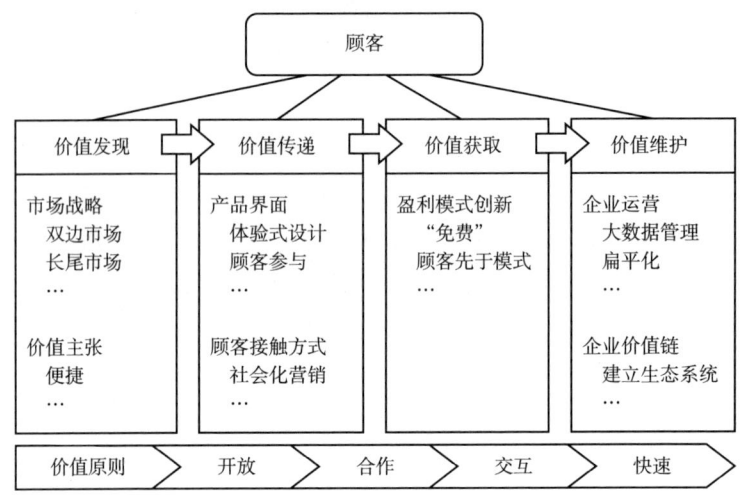

图1 互联网思维导向的创新创业路径

(三)全球布局型创新创业路径

"逆全球化"的出现并不能阻挡全球化的步伐,以互联网为基础的新一代信息技术快速发展,催生了以技术链接、资本链接、人才链接和信息链接为核心的全球化链接新模式,而中国的"一带一路"倡议及配套举措,为企业的全球化创造了更多空间。所谓的全球化布局型创新创业,不是简单的产品走出去,而是企业在全世界范围内寻求资源的整合、能力的提升、品牌的推广和市场的扩大。厦门是一个经济外向型的城市,很多民营企业有长期与国际市场打交道的经验,它们希望在全球价值链中处于更优势的地位,因此聘请国际化的人才,根据国际标准打造产品,进行跨国并购,在海外设置销售中心、研发中心甚至制造工厂。

按摩器具航母奥佳华。澳佳华智能健康科技集团(原名厦门蒙发利科技创立于1996年，2011年在深圳交易所挂牌上市，是中国领先的集研发、制造、品牌、营销、服务为一体的国际化智能健康产业集团。公司在厦门、漳州及深圳三地共拥有五大生产基地，已通过ISO9001/14001/13485、欧盟CE、美国UL/FCC/CETL/ETL及等多项国际专业认证，产品遍及全球60多个国家和地区，出口份额和工业产值已连续13年（2005~2017年）保持行业第一。目前集团旗下有OGAWA、FUJIMEDIC、FUJI、COZZIA、MEDISANA等多个自主品牌，渠道布局亚洲、北美及欧洲市场，全球800多家专卖店/专柜。其中2013年收购马来西亚国际健康品牌奥佳华，该品牌深耕亚洲市场20余年，在亚洲具有很高的知名度，2016年收购德国上市企业MEDISANA，这位企业进军欧洲市场打开了通路。这两项收购案充分体现了奥加华公司的全球化视野。

石头王国万里石。万里石是集矿山开发、产品加工和进出口贸易为一体的中国石材行业最大民营企业之一，"中国房地产开发企业500强首选供应商""中国石材行业最具影响力企业""中国石材出口创汇十强企业"。公司有3座自有矿山，8家现代化石材加工厂，29家下属子分公司，其中两家位于美国和南非，1000多名员工，产品远销日本、韩国、美国、欧盟、南非、阿尔及利亚、中东、东盟等30多个国家和地区以及国内30多座大中城市。2018年开始，万里石涉足装修产业，希望用石材撼动瓷砖的传统市场。在厦门众多的石材工厂中，万里石公司能脱颖而出，得益于其全球化的视角，创业之初就引入素以严苛闻名的日本质检人员，让自己的产品品质符合世界标准；不仅将中国石材出口，也将国外的高端装修石材引入中国市场；根据世界环保、自然的趋势，将石材引入家庭装饰行业。

（四）社会网络型创新创业路径

此处的网络不是指互联网，而是指社会关系网络。20世纪90年代兴起的创新网络理论认为，社会关系网络是企业创新要素的重要提供者，民营企业的创新能力与其拥有的社会关系网络的广度和深度密切相关。企业与外部信息网络的关系越稳定越密切，对知识信息的吸收能力越强，创新的可能性也就越大。具体来说，从上下游关联的视角来看，在企业与原材料、技术供应商和产品客户之间的业务往来过程中，不可避免地会产生技术、管理、营销等方面的知识溢出，这就意味着企业可以通过与上下游企业建立良好的分工协作关系来获取技术外溢,以促进自身创新。此外,由于民营企业多是由家族企业发展而来的,企业之间往往存在着血缘和亲缘的社会关系,这种血缘、亲缘、地缘和业缘的社会关系,有助于民营企业构建企业间广泛稳定的商业关系网络。利用这种长期稳定的网络关系,民营企业能充分发挥资金、技术和信息等方面的资源优势,实现规模经济,提高市场竞争力,同时也能产生网络溢出效应。

不只是鱼丸的安井集团。安井创立于2001年,以火锅料制品(速冻鱼糜、速冻肉制品、鱼丸等)和速冻面米制品为主打产品,是国内最大的速冻食品企业之一。公司拥有的"安井"品牌荣获中国驰名商标和福建名牌产品等称号。安井公司的行业门槛较低,并不需要非常高的技术含量,因此决定其成功的不是产品技术,而是构造一个良好的社会网络。上游的鱼类、肉类原料企业,下游的卖场客户、餐厅客户,还有外部的科研支持机构,所有这些构成了安井的社会网络。安井能在中国火锅制品行业中成为翘楚,与其多年来维持了良好、广泛的社会网络不无关系(见图2)。

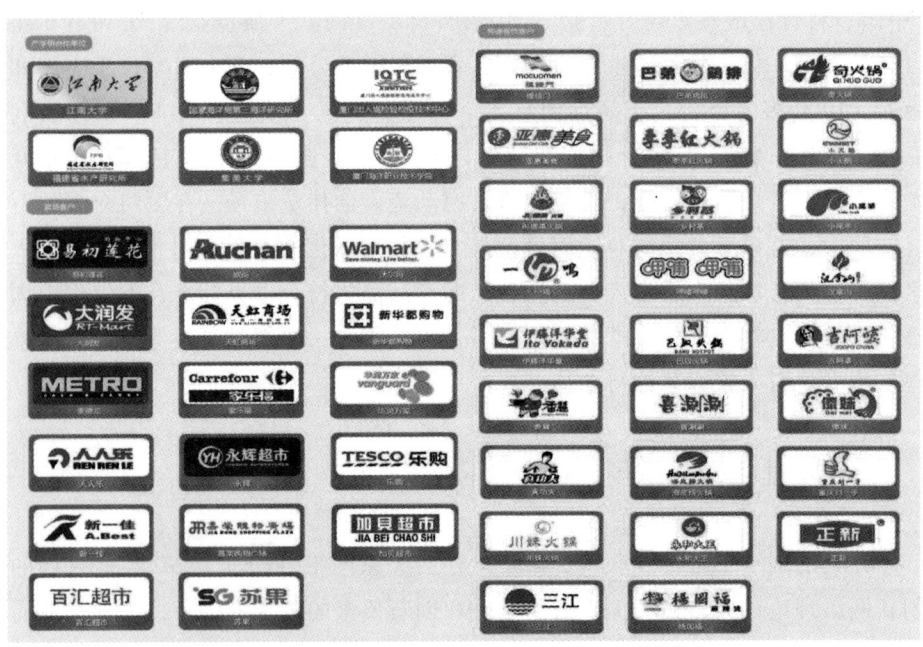

图2 安井公司社会网络

创业梦工坊弘信。在厦门骨干民营企业榜单中,有两家企业的名字中有"弘信"二字,它们都源于弘信创业工厂投资集团股份有限公司。这家从集装箱租赁业务创业起步的企业,目前是国内独树一帜的创新创业平台,凭借独特的"云创业"商业模式,整合资源、构建公共创业平台,向企业提供战略、金融、人才、市场等支持,培育和扶持创业企业成长,至今已经在租赁、电子、物流、通信、船务、职业、投行领域成功孵化出各自领域的龙头企业。弘信所做的,是让那些自身缺乏网络化社会资源的企业能够迅速拥有创业中需要的资源与服务,而培育成功后的创业企业又成为弘信社会化网络的组成部分,这是一个良性循环,构成了多元化、丰富化的创业体系。

三、促进厦门民营企业创新创业的对策

企业是创新创业的核心,在进一步促进厦门民营企业创新创业时,应构建以民营企业为主体的创新体系,充分发挥企业的能力与作用。政府、协会和全社会则扮演辅助、支持的角色,用企业的视角思考,为民营创造良好的外部环境。从以上厦门民营企业的创新创业路径可以总结出,技术、互联网、全球化、社会化网络是四个关键词,应从资金、技术、人才、资源共享等方面入手,培育出更多行业领先的民营企业。

(一)构建民营企业创新创业公共服务平台

按照集聚、集群、特色的要求,做好民营企业创业创新平台建设,为民营企业创新发展提供全方位服务。公共服务平台可以包括技术创新平台、投融资服务平台、人才资源服务平台等方面,通过该平台促进创新创业要素的展示、转让、流动、聚集和使用,重点帮助企业解决双创政策解读、知识产权保护、科技成果转化等问题。同时,平台还将担负科技中介的作用,引入专业的科技经纪人,让平台成为联结企业和大学、研发机构的桥梁。

(二)大力吸引和累计创新创业人才

加强支撑民营经济创新发展的各类人才队伍建设。加大力度引进一批高层次产业领军人才、创新型人才和高技能技术人才等。改进人才激励机制,实施人力资本产权化,允许各种形式的技术、知识入股,使企业创新者通过产权参与创新分配,激发创新者自主创新的积极性,防止成果流失或被无形损耗。培

养和大力培养职业经理人队伍，打造和建设一批具有全球眼光、战略思维和市场开拓能力的企业经营管理人才。着力吸引双一流大学、"985高校""211高校"应届大学毕业生后到厦门就业、创业，为民营经济发展提供高质量的人力资本。支持企业组建人才发展基金，培育发展人才中介机构。

（三）优化民营企业创新创业融资体系

探索建设以政府财政资金为引导，以政策性、商业性金融为支撑，广泛吸引社会资金的民营企业创新创业融资体系。首先是以政策资金扶持为手段，对民营企业重点科技研发和重大技术给予更大的政策资助，加大对知识产权信息网络和服务的资金支持力度。积极为民营企业在国内外上市融资创造条件，民营非上市公司可依托产权交易中心和证券公司，探索非上市股份托管和投资基金的场外交易。其次是各商业银行应视条件加大对民营企业的支持力度，建立知识产权信用担保制度和其他信用担保制度。最后是吸引社会力量积极参与创新活动，增加科技投入，促进境外资本进入科技风险投资市场，鼓励风险投资业的发展，满足民营企业吸纳资金的需要。

（四）开办创新创业大讲堂

借鉴浙江、江苏等省市做法，由科学技术协会、工商联等部门牵头，为民营企业家、高层次引进人才开办创新创业大讲堂，以主题报告和行业论坛相结合的方式，邀请国内外知名专家学者和产业领导者到现场交流，打造企业创新创业学习平台、政企互动纽带。大讲堂可按月或者季度举办，主题涉及宏观经济、产业政策、创业知识、创业经验分享等，主讲人可以是创新创业的研究者、政府工作人员，也可以是骨干民营企业的创业家们。通过定期地分享、讨论，帮助民营企业开阔视野，掌握新知，明确思路。

民营企业参与混合所有制改革案例研究

混合所有制改革是以公有制经济为主体、多种所有制经济共同发展的重要表现形式,其实现离不开民营企业的参与。当前,非公有制经济已经占据国民经济半壁江山,对于民营企业来说,混合所有制改革是重大发展机遇,参与混合制改革有利于民营企业的健康发展:民间资本可获得更多市场机会;民营企业可把握国家经济政策取向,分享国企科技创新成果,建立和完善现代企业制度,提高经营管理规范化水平,实现转型升级;民营企业能站上更高的发展平台,拥有更高的视野、更宽的胸怀、更多的投资者和合作者,在更大范围内成长为全球知名企业。

改革的道路不是一蹴而就的。虽然混合所有制改革已经有了日趋完善的政策体系,实践推进也有了积极进展,但无论是在理论认知层面,还是在实践操作层面,还存在这样那样的"误区",也正是如此,围绕混合所有制改革的争论一直就没有停止过。在当前新形势下,如何发展混合所有制经济,学界和业界主要站在国有企业的角度进行研究和讨论,较少从民营企业的角度考虑混合所有制改革的动机、路径、成功要素等。其实,民营企业该如何参与到新一轮的混合所有制改革中,是有经验值得借鉴的。在十几年的国企改革浪潮中,许多民营企业已经同国有企业展开了合作,有许多成功的案例,课题组希望通过分析既有典型案例,为厦门民营企业参与混合所有制改革提供借鉴。

一、厦门混合所有制改革现状

伴随着厦门经济特区的发展,厦门国企历经几十年的努力,在国企的体制机制上,在完善国企人才储备上,以及国企对市场的敏锐力方面,都得到显著提升。目前厦门国企的产业布局主要以现代服务业、城市功能保障为主,市场化程度高,发展比较均衡,发展质量比较高。在国务院国资委发布的全国省级国资运行评价中,进入优良的只有7个省市,厦门排在第4位,由此可见厦门国有经济的良好发展态势,可以说,是国有经济支撑着厦门地区经济平稳快速发展。近年来,在市委市政府、国资委和企业各界的共同努力下,混合所有制改革逐步推进,厦门的国有企业纷纷采取各种方式与非公经济进行混改,交出了漂亮的成绩单。

(一)厦门混合所有制改革拥有优越的政策环境

自党的十八届三中全会提出"积极发展混合所有制经济"以来,我国混合所有制改革稳妥推进,成为国有企业改革的重点和突破点。2014年7月混合所有制改革试点被纳入国资委"四项改革试点",2015年8月24日印发的《中共中央、国务院关于深化国有企业改革的指导意见》对深化混合所有制改革提出了具体部署和推进原则,2015年9月23日国务院印发《关于国有企业发展混合所有制经济的意见》,2016年2月26日和2016年8月2日相关部委分别印发《国有科技型企业股权和分红激励暂行办法》《关于国有控股混合所有制企业开展员工持股试点的意见》,政策体系日趋完善。截至2015年年底,中央企业混合所有制企业户数占比已达到67.7%。截至2016年11月,有20个省市制定了监管企业重组整合的实施意见或方案,17个地方所监管企业及各级子企业中混合所有制企业,数量占比已超过50%。厦门市委市政府高度重视混合制改革,印发了《关于深化国有企业改革的实施意见》,这是在建设"五大发展"示范市的伟大历史使命中厦门市国资国企改革发展的纲领性文件,极大地推进了厦门市混合所有制改革的进程。厦门国资委等有关部门也纷纷出台配套文件,为混合所有制改革的落地和实施提供了政策保障。应该说,国有企业改革多年以来,目前是力度最大、方向最明确、挑战与机遇并存的关键时刻(见表1)。

表1　　　　　各级政府促进混合制改革的文件

发布日期	文件号	发布单位	文件名称
20140711	闽政办〔2014〕93号	福建省人民政府办公厅	福建省人民政府办公厅关于进一步完善促进产业发展体制机制工作实施方案的通知

续表

发布日期	文件号	发布单位	文件名称
20150824	中发〔2015〕22号	中共中央、国务院	中共中央、国务院关于深化国有企业改革的指导意见
20150917	国资发研究〔2015〕112号	国资委改革办	国资委关于贯彻落实《中共中央国务院关于深化国有企业改革的指导意见》的通知
20150924	国发〔2015〕54号	国务院	国务院关于国有企业发展混合所有制经济的意见
20151210	闽政〔2015〕60号	福建省人民政府办公厅	福建省人民政府关于进一步推动企业兼并重组若干措施的通知
20151226	发改经体〔2015〕2423号	发展改革委、财政部、人力资源社会保障部、国资委	关于鼓励和规范国有企业投资项目引入非国有资本的指导意见
20151229	国资发研究〔2015〕170号	国资委、财政部、发改委	关于国有企业功能界定与分类的指导意见
20160226	财资〔2016〕4号	财政部、科技部、国资委	关于印发《国有科技型企业股权和分红激励暂行办法》的通知
20160316	闽委发〔2016〕5号	福建省委省政府	中共福建省委福建省人民政府关于深化国有企业改革的实施意见
20160614	厦府办〔2016〕85号	厦门市人民政府办公厅	厦门市人民政府办公厅关于印发国有企业提质增效工作方案的通知
20160802	国资发改革〔2016〕133号	国务院国资委、财政部、中国证监会	关于国有控股混合所有制企业开展员工持股试点的意见
20161129	厦国资综〔2016〕431号	厦门国资委	关于全面推进法治国企建设的实施意见
20170623	厦国资产〔2017〕192号	厦门市人民政府国有资产监督管理委员会 厦门市财政局 中国证券监督管理委员会厦门监管局	关于印发《厦门市国有控股混合所有制企业开展员工持股试点实施办法》的通知

注：根据各级政府网站资料整理。

（二）厦门国有企业具备混合所有制改革的良好基础

厦门市国有企业是职工就业的重要场所，利税收入的重要来源，在厦门市的经济发展中占据着重要的地位，近年来国有企业尤其是国资委监管的19家国企发展势头迅猛，渗透了国民经济的各个部门，并涌现出一批在国内具有影响力的优秀企业，为混合所有制改革奠定良好基础。

1. 国有企业数量规模稳步增长

截至2016年，厦门市所有法人单位数量为145492个，国有及国有控股企业法人单位数共3172个，占比2.18%，集体企业法人单位数为531个，占比3.63%。其中国有法人单位数为2851个，国有联营法人单位数为23个，国有与集体联营法人单位数为12个，国有独资公司法人单位数为286个。全市国有企业资产总额9210亿元，比上年增长21.1%；全年实现营业收入5118亿元，增长25.1%，利润总额153亿元，下降8.1%；上缴税收204亿元，增长4.0%。12家国企重点二级子企业（纳入市统计范围）全年实现批发零售销售额占全市批发零售销售总额28.65%。厦门国有及控股企业2016年全市国有及国有控股企业的从业人数为248528人（当年全市从业人员数为3195158人），占全部从业人员数的7.8%（见表2）。

表2　　　　2012~2016年厦门国有企业经营数据　　　　单位：亿元

年份	资产总额	增长率	营业收入	增长率	利润总额	增长率	上缴税收	增长率
2012	5040		2848		113		128	
2013	5900	17.06%	3307	16.12%	126	11.50%	133	3.91%
2014	6980	18.31%	3895	17.78%	158	25.40%	157	18.05%
2015	7700	10.32%	4200	7.83%	155	-1.90%	182	15.92%
2016	9210	19.61%	5118	21.86%	153	-1.29%	204	12.09%

资料来源：根据厦门市统计局数据整理。

2. 国有企业效益稳步增长

2016年在深圳等五个计划单列市中，厦门国有企业的营业收入总量位列第一,资产总额、所有者权益、利润总额均位列第三。市属国有企业规模和效益继续稳步增长,市属国企全年重点项目(含代建)完成计划的137.72%;市国资委所出资企业全年实现社会贡献(包括净利润、工资、税金和利息支出)平均社会贡献率(社会贡献额与总资产的比值)高于全国地方国有企业平均水平1.84个百分点。

3. 国资委监管企业表现出色

2016年厦门市国资委监管的19家国有企业资产总额6953亿元,增长25.1%;负债总额4622亿元,增长21.7%;平均资产负债率66.5%,下降1.8个百分点;所有者权益总额2331亿元,增长32.2%。全年营业收入4868亿元,增长25.7%,其中港口、贸易、物流、市政、信息、房地产等行业增长较快,工业企业有所下降;净资产收益率为7.3%,高于中央企业(5.2%)和全国地方国企平均净资产收益率(2.8%)水平;已交税费总额180亿元,增长4.0%;在岗职工人数12.2万人,与上年持平。2017年1~5月,厦门市国资委监管的19家国企继续保持强劲增长势头,资产总额7689亿元,同比增长23%;实现营业收入2621亿元,同比增长55%;利润总额55亿元,同比增长40%。

4. 优秀国有龙头企业跻身一流企业行列

近年来,厦门国企全力以赴抓好转型升级,积极推进供给侧改革,稳居厦门百强企业前列,并多次跻身中国企业500强榜单,甚至进入世界500强榜单,在品牌影响力、经济带动力、区域辐射力上不断增强。2014年,建发集团、国贸控股、象屿集团等3家国企继续荣登"中国企业500强"排行榜,翔业集团、夏商集团等8家进入"中国服务企业500强"。金龙汽车入选"中国制造业企业500强"。翔业等4家企业入选"中国500最具价值品牌"。2016年在经济下行压力大、结构调整逐步深化的情况下,厦门共有4家国有企业进入中国企业500强,分别是厦门建发集团有限公司(营业收入1305.69亿元,排名117位);厦门国贸控股有限公司(营业收入1026.16亿元,排名141位)、厦门象屿集团有限公司(营业收入656.11亿元,排名207位)、厦门金龙汽车集团股份有限公司(营业收入268.35亿元,排名475位)。2017年中国企业500强排行榜上,三家国有企业上榜,分别是建发集团(营业收入1471.17亿元,利润约18.61亿元,排名112位)、国贸控股(营业收入

1456.86亿元,利润2.37亿元,排名115位),象屿集团(营业收入1239.38亿元,利润7.26亿元,排名130位)。三家企业无论在营收、利润还是排名上都有显著的提高。2017年,厦门建发集团和厦门国贸控股有限公司还双双跻身世界500强榜单,展示了厦门国企的硬实力。

(三)混合所有制改革起步早

厦门的混合制改革起步早。1984年,国有企业松绑放权的第一声呐喊出自福建,那一年福建55位企业负责人大胆发出给企业"松绑"放权的呼吁,很快在全国上下形成共识,成就了经济体制改革的一段佳话。三年前30位福建企业家寄信给习主席,建言献策加快发展,习主席回复的"敢为天下先,爱拼才会赢"极大鼓舞了福建经济体制改革践行者。彼时,新一轮国企改革还未正式启动,但福建企业家们集思广益,紧紧扣住了国企增强市场活力、竞争力和影响力的主题。与30多年前不同,新时期的探索者早已不局限于国企背景,民企、外企等多种所有制企业家们抱团式、融合式发展,成为福建国企国资改革最鲜明的坐标。回溯历史,多年来厦门国企始终走在全国改革的前列。厦门国企作为"混合制"改革的先行者,处于全国市场化程度的"第一方阵"。截至2013年年底,厦门市产权登记的混合所有制企业户数761户,占比59%,比全国平均高出16个百分点。2014年,国资委推动国有企业发展一批混合所有制项目,与此同时,市属国有企业通过上市公司、产权交易市场等平台以让渡股权、收购非国有企业资产等方式发展混合所有制经济涉及金额达63.51亿元,截至2014年12月30日,全市产权登记的混合所有制企业户数占60.95%,高于央企(混合比例52%),也高于省级城市重庆(47%)和副省级城市青岛(30%)。

(四)混合所有制改革成效大

厦门国企混合经济发展成效大。近年来,厦门国企基于自身产业链、供应链发展需要,积极探索实践通过发展混合经济,立足供应链、产业链"多点盈利、共赢互利"发展的原则,不断放大国有资本功能,带动社会资本、民间资本共同发展。为构建国企高新技术产业发展生态圈,带动民企共同发展,厦门市国资委积极搭建平台,促进厦门国企、民企以及各类资本共同发展高新技术产业，充分利用同安翔安两大高新技术产业基地、软件园、火炬园、七大创新创业集聚片区等资源，构筑政策、人才、技术、土地、投资基金等要素整合共享的高科技产业发展生态圈，推动国企、国有资本并带动民营企业以及各类资本向电子信息、集成电路、半导体、LED、智能制造等先进制造业，向互联网、物联网、软件信息、生物医药、节能环保、新能源、新材料、海洋工程、文化创意等战略性新兴产业聚集。在推动国企加快"产城融合、产融结合、国际融合"创新发展方面，厦门市国资委更是建树良多。通过国企与厦门建设发展项目的对接和实施，加快对政府和城市资源优化配置、盘活显化，转化为企业发展竞争优势；推动国企"产业+金融"双轮驱动发展，设立资管公司、金控集团各类金融、类金融企业40多家，各类产业投资基金近50支，金额达到600亿元，成为企业新兴的、重要的经济增长源；支持企业积极融入"一带一路"倡议，推动贸易物流等供应链企业加快供应链的全球化布局，提升国际化经营能力和服务水平；支持翔业集团、港务集团开辟"一带一路"互联互通新通道；推动工程管理及施工类企业抓住"一带一路"沿线国家基础设施建设机会，积极与央企合作，参与工程管理、施工以及项目BT等投融资服务。

二、民营企业参与混合制改革的难点

近年来，国有企业混合所有制改革取得了明显成效，但进入改革攻坚期后，目深层次的矛盾和一些制度障碍制约着混合所有制改革的深化。民营企业参与混合所有制改革中存在一些问题，主要表现在：民营企业对于参加混合所有改革存在顾虑，混合所有制企业运行的市场化程度不高，发展混合所有制经济的市场和法律机制有待完善，民营企业参与混合所有制经济的整体实力有待提升，懂"混改"的专业人才缺乏等。

（一）民营企业对于参加混合所有改革存在顾虑

民营企业对发展混合所有制经济政策缺乏稳定预期。前几年在保持国有经济控制地位与放手发展民营经济之间政策出现反复，政策信号不明。如2005年国务院发布"非公经济36条"，而在2006年国资委却发布国有企业要在电网、电力、石油石化、电信、煤炭等七大行业保持绝对控制,在装备制造、汽车、电子、建筑、钢铁、科技等九大产业保持较强控股;2010年国务院发布民间投资"新36条",但是其政策并没有落到实处,一些行业的垄断还进一步的加强。另外,有的国有企业领导把公司作为实现政绩、晋级、免责和享受目标的平台,其激励导向趋行政化,而民营企业主要以追求效益、利润为目标,双方目标差距很大。按现行国有资本管理的规定,只要企业有国有股份,即便非国有控股企业,只要涉及国有资本的事项,就需要进行审批或受到严格的限制。国资委审批程序冗长,审批标准与市场规律不尽相符,不适应发展混合所有制提高国有资本运营效率、为民营企业提供公平市场环境的目的,影响了民间资本参与混合所有制的预期和信心。

(二)混合所有制企业运行的市场化程度不高

厦门的国有经济处于主导地位,广泛存在于国家垄断性、一般竞争性和产能过剩的行业领域,挤压了民企生存空间。目前混合所有制企业90%以上是"浅混"企业,即国有资本控股的混合所有制企业。在这些企业中,由于仍旧是国有股一股独大,民营资本等其他构成股份较为分散,民营企业虽然加入了董事会,且在董事会中有一定的投票权,但仍缺乏话语权,难以形成有效的制衡。不少混合制企业是由国有企业的子、孙公司和非公企业组成的混合体,而不是国有企业母公司本身和非公企业共建的混合体,这成为在国有大企业集团层面推进混合所有改革的一个重要障碍。对于国有资本控股的混合所有制企业,政府和国资委往往按照一般国有企业进行管理,企业的自主权难以保障。

(三)发展混合所有制经济的市场和法律机制有待完善

一是政策法规的执行和落实存在向国有企业倾斜的现象。二是民间资本的准入领域有待进一步扩大。尽管国务院"民间投资36条"及其相关细则取消了诸多民间资本投资进入的限制,但在实际运行中,民间资本在金融、能源、铁路、社会公共事业等领域还是难以真正介入核心业务,尤其中小民营企业完全没有机会。三是从法律体系来看,现有的法律法规还不能完全保证各种所有制经济同等受到法律保护。政策法规设三重门槛:一是"玻璃门",政策法规看得见但落实难;二是"弹簧门",政策弹性大但对民资门槛高;三是"旋转门",行政审批烦琐,让政府"门好进、脸好看、事难办"。从参与程度来看,厦门市民营企业参与国资国企改革,主要集中在国企二级、三级子公司和新发起成立子公司的层面上,在市属国企母公司层面上则相对较少。

(四) 民营企业参与混合所有制经济的整体实力有待提升

民营经济自身发展的硬伤,也是制约与国企混合的重要因素。大型民营企业集团数量较少,具有较强竞争力的企业或品牌还不多。绝大多数中小民营企业还不具备参与国有企业股权多元化改革的实力,更难与大型国企、外企抗衡。民营企业大多面对着成本高企、竞争激烈、融资困难等困难,尤其受民间信贷危机的影响,厦门市民间融资转向低潮,企业发展资金不足。民营企业家族式管理问题突出,企业管理受到家族人员或者创始团队人员素质的制约。

(五) 懂"混改"的专业人才缺乏

高端人才稀缺一直是困扰民营的问题。民营企业参与国有企业所有制改革涉及政策法律、金融投资、公司治理、企业管理、党建等众多领域,操盘手需要很高的综合素质和统筹协调能力,才能结合企业实际,发挥主观能动性,综合运用各种知识流,创造性地进行混合所有制改革实践。以往业界学界大多从国有企业和国资委等管理部门的角度出发,探讨能够推进混合所有制改革所需要的人才,事实上混合所有制改革是国企、民企和各级政府共同参与的过程,民企同样需要懂混改的专业人才,才能实现有效对接。

三、案例分析:民营企业参与混合所有制改革的方式

民营企业参与混合制改革、牵手国有企业的主要动机有:以盈利为目的的战略股权投资;依靠优势互补实现双赢;借助混合所有制改革进入特定行业;借助混合所有制改革解决家族企业后继发展问题;借助混合所有制改革获得平等待遇等。在实际的个案中,这些动机彼此之间并不排斥,民营企业可能同时基于多种动机参与混合制的改革,在动机类别划分上,以主导动机作为划分标

准。课题组在浏览了全国范围内逾 50 个混合所有改革的案例后，认为民营企业成功参与混合所有制改革主要有三种方式，即战略投资、优势互补和"曲线救国"。下文将就三大类别分别甄选出典型成功案例，希望为参与国有企业混合所有制改革的民营企业提供借鉴。

（一）民营企业作为战略投资者对国有企业进行投资

1. 战略投资者的投资逻辑

一些以大型民营企业、民营资本为主的大型投资基金，以战略投资者身份参与国有企业的改制。它们通过资本的投入，改变国有企业一股独大的股权结构，将自身的优势资源和机制与国有企业掌握的资源进行有效嫁接。在企业投资收益的同时，实现投资人、国有股东、管理层和员工的共赢。这些企业或基金投资国有企业，首先是符合自身发展战略和产业布局，其次是看中了国有企业管理基础好、设备底子好、管理层的潜力、价格相对较低，且只要经过改制，转变国有企业经营管理机制，就能激发出企业潜在的活力，实现跨越式成长。

2. 战略投资者的典型代表——弘毅投资

弘毅投资被誉为"国企改制专家"、国企的"增值服务商"。公司成立于 2003 年，为联想控股成员企业中专事股权投资及管理业务的公司，以"价值创造、价格实现"为核心理念，致力于集聚优质资本、助力实体经济。弘毅投资目前共管理八期股权投资基金和两期人民币夹层基金，管理资金总规模 680 亿元人民币，出资人包括联想控股、国科控股、全国社保基金、中国人寿及高盛、淡马锡以及欧美多家养老金和大学校金管理者等全球著名投资机构。国内国际的优质资源组合，提升了弘毅投资为企业提供增值服务的能力。公司在国企改制和混合所有制探索方面尤有建树，所参与改制的近 30 家国有企业均实现了企业价值的稳健、快速提升，其中一些企业已经成长为竞争力极强的杰出企业，具备了全球领先的行业地位。

总结弘毅投资总结自身参与混合所有制改革 30 余个案例，将成功经验概括为事为先，人为先，改革过程阳光、透明：

（1）"事为先"。弘毅投资在选择投资对象时，有明确的行业定位和企业甄选标准。在行业选择方面，弘毅投资关注与国家整体发展大势相顺应、相吻合，在未来较长一段时间内有发展前景的行业，综合分析行业的规律、历史、趋势、竞争环境和政策环境。在企业选择方面，选择那些成型的、健康的企业，系统考察企业在行业中的地位、业务分析、财务研究等。如2004年弘毅投资江苏玻璃集团成立了中国玻璃，通过一系列的行业整合，成为中国最具影响力的平板玻璃出口商。

（2）"人为重"。行业和企业都考察好之后，弘毅投资还要考察企业团队和领导人，要求很简单：德才兼备。"德"，就是诚信、大公无私、关怀下属、平易待人，把企业的利益放在第一位；"才"是驾驭能力，学习能力很强，对企业有把控能力。弘毅投资期望企业领导者是一个把企业的事当自己的事，把企业利益放到个人利益之前，会建班子，会带队伍的领军人物。弘毅投资认为企业要做好，管理层要扛最多责任、担最多风险、做最多贡献，所以投资后，与企业管理层形成战略共同体尤为重要，绑定利益有助于落实战略。因此，弘毅投资通过核心管理层有效持股，使他们真正成为企业的主人，将个人利益与改制后的企业利益绑在一起。

（3）改革过程阳光、透明。弘毅投资的经验说明，要解决外界的担心，坚持改制过程的公开透明、公平公正非常重要。这其中政府的作用很关键，政府应该做好裁判员，主导制定合理的定价机制和交易程序，而不应该直接入场去做定价。国资交易要坚持公开、透明、阳光、专业等原则，一旦出现问题，政府应追责到人。

3. 其他民营企业战略投资者案例

鼎晖投资：2006年鼎晖联手高盛收购双汇集团100%的国有法人股、双汇发展第二大股东海宇投资持有的25%双汇发展股份。同年，鼎晖与华润集团联合重组华源集团。此外，鼎晖还参与了包括南孚电池、山东水泥、鲁西化工等多个国企改制项目。2013鼎晖认购绿地集团新股。

盛大投资：盛大投资则成立于2012年11月10日，注册资本100万元人民币，为自然人独资的一人有限公司，法人是陈天桥。盛大投资入股上海黄浦区国资委控制的新世界，成为新世界的第二大大股东。业界普遍认为盛大投资入股新世界是企业的战略性投资，除了盈利目的之外，还蕴含着企业重返A股市场的预期。

（二）民营企业与国有企业优势互补实现共赢

1. 优势互补型混合所有制改革的逻辑

国企和民企各有其优点，通常国有企业比民营企业具有较为丰富的资源，有较好的装备、技术、人才、渠道和品牌基础，而民企在市场活力、工作效率、发展创新等方面更突出。国企和民企也各有弊端，前者管理体制僵化、所有者缺位、效率不高、面对市场的竞争力弱等往往造成企业的停滞不前或者经营困难；而后者大多数发展历史较短，还没有形成完整、扎实的产业基础，在资源配置上处于弱势地位，自身也存在管理不规范、家族化管理等问题制约企业发展。因此，民营企业发展到一定规模、具备一定实力之后，主动参与国有企业改制重组，最重要的目的是实现优势互补、互利共赢。

2. 典型民营企业代表——复星集团

复星集团参与了多个国有企业混合所有制混改，其中复星与国药集团的合作取得了巨大成功，究其原因是双方实现了优势互补。

（1）复星集团与国药集团各自的优劣势。复星集团是一家多元化民营控股集团，主要经营钢铁、医药和房地产三大核心业务，其医药资产集中于上海复星医药（集团）股份有限公司。公司在多年的经营中形成了较为成熟的管理体系，并积累了参与国有企业改革的丰富经验。复星集团作为民营企业，在公司治理、管理体制机制、医药制造、资本运作等方面具有明显优势，但在医药研发与销售、药品经营权、土地资源、人力资源、政府资源等方面存在不足，并且参与混改前，其医药产业主要是医药工业，医药商业只是在局部地区有所涉足，一直未能成为公司的主要业务。

国药集团是国内医药流通领域的大型企业，其医药商业资产主要集中在国药控股和国药股份，其中国药控股的医药分销网络遍布全国，国药股份的分销网络主要集中在北京及周边地区。作为大型央企，国药集团在品牌、特殊经营权、土地使用权、销售网络、人力资源、政府资源等方面具有明显优势，但在公司治理、管理体制机制方面存在不足。

（2）复星集团与国药集团的合作基础。医药产业是复星集团三大核心业务之一，对于复星集团而言，要想提高医药产业的竞争力，必先抢占医药销售网络,完善医药产业链。收购国药股份,从复星医药的角度看,其销售网络在区域上可基本实现全面铺开,纵向上实现从一级批发、二级批发、调拨、纯销,到药店的全面覆盖,从而大大提升自身医药产业的市场竞争力。而对于国药集团来说,通过引入民营资本,可建立起现代企业制度,提升企业管理水平,提高在医药产业的竞争优势,提高投资回报率。

(3)复星集团与国药集团的合作方式。2003年1月,国药集团以其医药分销与零售业务作为混合所有制改革试点,与复星集团子公司上海复星产业投资有限公司(简称复星投资)合资成立国药控股,公司注册资本10.3亿元。其中,国药集团以其所属部分医药商业类企业作为出资,占注册资本的51%,复星投资以5.04亿元现金出资,占注册资本的49%。2004年3月,经复星医药股东大会批准,复星医药及其子公司复星药房以5.04亿元受让复星投资持有的国药控股49%的股权。2006年6月,国药控股以增资扩股的方式控股收购国药股份。具体操作为:国药集团和复星医药同时对国药控股进行增资,国药集团以国药股份58.674%的股权作为出资,复星医药以3.07亿元现金出资。最终,国药控股以44.01%的持股比例成为国药股份的控股股东。2009年9月国药控股在香港联交所上市发行股票。至此,复星集团参与完成了国药集团旗下国药控股和国药股份的混合所有制改革。

(4)复星集团与国药集团的合作成效。从国药控股来看,2003年混改当年实现销售收入108亿元、净利润6700万元。2012年实现销售收入1357.87亿元、净利润30.80亿元,2013年实现销售收入1668.66亿元、净利润35.80亿元。从复星集团来看,2003年参与国药集团混改和2006年国药控股增资扩股两次合计投入约8.11亿元。2014年12月底国药控股市值近330亿港元,复星集团间接持有国药控股股票市值约98.94亿港元,在不考虑国药控股现金股利的情况下,复星集团年均投资回报率为46.68%。由此可见,双方的合作取得了双赢的结果。

3. 其他优势互补型混改案例

中国通用集团牵手思源电器:中国通用集团是我国重要的装备制造商和国际工程承包商,2000年被列为中央直接管理的53家大型综合性骨干国有企业之一,数十年来,铸就了重大技术装备、大型成套设备和机电设备进出口贸易和承包国际工程项目的优势能力,与全球100多个国家和地区建立了稳定的贸易与合作关系,在铁路、煤矿、电力、建材等领域完成了一大批产品出口和大型工程承包项目。思源电气 2004 年在中小板首批上市，为我国新兴的专业研发和制造输配电及控制设备的民营龙头企业，拥有国家发明专利 100 余项，以电力自动化设备、气体绝缘金属全封闭组合电器（GIS）为代表的主导产品和核心技术已达到国际先进水平，目前，企业发展战略的主攻方向之一是拓展海外市场。两家企业携手合作后优势互补，共享品牌和海外分支机构资源，节约费用支出，提高国际市场的竞争能力，尤其是在未来"一带一路"倡议的电网互联互通建设过程中，提高输配电设备和工程承包项目的综合竞争能力，争取更多订单，共创共赢佳绩。

弘信联手中集集团：弘信创业工场股份有限公司，成立于 2001 年，以独创的"云创业"商业模式，专注打造公共创业平台，为创业企业提供公共要素支持，10 年来其已在金融租赁、现代物流、供应链管理、电子信息、互联网等行业成功孵化出多家全国行业领先企业，成为中国最成功的创业工场之一。中集集团经过 30 多年来持续创新发展，不断提高制造信息化、自动化、流线化、智能化，推进国际化、高端化、相关多元化的产业发展战略，成就了世界级多元化跨国产业集团。厦门弘集集装箱发展有限公司是厦门弘信租赁有限公司与深圳中集投资控股有限公司合资的企业，集中集集团作为全球第一大集装箱生产制造企业以及弘信博格在国内租箱领域深耕多年的优势，以提供集装箱全生命周期增值服务为经营理念，重点针对非制造领域的后段销售、租赁、二手箱、改造、监管、代理等业务展开，将建成全球领先的集装箱全生命周期运营企业。此外，两家企业二度携手进军产业园区领域，与松山湖控在东莞设立中集智谷，希望以"智谷模式"成为中国产业园区开发与运营的新标杆。

（三）民营企业借助混合所有制改革进入特定行业

1. 民营企业通过混合所有制改革"曲线救国"的动机

民营企业在进入垄断行业或传统上由国有企业占据主导地位的行业时，常常遭遇各种"玻璃门""弹簧门"和"旋转门"的阻碍，因此通过参股国有企业，能在这些领域或行业获得发展机会。以石油、电信、军工等行业为例，基本上是由国有企业垄断，民营企业依靠自身的能力难以突破准入壁垒，而通过与国企合作或组建混合所有制企业，就能借助国有企业进入垄断性行业分一杯羹。再如供电、供水、废物处理、污水处理、燃气供应等城市公用事业领域，由于历史的原因大多由主管部门属下的地方国企控制，往往是政企不分，行政色彩浓厚，普遍存在竞争意识差、技术创新动力不足、服务水平低、依赖政府补贴等问题。对于民营企业来说，参与混合所有制改革是进入城市公用事业的"捷径"。

2. 典型案例——联通混合制改革

备受瞩目的联通混改方案显示，中国联通A股公司拟向战略投资者以非公开形式发行不超过90.37亿股，募集资金不超过人民币617.25亿元，并由联通集团向结构调整基金协议转让其持有的约19.0亿股联通A股股份，转让价款约人民币129.75亿元；向核心员工首期授予不超过约8.48亿股限制性联通A股公司股份，募集资金不超过约人民币32.13亿元，上述交易对价合计不超过约人民币779.14亿元。假设上述交易全部完成，按照发行上限计算，联通集团将合计持有联通A股公司约36.67%股份，新引入战略投资者合计持有联通A股公司35.19%股份，形成混合所有制多元化股权结构。

此次参与联通混改14家公司可分为四个类别，分别是：四大互联网公司——腾讯、百度、京东、阿里；垂直行业公司——苏宁云商、光启Kuang-Chi、滴滴、网宿科技、用友、宜通世纪；金融企业产业集团——中国人寿、中国中车；产业基金——中国国有企业结构调整基金股份有限公司、前海母基金。其中最受瞩目的是四大互联网公司的统一行动。究其原因，互联网巨头们真正的"醉翁之意"，在资本层面以外。对于互联网巨头而言，不仅可借此次混改介入历来由国有企业把控的电信业务，还可收获联通庞大的客户群。这些年来，与中国移动、中国电信的发展相比，中国联通虽然相对落后，但在市场和消费端，依然是三大垄断性电信企业之一，拥有互联网巨头无法比拟的制度性红利与优势。对互联网巨头们而言，在互联网企业竞争白热化的今天，获取客户和大数据的难度越来越大，最宝贵的不是眼下利润，而是客户及大数据资源，"借道"联通无疑是捷径。放眼未来，互联网企业们凭借自身在云计算、大数据、物联网、人工智能、家庭互联网、数字内容、零售体系、支付金融等领域的优势，有望与联通公司获得双赢。

3. 其他"曲线救国"混改案例

宝塔石化集团：宝塔石化集团通过与中石化合作，获得了部分成品油直销市场，又通过与宁夏最大的运输行业国企——宁夏天豹运输集团合资成为宁夏宝塔公司，利用了天豹公司的运输优势、社会信誉优势取得了部分危险化学品运输销售市场。

重庆五洲书韵图书发行公司：重庆五洲书韵图书发行公司拥有较为完善的营销网络体系，但缺乏国家规模的资质资源，走传统的发展路径，资源得不到有效提升，经济社会效益得不到有效发挥。而重庆出版集团是重庆市重点国有文化企业，拥有国家主管部门赋予的教育出版资质资源，但发行渠道及市场拓展能力有待加强，市场表现不佳，经济效益不高。重庆五洲书韵图发行公司与重庆出版集团经过多次磋商后共同出资组建新型的股份制文化企业"五洲传媒"。五洲传媒合理地运用国有文化企业的品牌、社会信誉、核心业务、授信担保等资源，以"五洲传媒"为扩张平台和发展载体，再运用自身的营销渠道优势，将业务拓展到重庆市以外，避免了区域间同行业竞争引发的纠纷，促进了文化资源在全国范围内有序流动，仅四年时间就迅速成长为重庆最大的混合所有制文化产业集团。

四、案例总结：民营企业参与混合所有制改革的成功经验

纵观民营企业参与混合制改革的成功案例，可以看到成功是有迹可循的。无论民营企业是出于什么动机与目的参与到混合制改革中，也无论是在什么行业、什么地区、以什么样的方式参与，都有蕴含其中的一些共同经验可供借鉴。对于民营企业来说，在寻找和推动混合所有制改革项目的过程中，应从共同理念、共同目标和优势互补三个视角进行思考。

（一）国有、民营双方具有共同价值理念是合作的核心基础

分析混合所有制改革的成功案例，最重要特征是合作各方有共同的价值理念，能形成文化融合。发展混合所有制经济不是公有制经济和非公有制经济之间此消彼长、你进我退的"零和博弈"。双方作为利益共同体，只有把握好共同的目标追求和价值取向，才能实现和谐、包容性发展。国有、民营企业在企业文化上有各自鲜明的特点，不能是硬性的改造和简单的拼接，但并不矛盾，具有融合的可能性。国有企业导入市场竞争法则，可以去行政化，激发劳动、

技能、知识、管理的创新活力。民营企业引入现代企业制度，可以弱化创始团队价值倾向，激活市场、资本、资源、技术的创造活力。通过发展混合所有制经济，逐渐形成激发创造活力和创新能力的价值追求，形成了国有企业和民营企业共有的价值理念，这是发展混合所有制经济的重要思想基础。

（二）国有、民营双方具有价值最大化的共同目标是合作的驱动力

混合双方要将追求企业价值最大化作为共同目标，所谓价值最大化，应该是社会效益与经济效益的有机统一，让混合所有制改革后的企业既有经济活力又担负起社会责任。所谓价值最大化，应该兼顾各方利益，既要维护国有资本权益，也要维护民营资本权益，更要维护小股东利益。进一步说，在探索发展混合所有制经济过程中，双方应充分考虑行业自身特点和管理需求，充分考虑业务拓展和投资回报，充分考虑国有资产保值增值和股份制企业营运绩效，共同探寻合作的最大公约数、效益的最大公倍数，既尊重双方共同利益，又兼顾彼此的核心利益。例如，在混合所有制改革的过程中，控股权历来是最受关注的问题之一，实际上谁控股、谁不控股，不是绝对的，关键是要根据市场需要、企业发展需要及团队的具体情况来定，只要能实现价值最大化，参股比例就可退其次。

（三）国有、民营双方具有互补性优势是合作顺利进行的保障

国有企业混合制改革的初衷和基本出发点之一就是要实现国有企业和民营企业的优势互补。这种优势互补，如果只是简单地归结到国有企业更有资金品牌政策优势，民营企业更有活力、对市场的反应更敏感等，就太流于一般化、脸谱化了。从既有的成功案例不难看出，混合所有制改革的双方或多方都必须拥有自身的优势，这种优势是其他合作方稀缺的，且在混合制改革之后各方优势可以进行整合。为了实现这一点，就要求合作各方首先塑造和挖掘自身的独特优势，并合理评估其他合作方的优势是否为己方所需，能否为己方所用。最为常见的情形是基于产业链的优势互补，国有企业更多的是集中在战略性的、能源和资源方面的，而在产业的中游和下游，尤其是在下游，更多的是民营企业，因为缺乏资源，但是可以从资源型的、原料型的、基础型的国有企业中来采购，来做消费者终端这样的一些产品，从而满足市场和社会的需求。优势互

补还可能基于企业的价值链,合作双方可能分别在企业价值链的主要活动环节或辅助活动环节中具有竞争优势,通过所有制改革之后,使竞争优势覆盖到企业价值链中的更多环节甚至所有环节,从而获得整体的竞争优势。

五、促进厦门民营企业参与混合所有制改革的对策

前面主要从民营企业的视角研究了民营企业参与混合所有制改革中需要遵循的一般规律。事实上,在推动民营企业参与混合所有制改革的过程中,仅靠民营企业自身努力显然是远远不够的,各个相关政府部门、行业协会乃至社会公众,都需要群策群力,推动混合所有制改革的进一步深化。

(一)加强引导和宣传,消除民营企业家思想顾虑

加强政策引导和舆论宣传,引导广大民营企业家充分认识我国基本经济制度的内涵,公有制与非公有制经济之间不是零和博弈,关系不是相互排斥、相互抵消、互相对立,而是相辅相成、相得益彰、有机统一。发展混合所有制是为了形成更具活力的组织形式,在理论和实践中,不存在"国进民退""国退民进"的问题,而是要达到"共赢"的目的。完善产权保护,在混合所有制中,民营资本的产权问题也是企业家关注的焦点。要健全完善归属明晰、权责明确、保护严格、流转顺畅的现代产权制度,使各类资本都能依法自由流动,有效运营。加强对民营资本的产权保护,保证民营资本与国有资本平等使用生产要素、公平参与市场竞争、同等受到法律保护,消除企业家的心理障碍。

(二)营造有利于混合所有制经济的外部发展环境

一是要完善产权制度保护,及时对不能保护各类市场主体合法权益的规定进行修改或废止,确保各种所有制经济依法平等使用生产要素、公开公平公正地参与市场竞争、同等享受法律保护、共同承担社会责任。二是要加快企业兼并重组步伐,积极引入不同所有制的法人资本,鼓励优势企业兼并上下游企业,有效整合产业链,并在企业重组中实现产权明晰化和股权多样化。三是要

简化国有企业改制重组审批手续，按照"不因改制增加企业税收负担"的原则，切实落实国有企业改制、兼并重组过程中涉及的资产评估、债务重组、土地房屋权属转移等税收政策，允许混合所有制企业享受改制前原国有企业享受的政策。四是要推进公共资源配置市场化，进一步破除各种形式的行政垄断，真正营造良好的政策和市场环境，提升混合所有制经济的发展环境，促进国有经济和其他所有制经济有机融合、共同发展。五是要建立和完善规范混合所有制企业员工持股的法律法规，积极探索在职员工持股的有效方式，鼓励企业经营者、业务骨干和技术骨干持股，允许国有企业改制引入外部投资者时，同步引入在职员工持股。六是要形成以资本为纽带的资产监管体系。以国有资产保值增值为前提，引入第三方审计师和人力资源咨询公司，建立适应"混合产权"的审计体系和监管机构；同等保护国有资本和非公有资本的合法权益，防止混合所有制企业的资产流失。

（三）多方入手，构建促进混合所有制改革的平台

各级政府和行业协会要加强服务和指引的力度，构建促进混合所有制改革的平台。一是构建完善信息和项目对接平台。在市属国有投资项目和国有企业的重组改制中，将需要引进社会资本参与的项目列清单公布，并组织招商活动，引导民营企业参与其中。二是构建完善产权交易平台，进一步加强市产权交易中心建设并充分发挥其作用，推动国企、民企和外企产权重组和优化配置。三是健全完善多层次的资本市场体系，政府可激活资本市场资金融通功能，为民营企业发行证券筹集资金和资本运营创造条件，国有企业可以向民营企业定向增发股票，吸收民营企业入股，也可鼓励民营企业组建股权投资基金，给予该类基金相应的政策优惠，明晰基金投资的产权关系，加强对基金的风险监控。

（四）强化混改专业人才引进力度，建立混改智库

国有企业发展混合所有制离不开专业人才支撑，国资监管机构和企业领导班子均需要有一批真正想"混改"、敢"混改"、会"混改"的掌舵者、操盘手。企业集团公司也要一支熟悉公司法人治理的专业人才队伍，特别要加快培养和造就一批精通对混合所有制企业履行出资人职责的管理人才，促进混合所

有制改革与企业公司法人治理无缝衔接。政府应加强力度引进与混合所有制改革相关的政策法律、金融投资、公司治理、企业管理等各类高端人才,建立人才激励机制,对经验丰富的高端复合型引进人才,解决住房、配偶就业、子女入学等问题。也可由行业协会牵头,成立民营企业混合所有制改革智库,专家来源可以是厦门民营企业中具有混改经验的企业家,也可以是全国范围内对混改有深入研究的学者、投资者和经营者。

第三篇

民营企业的发展基石与家园

民营企业家作为企业的所有者,是企业创新的灵魂,是推动市场经济向前发展的原动力。民营企业家对企业的影响可以用企业家精神来概括。另外,企业文化作为微观组织文化,是国家民族文化中的一个组成部分,学者们在对其精神文化层面进行研究时将其归纳为东西文化两大属性,其中,东方文化以儒家文化为代表,是我国企业文化的灵魂。具体到不同的地区,企业文化也会受到地域文化的影响。厦门民营企业文化除了儒家文化影响外,还有海洋文化、嘉庚文化的影子,企业文化建设管理过程中具有较强的包容性、开拓性以及家国精神。可以说,研究厦门的民营企业家就是研究其企业家精神,这种精神延伸、渗透,进入企业,就形成了民营企业文化。

2018年11月,习近平总书记在民营企业座谈会上指出:"民营经济是我国经济制度的内在要素,民营企业和民营企业家是我们自己人。"这是继"两个毫不动摇"和"三个没有变"重要论断之后,又一次肯定了民营经济、民营企业和民营企业家对我国经济发展的贡献,也是对民营企业和企业家地位的定性。在肯定民营成分基本作用的同时,工商联作为党和政府联系非公有制经济人士的桥梁纽带,也以建设非公有制经济人士和民营企业共同家园为目标,积极作为,带领民营企业共同奋进。因此,对近年来厦门民营经济与企业的基本情况进行梳理的基础上,有必要从民营企业家、民营企业文化与工商联的角度进一步研究厦门民营企业的发展情况。

激发和保护企业家精神的对策研究

企业是市场经济的微观主体，企业家精神是企业发展的"灵魂"。2017年9月，中共中央、国务院下发《关于营造企业家健康成长环境弘扬优秀企业家精神更好发挥企业家作用的意见》，肯定企业家在市场经济活动中的重要作用，强调营造企业家健康成长环境，鼓励弘扬优秀企业家精神。以中央文件的形式对企业家精神做出如此高度的肯定、对企业家成长环境予以如此高度的重视，在我国尚属首次。因此，在新的历史时期，理解企业家及企业家精神，营造激发企业家精神的社会和制度环境，具有十分重要的理论价值和现实意义。

福建是中国改革开放的前沿，经过市场经济的洗礼，一大批优秀的福建企业和企业家脱颖而出。早在2014年，习近平总书记在给福建30位企业家的回信中就勉励福建广大企业家继续发扬"敢为天下先、爱拼才会赢"的闯劲，为国家经济社会持续健康发展发挥更大作用。然而，面对近年来国内外复杂多变的局势，许多福建企业陷入了困境。2018年至今，福建知名企业轰然倒下的新闻常常见诸报端，包括曾位列全国前三的休闲鞋制造企业富贵鸟、在美国纳斯达克上市的喜得龙（中国）有限公司、全国厨房家具市场占有率前三的厦门好来屋厨柜有限公司、中国最大办公家具生产商诚丰家具有限公司、福建最大的海运和造船民营企业冠海集团、巅峰时期拥有愈九千家门店的拉夏贝尔服饰有限公司等。诚然，企业经营的失败是内外部因素共同作用的结果，但福建知名企业的不断败落，使之不得不反思企业家自身的问题，曾经"爱拼才会赢"的福建企业家们，还在拼搏吗？

一、企业家精神的概念与内涵

企业家精神（entrepreneurship）是一个语义丰富的概念。英语entrepreneur

源自拉丁语动词 in prehendo – endi – ensum，意思是去发现、去感知、去认识和去俘获。多年来，国内外学者对企业家精神的研究未曾间断，但企业家精神的定义还未统一。

（一）国外学者对企业家精神的阐述

19世纪30年代，经济学家熊彼特系统论述了企业家的创新职能，认为企业家能适应市场挑战、不断进行创新，企业家精神的本质特征就是创新。Kirzner 在其著作《竞争与企业家精神》中，从市场交易的角度讨论企业家，将企业家定义为：具有一般人所不具有的、能够敏锐地发现市场获利机会的人。Knight 则把不确定性与企业家职能联系起来，认为在极不确定的环境中做出决策的人，必须自己承担决策的全部后果，这种人就是企业家。Miller 将企业家精神分为创新性、积极进取和冒险性三个基本维度。现代管理学之父彼得·德鲁克在《创新与企业家精神》一书中，将企业家精神界定为社会创新精神，预言：我们需要一个富于企业家精神的社会，在这个社会里，创新和企业家精神是正常、稳定和连续不断的需求。总而言之，国外学者对企业家精神的研究有三大主要观点：一是企业家精神的本质即创新；二是企业家应善于识别市场机会；三是企业家应有冒险精神。

（二）国内学者对企业家精神的阐述

王林生认为，企业家精神对于那些管理人员而言，是面对激烈的市场竞争和淘汰压力而不断培育出的管理者心境、思维方式、价值观等精神质量，以及创新观念、追求效益最大化、勇于冒险等品质。汪丁丁和高波在借鉴国外学者观点的基础上，把企业家精神概括为三方面内容：第一是熊彼特所说的"创新精神"；第二是韦伯所说的"敬业精神"；第三是诺斯从新制度经济学里提出来的"合作精神"。曹艳提出企业家精神要体现时代要求，应将建设和谐社会的意识内化为企业家精神，具体体现为人本意识、环境资源意识、可持续发展意识和社会责任意识。丁栋虹等认为创新、冒险（创业）与机会识别是企业家精神的三大要素。贾康、程瑜认为，企业家精神是企业家特殊技能（包括心智和才华、技能）的集合，也可表述为企业家在激烈竞争的市场经济环境中的综合才能，它是一种重要而特殊的无形生产要素。唐麟凯认为传统儒商精神是中华民族优秀传统文化的重要组成部分，是建构当代中国企业家精神的源头活水，传统儒商精神的现代重构有必要性和可能性。综上所述，国内学者除了借鉴国外学者关于创新、冒险的表述外，还赋予企业家精神更丰富的内涵，涉及道德、敬业、合作、社会责任、文化传承等内容。

（三）福建企业家精神的内涵

企业家精神根植于历史文化环境，要对福建企业家精神进行界定，不仅要参照经典学术理论，也要与福建传统价值体系和经济社会发展的实际相结合。在八闽大地上，朱熹"理学"的影响非常深远。朱熹"理学"的主要精神是修身养性和爱人爱国。受此影响，福建企业家奉行"节俭、勤劳、守信、尚义"，把"报效祖国、回馈桑梓"作为其商业成功后的第一要务，这使福建企业家的商业活动具有浓厚的文化内涵和坚实的社会基础。同时，福建省作为海洋大省，自古是海上丝绸之路的起点，福建企业家身上存有典型的海洋文化气息，他们的足迹遍布全球。在海外华侨华人中，闽籍人士超过1000万人，全球170多个国家和地区都有闽籍商人的身影，被誉为海外三大商帮之一；在国内，闽商也是遍布全国各地，"福建制造"和"福建智造"走入千家万户。"敢为天下先，爱拼才会赢"成为福建企业家精神的总结。

本文认为，新时代的福建企业家精神，应该包括以下六个方面：

第一，敢于创新。创新是企业家精神的核心。在经济、政治、科技瞬息万变的时代，创新是决定企业生存发展的关键因素。无论是技术创新、产品创新、商业模式创新，还是管理创新，都需要企业家运筹帷幄。企业家只有具备创新精神，才能对生产要素进行革命性、创新性的配置，提升资源分配的效率，从而获得持续的竞争优势。

第二，艰苦奋斗。中国经济面临转型变革的时刻，企业经营的宏观环境充满不确定性，粗放发展的时代不复存在。企业必须艰苦奋斗，严格控制成本，不断细化管理，甚至做好二次创业的准备。因此，艰苦奋斗作为中国企业家的传统美德，并没有过时，在当代依然具有重大价值。

第三，勇担责任。正确处理国家利益、民族利益、企业利益和个人利益的关系，将个人理想与民族复兴和国家发展结合起来，这是福建企业家的优良传统。企业家虽然追逐经济利润，但是富有企业家精神的企业掌舵者都懂得为他人、为社会、为国家无私付出。华侨领袖陈嘉庚先生曾说："如果国家衰亡了,即使个人发了大财又有何用?"他的"公心"和"人民至上"的原则应在当代福建企业家身上获得延续。

第四,合作共赢。企业不能独善其身,也无法单打独斗。在更加开放、共享、生态共荣的经济环境中,企业家必须摒弃小而全、大而全的思维,用开放、互信的思维参与企业合作,跨越地理、文化、线上线下等差异,实现合作与共赢。

第五,追求卓越。习近平总书记倡导的匠人精神,就是要追求卓越、持续提升、永无止境。这种精益求精的精神,是创新落地的保障,也是当代企业家应该具有的精神内涵。在追求高质量发展的过程中,将工匠精神注入产业链的各个环节,才能实现从"中国速度"到"中国质量"的跨越。

第六,诚信守法。敢闯敢试和规则意识的融合是新时代企业家精神的基石。所谓的大胆创新、锐意进取,也要受到法律和道德的约束。市场经济的本质是法治经济、诚信经济,因此企业家应遵循市场规律、遵从法律规范、恪守契约精神。

二、当前福建企业家精神方面存在的问题

通过研究 2018 年 1 月至今宣布倒闭、进入清算程序、大面积关店的 12 家福建企业的发展历程,并和部分企业家进行了深度访谈,本文认为这些企业的败落与企业家精神的缺失相关。曾经引以为傲的福建企业家精神,正面临挑战。

(一)小富即安、贪图享受

创业难守业更难。很多企业家在创业期兢兢业业,全力以赴不遗余力地付出,但在取得一定成就后,就满足于安逸的生活,不思进取。典型的想法是:自己已经挣够了这辈子的钱,以前那么辛苦现在该享受了,企业发展到这样就不错了……于是在安逸中企业停滞不前,市场、人才逐渐流失,等企业出现断崖式下落时已回天无力。而对于新一代创业者或者家族企业的接班人来说,一出生就享受着良好的物质生活,习惯了安逸和舒适,更没有艰苦奋斗的压力。一些创业者将儿女送至国外,但"创二代"学业有成后却不愿意回来接班,

接班人问题已成为福建民营企业普遍的痛点。

（二）一味逐利、冒进涉险

有些企业家以钱的数量来衡量自己的成功和企业的成功，一味逐利。在投资上胃口越来越大，不满足于"小打小闹"和"稳扎稳打"，只想扎堆进入赚快钱的行业。在企业访谈中发现，不少企业都曾参与金融、矿产和房地产的投资，有些因为疏于主业经营，最终新旧业务皆落空。以富贵鸟为例，一代鞋王在快速发展中渐渐迷失了方向，将资产泡沫当机会并投身其中。富贵鸟的法人代表曾担任 25 家企业的法人代表，涉及矿业、小额贷款等热门行业，然而泡沫退去后富贵鸟折翼了。厦门本土的休闲食品老字号"上好仁真"也是如此，由于盲目参与金融业务，先后在厦门、合肥、太原等地卷入民间借贷、金融机构违约的官司，最终资产被冻结。

（三）懒于创新，后劲不足

很多企业家主动创新的意识比较欠缺，面对剧烈变化的外部环境，超前谋划准备不足。以厦门盛洲植物油有限公司为例，巅峰时在厦门市场占有率高达 65%，后受国家三次食用油宏观调控（即政府限价）的影响，损失九个亿，财务状况恶化并最终导致企业破产重组。反观其他食用油生产企业，面对同样的宏观环境，纷纷采用期货等方式进行对冲，而盛洲植物油有限公司因循守旧，陷入困境。还有一些企业家虽然感受到了外部环境的变化，但不愿意沉下心来苦练内功，只想遵循以往的成功模式快速发展。企业一味扩大规模，买技术、买装备、开新店，短期内发展迅速，时间久了企业始终无法突破创新的"瓶颈"。例如，晋江运动服饰企业德尔惠和鸿星尔克，从代工到建设自主品牌，全国密集开设专卖店，因为迎合了国内市场爆发的节点曾创造辉煌战绩，然而缺乏产品研发的运动服饰企业始终无法摆脱山寨的感觉，最终在激烈的竞争中败下阵来。

（四）诚信缺失、违规违法

有些企业家缺乏诚信、无视法律法规的情况客观存在。为了经济利益污染环境、破坏自然生态的情况时有发生。不讲社会公德、破坏营商环境的行为屡见不鲜,如排挤其他企业、拖欠员工工资、欺骗客户与消费者。更有甚者不惜违反法律法规,向官员行贿、偷税漏税、非法侵占国有资产等。以名噪一时的闽南橱柜代表企业厦门好莱屋公司为例,企业从2014年开始拖欠员工工资,多次卷入买卖合同纠纷和劳动争议,企业形象严重受损,市场销售下滑,最终在2018年年底申请破产。

(五)欠缺信念和家国情怀

一些企业家虽然履行环境责任、纳税责任、守法责任,也积极参与慈善事业,但没有把振兴中华、实现中华民族伟大复兴视为己任,缺乏深沉的爱国情怀。在国家与民族大是大非的问题上,有些企业家不够坚定。在国家和人民需要企业家出钱出力时,退缩逃避。近年来出现的企业家移民潮,反映出一些企业家信念不坚定,对国家发展缺乏信心。还有企业家在思想上放松了对自己的要求,出现私德上的瑕疵,给社会造成不良影响。

三、激发和保护企业家精神的对策

企业家精神的激发、培育和保护是一个系统工程,需要政府政策、社会文化氛围的共同塑造。对欠缺的企业家精神,应从信念、责任感、情怀、激励方式等方面入手,对于已有的企业家精神,应从法律、政策入手,兼顾物质和精神双方面的需求,给予充分的保护。从2017年至今,全国为了激发和保护企业家精神纷纷出台实施细则。本文借鉴各地政策并联系福建实际,提出以下建议。

(一)尊重和保障企业家权益

在立法层面,健全企业家保障机制,依法保护企业家人身和财产权、自主经营权、创新权益、公平竞争权益等。在法律宣传层面,增强对相关法律法规的宣传,为企业家解读法律法规的新变化、新趋势,增强他们用法律维护自身利益的信心。在法律执行层面,设立驻企法律工作室,建立企业维权"绿色通道"。此外，借鉴其他省市做法，实施"纪检监察机关在履行职责过程中需要企业经营者协助调查时，要保障其合法的人身和财产权益"和"对一些民营企业历史上曾有过的一些不规范行为，按照罪刑法定、疑罪从无的原则处理"，从而让企业家减轻压力、轻装上阵。

（二）发挥服务型政府的作用

着力建立构建"亲""清"新型政商关系，努力营造亲商、安商、富商的氛围。建立各级政府主要负责人与民营企业家定期沟通、邀请优秀企业家列席重要会议，充分听取企业家意见建议，让企业家参与到相关政策制定的机制。在市场资源分配过程中，政府引导方向，规范市场，更重要的是做好服务保障工作，为企业家的创新探索提供支持。同时，政府要及时公开与企业经营相关的信息，为企业的经营决策提供依据，并吸收第三方机构对政府信息公开进行监督。

（三）解决企业家的后顾之忧

企业家也有普通人的烦恼，除了企业经营之外，还应从思想上、生活上真诚关爱企业家，坚定企业家信心，稳定企业家预期，解决他们的后顾之忧。正如访谈中有些企业家所说：政府只奖励人才，而用人的企业家反而得不到奖励。应该出台优秀企业家和引进人才的参照优惠政策，为优秀企业家提供购买房、家属工作安排、子女择校等方面优惠政策。此外，当前福建的创业扶持项目多往高学历、高技术人才倾斜，残疾人、退役军人企业家开办的小微企业缺乏专门的扶持政策，应出台相关政策予以照顾，激发特殊人群的创业激情。

（四）对企业家开展精神激励

企业家们很多已经实现财务自由，对企业家的激励要多从精神层面着手。首先，要从本土企业家典型人物身上挖掘和搜集"企业家精神"元素，学习浙江省的经验，以"三名"——名企、名品、名家为抓手，树立先进企业家典型，打造"闽商"品牌形象。其次，在媒体宣传上，加强对优秀企业家及其企业的宣传，增加对企业家价值的认同感，营造尊重企业家的社会氛围。最后，建立容错机制，在法律法规、社会伦理的大框架下，允许试错、宽容失误，点燃企业家创新突破的干劲。

（五）帮助企业家成长

加强对企业家的培训工作，从国有企业、民营企业中选派优秀企业家，到高校、专业机构和大企业学习研修，提高企业家创新发展、决策管理、资本运作、市场开拓和国际竞争的能力。实施青年企业家创业导师计划、新生代民营企业家成长计划，组织初创型、成长型企业家，走入新区大中型企业实地学习考察，安排优秀企业家给有发展潜力的企业负责人担任创业导师，鼓励高校聘请优秀企业家担任或兼职创新创业教师，带动培养青年优秀企业家加快成长。同时要鼓励企业家之间展开交流，在交流过程中共同成长、共同进步。福建可以借鉴江苏的经验，依托厦门大学、福州大学、福建师范大学、福建医科大学等高校的师资力量，开办企业家网络培训课程，让企业家们在繁忙的工作之余，在任何时间和地点自主学习。

（六）开展政治引领和爱国主义教育

坚持党对企业家的政治引领、充分发挥党组织在职工群众中的政治核心作用和企业发展中的政治引领作用。工商联和统战部门应引导广大企业家系统学习贯彻党的十九大精神特别是全面学习领会习近平新时代中国特色社会主义思想，进一步坚定理想信念，树立发展信心。引导党员企业家创先争优，发挥党员企业家的模范作用，使党的决议落实到各项工作之中。建立健全党政主要领导定期与企业家座谈、挂点联系重点园区、联系帮扶重点企业、政企沟通联席会议等制度。组织企业家接受爱国主义教育，通过走访爱国主义教育基地、观看爱国主义文艺演出、聆听爱国主义讲座、与道德模范面对面座谈等方式，让企业家们从感人的故事、生动的场景中获得心灵的震撼和洗礼。

参考文献

[1] 熊彼特. 经济发展理论. 中国社会科学出版社, 2009.
[2] Kirzner, I. M.. Competition and Entrepreneurship. Competition and entrepreneurship, 2013.

[3] Watkins, G. P.. Knight's risk, uncertainty and profit. Quarterly Journal of Economics, 1922, 36 (4): 682-690.

[4] Miller, D.. The correlates of entrepreneurship in three types of firms. Management Science, 1983, 29 (7): 770-791.

[5] 彼得·F. 德鲁克. 创新与创业精神 [M]. 2002.

[6] 王林生. 企业家精神与中国经济 [J]. 管理世界, 1989 (4): 147-151.

[7] 汪丁丁. 直面现象: 经济学家的实然世界 [M]. 生活·读书·新知三联书店, 2000.

[8] 高波. 文化、文化资本与企业家精神的区域差异 [J]. 南京大学学报 (哲学·人文科学·社会科学), 2007, 44 (5): 39-47.

[9] 曹艳. 企业家精神的时代理念与和谐社会的构建 [J]. 经济问题探索, 2008 (11): 100-104.

[10] 丁栋虹, 赵荔. 企业家精神的三大要素: 创新、机会识别和冒险——来自企业家排行榜的证据 [J]. 上海管理科学, 2009, 31 (3): 93-96.

[11] 贾康, 程瑜. 养护与弘扬企业家精神 [J]. 中国经济报告, 2017 (11): 76-79.

[12] 唐凯麟. 传统儒商精神的现代建构 [J]. 求索, 2017 (1): 5-11.

[13] 朱丽婷. 新时期推动福建民营企业高质量发展的措施探讨 [J]. 企业科技与发展, 2019 (9): 16-17, 20.

厦门民营企业的企业文化与文化建设

中国作为拥有5000多年文明发展史的国家,历来重视文化的作用。2007年,党的十七大指出,社会主义核心价值体系是社会主义意识形态的本质体现,并在党的十八大对社会主义核心价值观进行了高度概括。2017年,党的十九大进一步要求把培育和践行社会主义核心价值观落实到经济发展实践和社会治理中,使其转化为人们的情感认同和行为习惯,在此基础上,深入挖掘传统文化,结合时代要求继承创新,扩大主流价值观念的影响力,提高国家文化软实力。

微观上,企业作为社会经济的基本单位,其管理经历了从经验管理到制度管理,再到文化管理的过程。学界对企业文化的研究起源于20世纪80年代初,主要研究企业文化的概念、要素、类型等内容。到了90年代,研究范围扩展到文化测量、文化与效益以及文化的评估和诊断等方面。企业文化管理在提高企业经营业绩、增强企业竞争力、提升企业商誉,以及企业日常经营管理方面的作用已经得到众多学者的肯定,越来越多的企业加大了自身企业文化的培育与建设,且逐步显现出成效。为此,厦门曾组织各方力量进行了大范围的"企业文化建设示范单位"测评工作,以此为契机,推广优秀企业文化建设单位的经验,为其他企业走向文化管理提供借鉴与帮助。密集的调研行程,较为集中的各类企业文化信息的汇集,更易呈现出不同类型企业文化上的差异,为我们研究厦门民营企业文化带来了有利条件。

一、民营企业与国有企业在企业文化上的差异

文化的内容非常丰富,东方以我国为代表一般将文化从精神层面进行解读,而西方对文化的释义更多经由物质层面进行深化。简单说,文化是人类全

部的精神活动与产品，可概括为全部精神财富与物质财富的总和，是要经过长期的"人文化成"，通过人的认知、点化、改造、重组与积累才能逐步形成。企业文化也是一个国家民族文化的组成部分，它的形成同样需要经过培育、积累逐步完成。也正因为此，此次调查在调研单位的选择上以企业自主报名参与为主，兼顾了行业、企业类型等因素来最终决定。也因为调研单位选择上的要求，在整个调研过程中，可以看到调研企业的企业文化建设初期工作都已完成，一些基本的文化要素、符码，基本的制度与文化活动也已形成规范。好的文化建设单位，其精神文化已深入企业的方方面面，并能通过员工的行为面貌展现出来；稍微落后的企业，其文化的整个构成体系也基本形成，具备了实施文化管理的条件。

具体到调研单位在企业文化建设上存在的差异，结合企业文化的文化层次理论加以说明：

精神文化层面。民营企业的精神文化很明显地带有创建人的思想特点，具有非常突出的"老板文化"特色，相较于国有企业来看，企业间的差异性更突出些。国有企业精神文化中的各要素内容归纳完整、详细，与企业的经营内容有很强的针对性。企业的价值观或企业精神、目标等多强调服务社会、高效创新，为企业规划出宏伟蓝图。尽管不同企业的表述不尽相同，但在企业价值观、企业精神等方面内容上多有雷同，缺乏企业个性。

制度文化层面。总的来说，民营企业在企业文化的制度设计上没有国有企业规范，相比也较为简化、概要，很多企业的员工通过企业管理者的观念与行为，上行下效形成了企业的文化认同与约束。调研中的国有企业基本都有比较完备的企业文化实施方案及制度体系，有的已经把企业文化建设纳入企业的战略规范之中，还有的企业已经注意到企业文化在内部和外部传播途径上的差异，在营销及品牌建设上突出企业文化的精神。国有企业文化建设中存在的问题是文化建设多为自上而下进行，制度体系的层次与架构较粗，导致形式化的文化无法真正渗入企业的日常管理与经营。

物质与行为层面。民营企业因其文化精髓多来源于"老板文化"，员工在对文化的理解与执行上普遍要好于国有企业，但由于多数企业文化建设的时间较短，投入有限，企业文化要素的展示往往达不到培育、宣传文化的需要，员工也因各种原因不了解企业文化或不重视企业文化的问题，没有形成自觉的文化约束。国有企业的文化建设主要由党委牵头负责，主管及实施部门权责清晰，能够上下调动，全员参与，易在公司内形成较好的文化氛围。多数企业的文化要素丰富，并能通过环境布置以及文化网络、文化仪式等对企业文化精神进行全方面传播，有的企业甚至专门设置文化空间，形成独具特色的企业文化展示平台，专门用来宣传企业文化。值得注意的是，企业在文化建设上的高投入不一定会带来高回报，调研中的企业很多并没有形成融为一体的文化氛围，导致文化管理流于形式，员工行为多为制度约束而非文化约束。

综上所述，调研中的国有企业文化都精炼出适合自身需要的精神文化，并能依据企业的文化精神在各层级建制，将制度、物质与行为层文化统一到精神文化根基上。所要解决的问题主要是如何将文化真正浸透入企业与员工的日常行为当中，形成真正的文化凝聚力与约束力。相比之下，民营企业文化往往是在内部自然演生而来，员工与企业文化的契合度较高，当企业进入快速发展或转折期时，才开始系统进行企业文化建设，文化建设时间较短，一般有着丰富的文化表现形式，文化与企业的经营融合度较高。可以说，国有企业与民营企业的企业文化都各具特色，难分伯仲，不能以孰好孰坏来加以界定。这里以民营企业文化为主要研究对象，是因为民营企业文化特色突出，文化变迁更多从内部而起，民营企业的企业文化及其建设过程，更易为其他企业提供借鉴作用。

二、从调研企业看厦门民营企业文化及建设

本次调研的民营企业不论在经营上还是企业文化管理上在厦门都具有较强的代表性，本文从这些企业中选择了四家企业为代表，对企业文化及其建设进行分析，由此来了解厦门民营企业文化培育、建设过程中的亮点与不足。

（一）借助外力，锻造、宣扬企业文化

这类企业（见表1）的管理决策层对企业文化高度重视，聘请专业团队为企业打造出完整的企业文化体系与企业文化建设实施方案，企业在文化建设过程中有目标、有计划，工作安排系统化、条理化。企业精神文化契合企业经营，并且能够总结成各种易为员工接受的形式，有利于企业文化的推广，企业品牌也较好地诠释了该企业的文化精要。企业的文化机构建制完备，企业文化层次与构成完整，企业文化建设过程规范，从形式上杜绝了企业文化建设虎头

蛇尾的情况。此外,企业还可以借用多种形式宣传、强化企业文化,加快企业文化建设。例如,安踏集团利用"公司大讲坛"、《安踏青年》等方式、渠道有重点、有步骤地宣讲企业文化,企业文化部的负责人员也会根据不同时期要求指出文化建设的重点,并进行测评。

表1　　　　　　　　　安踏与柒牌的企业文化比较

企业名称	安踏(中国)有限公司	福建柒牌集团有限公司
精神文化	企业价值观:品牌至上,创新求变,专注务实,诚信感恩 企业愿景:成为中国大众体育市场领导品牌,成为受人尊重,并可持续发展的世界级体育用品公司。 企业使命:将超越自我的体育精神融入每个人的生活。 经营哲学:审时敢先,精准实效	核心价值观:一个中心,两个基本点——以客户为中心,诚信感恩(尺),创新驭变(剪),拼搏进取(针),协同共赢(线)。 企业愿景:柒牌男装比肩世界,中华立领风行天下 企业使命:创享中华时尚,演绎美好人生
企业文化建设主要事项	2008年开始文化建设,《安踏之道》是其企业文化手册; 设企业文化部,归属人力资源部,编制2人; 总裁助理与人力资源负责人共管企业文化部	2013年7月柒牌"企业文化管理项目"启动,2013年12月《柒牌宪法》发布;企业有专门的企业文化管理变革管理委员会并设秘书处(企业文化部)统领各部门的企业文化建设,各部门负责人负全责

注:按全国通用民营经济口径,安踏集团属于民营企业统计范畴。

借助外力锻造企业文化,具有一定的强制性或指导性,它不完全是企业内部自然演进形成的,员工对文化的接纳缺少主动性。最易出现的问题就是良好的精神、制度层面的文化,以及周密的文化建设实施方案无法有效融入企业员工的认知与行为层面,甚至企业的各项文化活动,也并未完全体现企业精神文化面貌,造成精神、制度层面的文化与物质行为层文化脱节,从外表看,企业处处都是文化表象,但在企业内部却很难感受到真正的文化氛围。无法走入员工内心的企业文化,自然也无法形成文化竞争力。

(二)立足根本,积累、提炼企业文化

这类企业(见表2)的企业文化一般是在企业发展过程中逐步形成的。弘信的企业文化主要借助的是总裁与高管阶层的立身说法,在企业中形成榜样作

用，企业员工认可了企业及其高层，在他们的引导下，企业内部逐渐形成了统一的认识，企业的行为与文化精神自然就统一到一起。这样的好处是在没有进行文化提炼以前，员工习得经验更多的是建立在自己的感悟上，一旦企业开始进行企业文化建设，在文化精神的统领下，企业的文化显性表现的是生动多样性的，这点在弘信的各分公司文化中得到了极大的体现。中绿集团借助的是核心理念的强化，绿色、安全贯穿了企业整个发展过程，并在不同时期根据企业的需要以及宏观环境的变化加以扩展、充实，再逐步归纳、提炼出企业的文化理念。企业自始至终文化精神的核心不变，在发展过程中辅之以各种文化要素与活动进行强化，员工对企业文化的认可度与接受度都非常高。可以说，这类企业的文化形成、变迁路径可以千变万化，但企业自身并不缺乏进行文化管理的基本要素，是具有实施文化管理的软、硬件条件的。

表 2　　　　　　　　弘信与中绿的企业文化比较

企业名称	厦门弘信创业投资有限公司	中绿食品集团有限公司
精神文化	企业价值观：进取、责任、和谐、分享 企业使命：创业报国，科技强国 企业文化：快乐工作，幸福生活	企业价值观：以人为本，科学管理，持续创新，互利共赢 企业愿景：做中国全程绿色食品企业的冠军，成为世界全程绿色食品企业的十强。 企业使命：创造全球健康生活新概念，向世界提供一流的全程绿色食品，为实现人类社会可持续发展贡献力量。 经营理念：谦虚务实，兢兢业业，持续改进，诚信经营
企业文化建设主要事项	借助高管的榜样作用，上行下效，形成对企业文化的认识； 各分公司能够在集团价值观的基础上，突出自身特色，与集团文化相辅相成、相得益彰	公司成立伊始，即把"绿色""安全"等核心理念放到了企业经营的核心； 文化立足根本，根据不同时期的需要做适当调整：从早期的强调"四种绿"到现在的"中国梦，绿色梦"； 文化的传播渠道多样且畅通； 文化人物具体而鲜活

企业依靠自身培育文化，显然需要花费更多的时间，即便如此，从上述两家企业来看，文化的培育仍需要企业具备能引起共鸣的文化要素，在此基础上加以锤炼才能逐步形成统一的文化。此种方式培育企业文化，容易出现的问题也可以从两个对立面来理解：一是对企业文化的理解过于模糊，企业不能及时梳理文化各层级的内涵，企业文化建设未能系统化、逐层深入开展；二是容易形成过细、过多的企业文化内容，易使人忘记企业文化的根本。这两种情况都易造成部门或员工对企业文化的理解存在差异，易出现偏离企业文化精神的

情况。

总体来看，从这次调研可以看到厦门企业进行文化建设的时间并不长，基本都在新千年之后，多数企业还无法真正做到文化管理。企业在文化建设中所遇到的问题也极具普遍性，除了前面所提到的企业文化及建设上存在的问题之外，企业还应注意其他一些问题，说明如下：

➤ 精神文化的提炼过细、过粗的情况都存在，部分企业的企业文化缺乏特色，难以与企业对应起来。

➤ 企业文化也存在自下而上自发形成的情况，此种情况易导致企业文化与企业经营目标脱节，成为阻碍企业发展的因素。

➤ 总公司与分公司之间的企业文化高度统一会失去分公司企业文化的特色；各自表述又易使企业文化失去凝聚作用，无法强化集团内部的身心力。

➤ 很多文化符码或要素缺少辨识度，无法得到企业上下的认同；各类文化活动体现出的是企业对员工成长和发展的平台建设或内部凝聚力的提升，并未完全体现企业精神文化面貌，无助于员工对企业文化的理解。

➤ 民营企业员工流动性大，也是民营企业进行企业文化建设过程中的一大阻碍。

三、民营企业文化建设的建议

有学者指出国家财富问题首先应该是文化和精神问题，一个国家的富裕水平的高低可从其存在的价值准则、习惯和民族传统等文化因素方面归纳原因。同理，企业价值在某种程度上也可以通过企业文化，具体来说就是企业的价值观、愿景、使命以及经营理念等精神文化及其在企业经营管理中的运作来得以实现。可以说，文化管理是企业管理的最高体现，要想走到这一阶段，企业必须培育自身企业文化，通过文化建设，形成企业文化力，进而达到企业文化管理的目的。

（一）企业文化建设的方法与步骤

企业文化建设从前文的陈述可以看出主要有两类方法：一是由企业家个人发动的文化建设方法。采用这种方法的前提是企业内部要有卓越的企业家

（或高级管理人员），这类人员的共性是具有高智商、高创造力和丰富的个人阅历以及突出的个人魅力，善于由个人掌握和指挥全局。他们一般在企业创办初期就已经存在，通过自己卓越的领导才能及人格魅力将企业精神文化要义渗透到企业经营管理的方方面面，从而达到文化管理的目的。二是以专家规划为主，由企业管理阶层共同参与策划形成的文化建设方法。这种方法的适用性较广，无论是否具备实行第一类方法的条件，企业都可以由专家根据企业已有的文化内容及模式进行再策划，发动企业内部各文化建设主体积极响应、群策群力，创新、传播，共同完成企业文化建设。这种方法要求企业管理层具有统一的思想认识和较强的协调能力。一般来说，企业文化建设的方法并不唯一，往往都是多种方式并在，只是在进行到某一阶段时，某种方法较为突出而已。

具体到企业文化建设的步骤，首先要对已有的企业文化进行辨识，了解企业现有的价值观以及一些关键领域的价值取向。常用的方法是SAOC，即组织文化简要问题。主要包括五个问题：（1）如果用一句话来描述你的企业，这句话是什么？（2）在你的企业里什么是最重要的？（3）在你的企业里什么人会被提升？（4）在你的企业里什么样的行为会被奖励？（5）在你的企业里，谁觉得如鱼得水，谁恰恰相反？其次，企业应确定出企业目前所需的文化内容，即企业准备形成的文化形态，主要包括企业未来文化体系的所有基本内容，且这种文化形态可以促进企业目前的经营管理，适应企业未来发展的需要。再次，企业要将现有文化与所需文化内容进行对比分析，找出异同点，确定要改进的内容及需要强化的项目。最后，企业要制订详细的企业文化管理计划，确定计划的具体执行过程，并对执行实施监控，根据监控结果重新调整上述的工作内容与程序，直至企业文化建设进入稳定发展的良性循环为止。

（二）企业文化建设中应注意的事项

一个企业的企业文化形成并不意味着它的企业文化建设是成功的，结合前文提及的民营企业文化及建设中存在问题，民营企业进行企业文化建设的过程中还应注意以下几个方面，只有这些方面都做到位，才能真正形成有利于企业未来发展的企业文化，才能为企业进行文化管理创造条件。

首先，企业文化建设应主张自上而下形成机制。从管理层级来说，文化建设要从上到下落实到基层，上下形成统一认识；从集团来说，文化建设应以总公司为主，分公司与总公司之间应规范企业文化的建设与推广，分公司在与总公司精神文化统一的基础上可以适当突出分公司的特色，自上而下的形成机制并不是否定基层群体的存在，在文化建设工作的推进过程中应该正式网络与非正式网络渠道并重。

其次，企业要重视精神文化的精炼与浓缩。企业可在现有的基础上借助已有的内力或外力对现有企业文化进行梳理、提炼，使其更加具体、完整，以契合企业未来发展的需要。企业要精炼企业的文化内容，减少对精神文化的过度解读，通过完善企业文化在各层级的建制，将制度、物质、行为层的文化统一到精神文化根基上，避免过于繁杂的内容冲淡员工对文化的理解与认同。企业文化作为核心竞争力，应该有很强的差异性和辨识度，员工可以通过企业文化认识到自身在企业中的重要性更要通过文化清楚自己作为企业一员的特质。企业的文化建设要重效果，轻形式，要在精神层面为员工构筑企业发展梦想，让员工全体认识到身为企业的一员所应有的责任与追求。

最后，企业应利用各种手段增强文化的向心力。企业要以精神文化引领文化活动，在文化建设项目审核时要注意审核内容与其文化宗旨匹配度，文化活动的举办也应辅之以计划。企业应致力于企业文化精神在员工内心的培植，在文化建设中可大量借用他人或自身经验，使其融入员工内心，并固化为企业上下的行为基准，最终达到文化外显的目的。企业内部要重视文化氛围的营造，充分利用内部沟通渠道或新平台来达到文化传播与传承的目的。此外，企业还应健全基层员工的保障制度，夯实文化建设的基石。

参考文献

[1] 戴维·兰德斯. 国家的富裕与贫穷 [M]. http：//www.usembassy-china.org.cn/jiaoliu/j10404/regular.html.

[2] 胡斌. 破解企业文化迷阵——透析金山公司的企业文化 [J]. 中国乡镇企业，2001 (10)：47-48.

商会（行业协会）承接政府职能转移问题研究

改革开放过去了40年，中国的各个层面都经历了较大的调整与变革，先是经济方面，从原有的计划经济体制转变成现在的市场经济体制，在这个过程中，中国的社会结构也由原有的总体性社会向分化性社会转化，社会逐步成为可以与国家并列的提供资源与机会的源泉。社会领域的转型也意味着不同于市场与政府的另一种力量的成长，即各类社会组织或中间组织的兴起与壮大。这实质是社会自治精神的一种回归，需要政府转换过去"强国家—弱社会"的管理思路，一方面，通过转变政府职能，改变原有的行政管理模式，为市场和社会让渡出更广阔的成长空间；另一方面，代表着各利益主体和权力主体的社会组织也要做出相应调整，顺应转型时期的需要，充分发挥作用，实现对政府职能的有效承接。为此，我们有必要重新认识政府以及商会组织在当下市场经济中所扮演的角色，理顺两者之间的关系，进而推进国家治理体系乃至整个社会管理体制的现代化发展。

一、政府与商会[①]的角色与职能定位

自然界各物种之间普遍存在的共生关系反映了各物种为了自身的适应性和持续发展的需要而形成的彼此之间的互利、互惠、合作共存的关系，它让我们了解到，自然界的存续与发展不是建立在互斥与厮杀上，而是建立在彼此之间

[①] 从社会管理层面上来看，商会一般被认为是综合性社会组织，往往强调地域性，而行业协会多指专业性社会组织，既包含地域，也与行业特性有关。本文基于与政府相区别的社会组织角度看待商会或行业协会，其地域性或行业特性并不是研究的侧重点，因此，在文章中并没有严格区分商会与行业协会，而是以商会统一代之。

的相互吸引与合作上。这种生物学中的共生现象也可以用来反映现代社会人与人之间、物与物之间存在的高度依赖的共生关系，即在一个成熟的社会体系中，政府组织、社会组织和企业组织这三个基本构成为实现自身生存与可持续发展的目标，就必须以彼此的内在优劣性和环境发展要求为依据，形成动态、可塑的共生共长的交互关系。在这个共生体系中，企业组织凭借营利性作为市场的代表，强调资源资本化、利润最大化，具有极强的适应性与创造性；而政府组织和社会组织以非营利性为特征，重在资源公共化，目的在于提供公共管理与服务，三者之间是因职责与分工不同而延伸出来的功能与依附关系的不同，表现的是平等、互补、互助关系，而非隶属、控制或管理关系。其中的政府组织与社会组织在很多方面存在共性，可以从市场角度具体为政府机关和商会（行业协会）这两个实际单位进行分析，通过研究两者的异同，进一步明确其在市场经济中应发挥的作用。

（一）政府与商会的角色与职能

1. 政府的角色与职能

理论上对政府角色的分析一直游走在自由主义政府论的"守夜人"和凯恩斯主义政府论的"全能政府"之间，归结为一句话，就是政府对市场干预的多少。近代的新自由主义政府论认为政府可以干预市场，但要加以限制，在公共服务的提供上要更多地借助市场和社会的力量，以避免因为政府财政及提供服务的能力有限而带来的各种弊端。套用卡尔·波兰尼的观点就是政府一方面要为市场经济的发展创造条件，监督并约束市场行为对社会的侵蚀；另一方面也要保护社会，避免过度市场经济而给社会带来灾难。若进一步从契约理论上来理解，一般认为国家是被公众创造出来的保护公众权益、调解社会纠纷的制度安排，由国家来组织、实施各种契约或规则可以节省各种签约成本、实施成本和保护成本。政府是国家政权体系中依法享有行政权力的组织体系，是代表并执行着社会公共权力的各种公共机关的总和。政府要代表国家制定公民的活动规则，全社会利益最大化的实现应该是各方在既定的规则下协调的结果。因此，政府最根本的角色就是游戏规则的制定者，其所要做的就是制定并确保游戏规则的执行。具体而言，政府要扮演的角色是：

- 公共物品的提供者，公共物品因其具有非竞争性和非排他性，政府应该成为此类物品的主要提供者。
- 市场经济的调控者，政府要创造并维护公平竞争的市场环境，对市场经济的运行进行调控，消除外部性等市场"失灵"负面效应的产生。
- 收入及财产的再分配者；政府要把效率问题留给市场，将主要力量用来解决公平问题，以保证社会稳定协调发展，并最终带来高效率促进整个社会的进步。

如果把政府的角色反映到政府在公共事务管理过程中应承担的职责与功能上，我们可以看到西方在政府职能理论上的发展主要在立法、司法职能的基础上进行扩展，发展到现在诸如"政府再造""公共管理"等理论，人们开始重新审视政府与社会的关系，强调服务型政府要以公共需求为导向，提供高质、高效的公共服务，认为政府应推进公共物品和服务的民营化，力求在政府、市场与社会之间找到相互合作与制衡的平衡点。具体到政府职能的分类，人们习惯上把政府职能概括为政治、经济、文化和社会职能。党的十六大报告中也指出政府职能主要包括经济调节、市场监管、社会管理和公共服务等几个方面。若从政府公共事务管理的有效性上来看，世界银行在《1997年世界发展报告：变革世界的政府》中指出有效政府应包括五项职能：

- 建立法律基础；
- 保持非扭曲的政策环境，包括宏观经济稳定；
- 投资于基本的社会服务和基础设施；
- 保护承受力差的阶层；
- 保护环境。

2. 商会的角色与职能

商会一般认为是由同行业协会或各类企业及企业家为维护其利益而组织的社会团体。我国在1997年由国家经贸委印发的《关于选择若干城市进行行业协会试点的方案》中将其界定为社会中介组织和自律性行业管理组织。基于前文对政府组织的理解，商会作为一种中间组织，实际上是配置社会资源的一种组织模式和运行方式，在政府权力和责任未达之处以自主自愿方式提供公共服务而成为社会的代表。判断一个组织是否为商会，可以从民间性、非营利性、自律性、公益性（或互益性）和合法性等几个方面来分析，它的存在一方面可以抑制政府因为层级过多的集权结构所带来的诸如政府"失灵"等问题；另一方面又因其兼具市场机制与科层制的特点，可以克服市场"失灵"的弊端，因此，商会成为介于政府与市场（企业）之间的第三种社会调解机制，是政府组织的有效补充，又有着更广泛的适用性与灵活性。从角色与职能定位上进行分析，可以更好地理解商会在当下市场经济发展中的地位与应起到的作用。

（1）商会的角色。

• 专家。从会员企业来看，商会代表的是所有会员企业的共同利益，要为会员企业提供服务，维护他们的合法权益，协调会员之间的关系。因此，商会应该站在专家的角度为会员企业提供咨询、指导服务，帮助企业解决难题，对市场做出正确判断。从作为企业与政府的桥梁来说，商会不具有行政、强制手段，所以应该以专家的身份为政府提供全面、权威的数据信息，并将本协会的群体意志及时上传，有效促进相关政策法规的形成。

• 组织管理者。作为组织者，商会是会员企业的结盟组织，通过内部及对外关系的协调以及整体实力的打造，在整个协会内形成一股合力，对外宣传整体形象，推动会员企业更好发展。作为管理者，商会可以在政府和企业的授权下，制定行业的标准和规范，约束企业的行为，维护公平竞争和社会秩序，促进协会内部整体的良性发展。

• 监督者。商会作为公共利益的代表有责任去维护国家、公众和企业利益。在政府方面，商会要监督相关部门依法行政，依法管理，维护企业的根本权益；在企业方面，商会要监督会员企业合法经营，诚信为本，国家和民众利益不受侵害。

（2）商会的职能。

如果从网络搜集的文献信息来看，多数专家学者把商会的职能从代表、沟通、协调、监督、公正、统计、研究、服务等方面进行归纳，也可以从组织、协调、服务和监管四个方面进行概括。若从本文的主旨来分析，商会的职能可以从三个维度来理解：一是企业方面，商会的职能在于服务与自律；二是政府方面，商会的职能侧重在承接政府的职能转移事项；三是社会方面，商会应该重视社会服务与社会公益，与政府形成合作伙伴关系，发挥政府部门难以匹敌的作用。具体到商会承接政府职能转移事项，商会应该做的就是把政府"不该管，管不好，管不了"的职能转移过来，与政府形成优势互补、良性互动。

（二）政府与商会的效率体现

制度经济学认为政府作为国家的代表机构，要在确保统治者租金最大化的前提下努力实现社会福利的最大化。在我国，共产党作为全民利益的代表与整个社会的成员统一为一体，因此，社会福利最大化即政府和国家的终极目标。国家政府的终极目标可以不变，但政府的职能在不同的社会状态下会有所不同，社会福利最大化并不是一个评价政府优劣的合适指标。约翰·密尔提出一个好政府的第一要素是构成社会的人们的素质和才智，那么，就可以用能够增进人民好品质的总和达到的水平作为判断政府好坏的标准，我们所要做的就是根据政府为人们所做的行动，以及面对事情时所采取的行动进行判断即可。从这一点上看，一个好的政府要为企业创造公平、诚信、良性竞争的市场环境，能够引导企业规范经营、持续发展。博·罗斯坦则认为政府质量的一个关键特征是行使公共职权时要保持不偏不倚，行使政府权力的雇员必须认清国家领域和其他社会领域的界限，明白合理的行为和决策必须受制于严格的标准。若站在效率或效力的角度来说明，就是政府应该以最小的成本把事情做对、做好。博·罗斯坦的观点从政府部门及公务人员的角度给出了一个好的政府（高效率政府）的行为标准，即在行使公共权力时，必须遵循公正，这意味着各类企业或组织在法律和政策面对没有级别种类之分，公务人员应该平等、公正地对待他们。

上述的理论观点同样适用于商会组织，所不同的是商会是基于共同利益组织在一起的企业，所以它的目标追求的是商会整体福祉的最大化。一个好的商会应该是在构筑企业或行业良性经营环境的同时，引导内部企业规范经营、持续发展。值得注意的是，商会作为非营利性组织兼具利己和利他特性，利己是商会的根本属性，商会要为自己的成员争取尽可能多的利益，且仅限于会员企业；需要说明的是商会的利己行为一般并不建立在损害其他利益群体的基础之上，而且商会还可以作为政府的有益补充，为社会提供公共服务，也存在利他属性。从商会工作人员来看，利己特性要求他在对外涉及集体利益的工作时应该从集体利益出发，争取最大的空间与话语权，而在内部及提供公共服务的工作上应该秉持利他原则，以公平、公正为准绳服务于企业或他人。

二、政府与商会关系模式的发展经验与借鉴

(一) 商会与政府的关系模式

商会因其存在和发展的制度环境不同，形成了不同的发展模式，国内学者一般把它归纳为三种，即英美模式、德法模式与日韩模式。从与政府之间的关系上来理解，这三种模式也可以称为市场主导型、政府主导型和政府合作型的商会模式。

1. 英美模式

以英美为代表的商会一般为水平型或松散型模式的非官方独立民间组织，会员多以自发组织、自愿活动为主，会员之间、商会之间、商会与政府之间以横向联系为主，拥有极大的自治权。这类商会作为政府体系以外的组织存在，以利益集团的身份参与并影响政府的决策，同时也制约、监督政府的行为。商会的经费自筹，主要来自会费、举办各种培训及活动的收入和企业的赞助。商会一般不接受政府机构的经济赞助，与政府之间不存在领导与被领导的关系，但有时可以通过契约的方式接受政府部门的委托，以有偿或无偿的方式为政府部门提供服务。

2. 德法模式

以德法为代表的商会是垂直型模式，又称为大陆型商会。这类商会一般有专门的立法来约束商会组织的成员与行为运作，商会是政府的组成部分或延伸机构，与政府一起完成管理成员的工作，代行部分行政职能，同时作为工商业的代表，也代表着所有会员单位的利益，为会员提供服务。商会的成员依法入会，通过全体会员大会或委员会行使权力，商会的主要经济来源为会费、培训等有偿服务收入和其他收入，在财务上是独立的，政府可以监督但不能影响。商会的内部结构设置与管理完全独立，不受政府约束，但作为同样管理会员单位的机构，商会对政府也没有制约与监督作用。

3. 日韩模式

日韩模式的商会吸收和借鉴了英美和德法两种模式的优点和成功经验，走

出一条中间道路,可以看作是政府合作或官民协调型的模式。这类商会具有英美模式所要求的自愿与自发性,同时又强调依法设立,政府引导。商会的形成一般由大企业主导,中小企业参与,并在政府不同程度的支持与资助下组建和活动。政府对商会具有监督和管理职能,以确保商会的活动与政府的目标相统一。这种模式下商会的种类繁多,企业可以根据需要自行选择,允许同时加入多个商会。企业入会的主要目的是了解信息与他人经验,同时又可以将自己的问题通过商会形成合议传达到政府或社会;商会也会努力发展会员,通过会员队伍的壮大来强化自身在政府和社会上的影响力。另外,企业人员可以直接担任商会的主要负责人,企业与商会之间,商会与商会之间为了协调工作都可以相互兼职,它们之间可以独立开展工作,也可以相互支持。

(二) 借鉴意义

通过对国外商会发展模式的分析,我们发现现实中并没有某种固定的商会成功运营模式,我们应该做的就是把这些不同商会模式的共性加以总结,从中得出我国在发展商会过程中应该借鉴的经验。

首先,在商会模式选择上,从政府主导到市场主导,各种商会在国外都普遍存在。每个国家都会根据自身经济社会环境以及法治观念的差异选择适合自己需要的商会模式,甚至是各种商会模式并存于一个地区。相较于我国,经济发展的地域差距、多元化的社会差异以及不同行业发展的情况都各不相同,这意味着商会的发展也不应拘泥于某一固有形式或固定条框,应该在发展的前提下,注重不同地域、行业上的差别,因势利导,顺应经济发展对商会需求的必然。

其次,服务是商会的立业之本。前文提过商会成员整体福祉的最大化应该是商会追求的目标,所以国外的各类商会都把为企业服务作为商会的主要职责,同时又注意在实践中起到自律、协调和监督的作用,为的都是商会成员的整体利益。从商会职能上来看,日韩模式下的商会为企业提供的服务包办了从制定行业规划、资格审查到企业经营改善、技术培训等所有与企业、行业有关的事项;德国模式虽然只是政府的延伸机构,但也涵盖了除少数诸如行业规划、成果鉴定以及行业资格审查等带有政策法律限定的内容外的与企业、行业相关的内容。相比之下,我国商会的职能还局限在组织、协调、咨询等方面,大量管理行业乃至企业的职能还在政府手上没有释放出来,政府职能的扩大导致财政支出不断增加,引发许多社会问题,商会也没有办法在诸多限制下健康成长,因此,政府应当考虑从企业及商会组织能够自主经营和自律管理的领域撤出。

最后,商会应该做沟通政府与企业的桥梁。从商会的财务上看,商会有独立和非独立之说。英美商会的经济都是独立的,可以高度自治,但其存在的一个主要作用是代表企业对政府的公共政策施加压力或影响,商会要作为企业的代表与政府沟通、协商,另外,有些商会也会接受政府委托为政府办事,成为政府的代理人。德法与日韩模式下的商会财务上独立与非独立都存在,不管是否获得财政的支持,该种模式下的许多商会都有依法设立、接受政府引导的要求,在某些领域要代替政府行使行政管理职能,是政府的助手;也有些商会是自愿组成,但可享受政府资助,接受政府委托。不管各类商会与政府的关系如何,他们作为企业代表,向政府谏言、为企业解惑,寻求整体利益最大化的目标都没有改变。因此,商会在发展过程中还要摆正作为沟通政府与企业桥梁的位置,只有这样才能不偏不倚,充分发挥自身的效用。

三、商会承接政府职能转移的内容与方式

近20年以来,我国各类商会得到了较大程度的发展,也为我国经济做出了重要贡献,但相较于国外商会的功能而言,我国商会的作用还没有得到更好的发挥。从政府角度来看,过多的行政职能导致效能低下,已无法适应瞬息万变的市场要求,本着"小政府,大社会"的管理理念,政府有必要将那些可以由社会组织承担的职能转移出去,形成政府与商会互动的机制。

(一) 商会承接政府职能的分析思路

经济学经常将物品分为私人物品和公共物品,私人物品是那种数量会随人的消费或使用而减少的物品,在消费或使用上具有竞争性和排他性。它最适宜的产权制度形式是私有产权。私有产权可以清晰界定,所以私人物品可以由企业有偿提供。公共物品一般包括在消费和使用上不具有竞争性和排他性的纯粹公共物品和在消费和使用上具有竞争性但不具有排他性的公共资源两种物品或资产,其特征是任何人增加对这些商品的消费都不会减少其他人所可能得到的

消费水平。公共物品对应的产权形式是非排他性的公共产权,因为私人生产难以弥补生产成本,所以公共物品多由政府提供。为了便于分析,理论界给出了介于私人物品和公共物品之间的一种物品形式——俱乐部物品。俱乐部作为一种组织,它仅对自己的成员提供分享的集体商品(俱乐部物品),并按照某种平等或歧视性的纳税规则向社团成员收取费用,这种产权具有排他性和非对抗性,它解决了一些非排他性产权的安排问题,简单来说,若政府无法使公共物品的提供实现效率优化,那么可以设计使用俱乐部这种产权模式,进而引入排他装置,提高产权效率。商会在某种意义上来说就属于俱乐部形式,通过表1我们可以清楚地明白物品与提供者之间的对应关系,依此进行分析,即可明确政府和商会应履行的职能,或者说政府到底应该将哪些职能转移到商会来执行。另外,也要注意到这里的提供者并不是绝对的,以企业为例,若满足了公共物品的产权私有化或为了体现自我价值、为未来服务,企业也可以提供公共物品。因此,我们这里给出的提供者是从效率上理解的该种物品的最佳提供者,而非唯一提供者。

表 1　　　　　　　不同物品的产权形式与供给方式

物品种类	产权形式	特性	提供者
私人物品	私有产权	排他性、竞争性	企业
公共物品	公共产权	非排他性	政府
俱乐部物品	共有产权	对外排他、非竞争性	商会

(二) 政府职能转移的方向与内容

政府职能转移的方向与内容指的是决定商会职能内容的依据以及商会从政府那里承接的职能事项。根据1999年原国务院经贸委下发的《关于加快培育和发展工商领域协会的若干意见(试行)》中明确的商会的17项具体职能,结合前文关于物品及其产权分类的说明,我们对商会职能进行了梳理(见表2)。

第一,商会的1~4项职能主要是针对具体企业提供的服务,这类产品在市场上的供给者不是唯一的,商会的服务只有在存在竞争优势的情况下才能得到企业的青睐。此类产品的提供具有明显的排他性和竞争性,属于私人物品,有偿服务是解决其效率的最优选择,可以把这类产品打造成商会经济收入的主要来源。

表 2　　　　　　　　　商会职能内容与提供者分类

序号	商会职能	物品类型	提供者	服务类型
Ⅰ	1. 参与质量监督管理 2. 帮助企业改善经营管理 3. 技术培训	私人物品	商会	有偿服务
Ⅱ	4. 办刊咨询	私人物品； 俱乐部物品	商会	有偿服务/免费服务
Ⅲ	5. 组织展览会 6. 国内外经济交流与合作 7. 反映会员要求、协调维权 8. 行业调研建议 9. 行业统计	俱乐部物品	商会	免费服务
Ⅳ	10. 参与制订行业规划与前期论证 11. 受委托进行科技成果鉴定和推广 12. 制订行规、协调价格 13. 参与制订行业标准及实施监督 14. 行业许可证的发放和资格审查 15. 市场建设	公共物品； 俱乐部物品	政府；商会	免费服务
Ⅴ	16. 政府委托的工作 17. 发展行业和社会公益事业	公共物品	政府；商会	免费服务

　　第二，从商会创办刊物、开展咨询来看，两者都是围绕商会本身所涉入的领域展开，具有清晰的内外界线，可以从俱乐部物品的角度分析免费为会员单位提供。如果刊物可以对外发行，并有着广泛的影响面和影响力，可以考虑在区别内外的前提下尝试收费。咨询服务也要区分提供的是对所有会员单位的信息普及，还是针对个别企业的帮助，前者因其不具有内部排他性应属于免费提供的俱乐部物品；后者才是具有排他性的有偿服务的私人物品。

　　第三，商会的5~9项职能很明显带有商会（或行会）所属范围的特征，是唯有会员单位才会有兴趣的项目，且单个会员享有服务的同时并不影响其他会员享有该服务。这类物品的特点是对外具有排他性而在内部属于非排他性，应归为俱乐部物品，相较于由政府提供而言，由商会提供会更具效率。商会可以通过向会员收取会费来弥补提供该项服务而带来的成本支出。

　　第四，商会的10~15项职能包含许多制度建设方面的内容及由此带来的相关服务事项，前文有提到，政府的主要职能就是代表国家制定公民活动规则以使全社会利益最大化，政府的核心工作就是制定各方的游戏规则并确保规则的有效实施，因此，这部分商会职能可以由政府提供。另外，我们也提到明晰产权是防止政府"失灵"的有效手段之一，在无法使产权变更最优实现的情况下，引入排他性的俱乐部物品这种可行的产权结构是解决效率的根本手段。商会的10~15项职能虽然属于制度设计及相关服务，但这些制度安排都是在商会（或行会）所属范围内进行的，有明显的产权界区，可以把它界定为共有产权，作为俱乐部物品由商会提供。

第五，商会的16~17项职能基本属于公共物品，在使用上没有排他性和竞争性，一般应由政府提供。商会若想突出自身品牌价值，提升对内外的影响力时也可以作为这部分物品的提供者。

应该说，商会职能中带有私有产权性质的私人物品多为企业维度的职能，因其具有清晰的产权界区是商会在工作过程中较易处理的部分。纯粹的公共物品部分是社会维度的职能，因商会本身是企业的代表以及商会及企业所应拥有的社会责任，也会比较容易被政府和商会接受并有效执行。存在问题较多的是第三和四部分职能，这部分职能与政府关联度较高，产权界区较为模糊，易造成政府部门越俎代庖，直接替代商会执行相关工作；或大包大揽，不肯向下授权，导致商会只能成为政府的附属机构，无法真正有效为会员企业服务。这部分职能才是商会在承接政府职能转移过程中核心内容。

（三）商会承接政府职能转移的主要方式

从前面分析中可以看出，物品本身的产权属性在一定程度上决定了它的供给者和供给条件，萨瓦斯就公共物品的提供给出了十种制度安排，可以作为参考来说明商会承接政府职能的具体方式。

（1）政府服务：政府部门既是物品的生产方也是物品的安排方[①]和付费方。

（2）政府间协议：物品的生产方、安排方和付费方都是政府部门，与政府服务方式不同的是此种方式依协议在不同的政府部门之间安排物品的生产方、提供方。

---

① 这里的安排者可以是派生产者给消费者，派消费者给生产者，或选择物品生产者的组织。

（3）政府出售：政府部门是向消费者提供服务的生产者，而私人部门（个人或组织）则是物品的安排者，并承担相应的成本。

（4）合同承包：政府部门作为物品的安排者和付费方，私人部门是物品的生产者，两者通过签订契约达成意愿。

（5）特许经营：政府部门和消费者是物品的安排者，私人部门是物品的生产者，消费者通过向生产者付费获得物品。特许经营方式也是政府与私人部门之间的一种契约关系，相较于合同承包方式来说，私人部门要在政府部门的限定条件下生产物品。

（6）政府补助：私人部门是物品的生产者，政府部门和消费者是物品的安排者，政府部门会给予生产者一定的补贴，剩余部分由消费者付费。

（7）凭单制：私人部门是物品的生产者，政府部门针对特定物品向生产者或特定的消费者提供补贴，消费者要付费消费，但可决定生产者，是物品的安排方。

（8）自由市场：消费者是物品的安排者，生产者是私人部门，物品由消费者付费。

（9）志愿服务：志愿组织（也可以看作是私人部门）是物品的安排者和生产者，一般不存在付费问题。

（10）自我服务：私人部门既是物品的安排者和生产者，也是物品的消费者，一般也不存在付费问题。

综合上文所述，10种制度安排中物品的生产者和安排者都是政府部门的有政府服务和政府间协议；一方为政府部门而另一方为私人部门的有政府出售、合同承包、特许经营和政府补助，不同点在于政府出售的生产者是政府部门，而合同承包、特许经营和政府补助的生产者为私人部门；生产者和安排者都是私人部门的有凭单制、自由市场、志愿服务和自我服务。如果把商会承接政府职能转移理解成是某种物品的生产者和安排者在政府与行业协会之间的安排的话，那么，上述的10种制度安排除去政府服务和政府间协议两种方式外都可以作为商会承接政府职能转移方式的考虑。

从商会的具体职能上来看，尽管私人物品和俱乐部物品在理论上并不排斥公共部门提供的可能性，但公共部门因其专业性等方面的原因绝不是一个最优的效率选择，因此，这类物品的提供应该交由商会独立完成，政府即便有涉入也应无偿转移直至完全退出。在这一领域，政府唯一应做的就是通过立法保障产权并监督契约的履行。商会提供的公共物品部分，若属于纯粹的公共物品，政府可以以委托、购买或者补贴的方式鼓励商会参与,也可以以商会志愿服务、自我服务的方式进行;若是属于可以进一步界定为俱乐部物品的公共物品部分,政府可以借由授权、委托、补助、合同承包等方式逐步将其明确为俱乐部物品,最终实现由商会完全提供的结果。

四、商会承接政府职能转移的现状

若从新中国成立算起,中国较早的商会组织来自对旧同业公会的改造,即工商业联合会(总商会),到20世纪80年代,政府批准设立了中国食品工业协会等十几家全国性的行业协会,中国商会组织发展迈入了新阶段。进入90年代后,政府相继出台了一系列促进市场中介组织发展的政策意见,商会等社团组织的发展全面铺开。截至2013年12月底,全国依法登记的行业协会商会近7万个,其中,全国性行业协会商会800多个。[1] 在厦门,2012年全市已登记的社会组织(含备案)共有2287个,其中行业协会138个。[2] 从商会组织的发展历程上看,可以发现我国许多商会组织是在政府主导和扶持下成长起来的,是政府在经济发展和经济体制改革逐步深入过程中探索由直接管理到间接管理,由微观管理向宏观管理转变的产物。真正伴随市场经济发展而自行组建商会组织还是近20年左右的事。没有完全依循市场需要的路径发展起来的商会对政府的依赖度过高,在市场中历练的时间也偏短,导致商会组织的作用无法完全展现,尽管已取得了一定的成绩,但还存在许多问题需要解决。

首先,政府和商会在各自应承担职能的认识和能力上存在差距,造成政府转不出、商会接不住的局面。市场经济下政府职能的核心在于制度环境的培育和提供公共产品,是以"裁判员"的身份,为市场经济中的"运动员们"设定游戏规则,并提供仲裁服务。相较之下,我国政府尽管经历了40年的经济变革,但长久以来计划经济管理过程中形成的全能政府意识仍然没有消除,政府几乎承担了全部的经济职能,对于服务型政府的理解停留在工作方法及态度上,并没有从工作性质、内容上去加以区分。再加上早期商会多由政府部门转化或扶持成立,许多应由商会承接的政府职能在当前涉及财政预算支出,也造

---

[1] 此组数据来自网络上发布的关于《中国行业协会发展报告2014》的相关报道。
[2] 此组数据摘自《厦门统计年鉴2013》。

成了政府至今仍在潜意识中把商会看作其下属单位,出于权力及自身利益的考虑,只转移事务性或辅助性职能,不愿交出核心层面的职能给商会。从商会这一方来看,一方面,依托政府建立起来的商会具有层级分明的行政色彩,它的治理结构不完善、运作机制行政化、经济上依赖政府,导致其行政办公、行政决策,缺少灵活性,无法适应市场化运营,在与政府的互动中易形成从属关系,失去了平等对话的立场;另一方面,自发组建的没有政府背景的商会组织,在自身地位、职责、权益、运行及退出等方面无法获得有效法律保障的同时,又得不到政府实质性的鼓励与扶持,存在数量少、规模小、地位低等特点,没有足够的权威性和影响力,缺乏承接政府职能的实力。此外,多数商会在机构设置、人员构成、专业水平等自身建设上也存在诸多问题,造成商会在承接政府职能问题上力不从心。

其次,我国现有关于商会的政策法规严重滞后,商会自身的运行特别是在承接政府职能过程中缺乏立法支持,操作性不强。应该说,拥有配套的流程及制度设计是商会承担政府职能的根本保障。然而,我国关于商会等非营利组织的法律依据主要还是国务院1998年颁布的《社会团体登记管理条例》和2000年的《民办非企业单位登记管理暂行条例》这两个行政法规,只在登记程序上对商会组织进行了规范,商会的管理、运行、服务的提供乃至退出等都缺乏专门的政策法令指导。各地虽然依据当地商会的实际发展出台了一些规定,但基本上都是就某一方所做的局部设定,并没有对商会职能的实施,特别是商会承接政府职能做出流程上或制度上的安排。在笔者所搜集的资料信息中,广州市在商会发展以及承接政府职能的制度设计上是较为突出的。该市在2005年颁布《广东省行业协会条例》,以地方立法的形式明确了商会的职能,并在之后多次针对商会承接政府有关职能发布政令,规范商会承接政府职能的监督管理,但总体来说,这些实践还都停留在起步阶段,商会作用的发挥很有限。从厦门来看,政府在出台相关制度的数量以及针对性上都存在差距。以笔者所掌握的资料来看,从1997年厦门作为行业协会的试点单位开始,厦门主要出台了四个与商会有关的政策文件,有2002年的《厦门市人民政府办公厅转发福建省人民政府关于促进行业协会改革与发展的指导意见的通知》,还有2013年出台的《厦门市推进民办社会工作服务机构发展实施办法(试行)》,另两个是关于规范行业协会服务和收费行为的文件。与承接政府职能有关的政策,笔者只找到了2014年5月厦门财政局出台的《关于推进政府购买服务工作的实施意见》一项,可以说,厦门在商会承接政府有关职能上还处在摸索阶段。

再次，商会承接的职能内容比较宽泛，缺乏实质性的内容，作用发挥有限，也直接降低了商会在企业中的代表地位。目前，多数商会都已承担起诸如行业信息发布、咨询、交流、行业统计调查、行业自律、一些重大事项及行业政策的前期论证或起草、举办会议展览等职能，但把这些职能归类就会发现它们多属于行业管理、协调、服务性职能，是商会在创办之初，作为其业务范围或共有产权性质所决定的职责工作。这些工作从前文所述的商会的17项职能上来看，基本处在职能的外围层面，是辅助性职能事项，并不涉及政府相关部门的权利或资源的转移，或者说最多只是一种事务性的、边缘性的承接或替代，并没有涉及政府的核心职能。行业政策规划、专业资质或资格的审核、行业标准的制定、行业许可证的发放以及科技成果鉴定等这些涉及政府相关部门权利和资源分配的职能事项，到目前为止基本上还没有真正由商会组织接手。这些职能才是商会职能的核心，是具有实质意义的可以体现商会在会员单位中的权威或代表地位的职能。商会如果在核心职能层没有话语权势必造成商会附属化、边缘化，商会的工作也会流于形式，最终的结果是多数企业特别是广大中小微企业失去了对话政府的平台，政府也因与市场脱节无法起到有效的监督作用。

最后，基于部门利益的要求，商会承接政府职能的过程往往由政府主导，不但限制了商会的作用，也缺乏长效机制。前文提到的八种商会承接政府职能的方式是建立在政府与商会平等、互补、互助关系的基础之上，可以结合效率要求进行选择。然而，当前我国政府与商会之间的关系是主从和强弱的对比，决定了商会在政府转移职能过程中处于被动一方，在没有明确规定的前提下，政府的意愿与经济支持成为商会承接政府职能成败的关键因素。许多政府部门不愿意将手上的权力与资源让渡出去，往往会选择对自身利益影响较小的承接方式，在承接对象的选择上也会选择关系密切或以自己作为业务主管部门的商会组织。同样，为了维护自身利益，政府部门在选择转移的职能事项时也多以临时性、辅助性职能为主，多采用委托购买等契约式的承接方式，而不愿意采用授权、补助等需要法规政策加以明确的承接方式，无法实现政府职能长期有效的转移与承接。

五、促进商会承接政府职能的主要措施

近年来，商会的积极作用越来越突出，也越来越得到各方的重视，政府部

门开始主动尝试将一些事务性管理职能转移到商会组织执行，特别是近几年，从中央到地方政府，开始积极探讨政府职能转移的有效方式，寻求政府在市场与社会间的制衡点。商会作为社会的重要构成部分，也应迎头赶上，通过自身努力获取发展的"权力"与"资源"。2013年3月，我国政府在《国务院机构改革与职能转变方案》中提出改革社会组织管理制度，取消以往商会的双重管理制度，为商会组织的发展释放了巨大的空间；商会方面，以全国工商联为代表在2014年3月两会期间提案强调要加强商会建设承接政府职能转移，开始主动出击，积极参与政府新一轮的职能转变。为此，我们有必要从理论与现实出发，为促进商会承接政府职能转移提供切实可行的行动方案。

（一）承接主体的定位与建设

政府方面。前文说过一个好的政府要在行使公权力时不偏不倚，努力创造公平、诚信、良性竞争的市场环境，这就要求政府部门及人员明确自己的职责所在，摆正位置，避免越位、错位和缺位的现象出现。首先，政府要理顺与商会之间的关系，确立商会的法人地位，明确两者在市场经济中的不同作用。政府各部门都应该对所属职能进行清理，确定哪些是部门应该履行的职能（公共产权），哪些是可以转移给商会的职能，并通过政策法令的方式，将应转移的职能范围、事项与时间表详细列出。其次，鉴于我国经济发展以及商会现状，政府在商会的发展过程中要给予大力支持和鼓励。在制度环境建设上，修订或取消那些限制商会执业和发展政策、法规，尽量避免政府部门直接指定产品提供方的行为；在商会存在形式上，政府应鼓励民间兴办商会，促进官办与民办商会并存形式的形成；在商会的发展上，要支持一业多会、公平竞争，政府可以通过扶持基金、补助、资助等方式鼓励商会组织的创建与发展，加快全社会商会组织系统的完善；在对商会的管理上，政府应该改变过去以行政管理为主的思路，对商会更多地运用经济和法律手段，努力营造双向互动的关系，发挥商会在行业或企业中的主导作用。

商会方面。政府职能转得出，也要商会组织接得住，为此，商会组织要加强自律、拓展服务职能，通过自身建设提高实力和影响力。首先，商会组织要明确以市场为导向的发展思路，通过自身修炼减轻乃至摆脱对政府的依赖，做政府与企业的桥梁，努力创建政府、市场和社会和谐发展的新局面。其次，商会作为社会组织要遵循现代组织管理的一般规则，建立起高效的结构、治理层次管理体制,完善激励、约束等监督机制。作为具有俱乐部产权属性的社会组织,商会还要注重文化培育,从内在制度层面强化组织的自律性与凝聚力。再次,商会要加大人才的培育与储备。前文所提,商会不但是企业或行业的管理者、组织者,同时还是监督者和专家,良好的专业素质与组织沟通能力是商会人员的必备条件,也是商会行使职权的有效保障。商会应该借用自身优势,通过企业挂职、兼职以及专业培训等方式提升现有工作人员的综合素质。此外,商会可以利用内部信息优势搜集、整合会员单位的企业家资源与技术专家,形成智囊团,为商会提供专业性服务。考虑到人才的稀缺性和培育周期,商会还应该扩大人才信息的搜集范围,将商会外围的专家资源以聘任、合作等方式纳入自己的人才储备库中,以提高商会的服务质量与能力。最后,商会也要致力于提供私人物品,并突出产品的优势与差异度,加大有偿服务收入与会费在财务中的比例,减少对政府财政拨款或资助的依赖,经济上的独立有助于商会摆正与政府的关系,更好地为企业服务。

(二) 承接制度的建立与健全

商会生存发展的制度环境。完善的法规体系是商会健康发展的基础,也是有效承接政府职能的必要条件。首先,应尽快出台《商会法》,从商会的性质、地位、组织机构、职能作用、权利义务、行为规范等方面给予必要的法律保障。其次,要加强与商会管理和发展有关的立法工作。商会与其他政治性、学术性的社会组织不同,它的会员是以利益驱动的企业为主,在促进商会发挥作用的同时也要注意通过立法强化对商会的规范,避免商会为少数人利用形成垄断等损害经济的后果。最后,政府相关领域的政策与社会道德约束也是商会健康发展的有力保障。政府应该逐步建立与完善商会的参政议政制度、评估监督机制以及重大活动事项的公示报告制度等涉及商会具体行为的制度体系。鉴于商会提供服务的非排他性特点,企业群体、社会公众通过宣传、表彰、投诉等手段对商会形成的约束与监督也应成为商会健康发展的主要助力。

商会承接政府职能的制度需求。首先,政府要通过政策明确职能转移的内容与方式。政府部门要区分可界定为共有产权性质的俱乐部物品与公共产权性质的公共物品,并分析其涉及的部门数量,确定应转移出来的职能内容。针对俱乐部物品中制度设计方面的核心职能要充分估计到具体商会的实力,可以考虑将其移交给工商联和全国性的行业协会;辅助性和事务性的职能则可以引入竞争机制，交由有能力的商会承接。此外，要从政策上规定出政府职能转移的时间表，建立长效机制，避免机构部门基于自身利益考虑而形成临时性转移或不转移现象。其次，要建立商会等级评估制度，通过商会等级来评判商会承接政府职能的能力。具体的评价指标可以包括商会的权威性（会员单位的覆盖率）、商会组织的机构与制度体系、专职人员的专业化程度（专业职称、工作经验等）、商会的诚信记录（3~5年），提供服务的种类、数量与满意度等，通过专家评审团确定各项指标的分值与权重标准，为商会评定具体等级，并匹配对应的等级升降和奖惩制度。再次，要对商会承接政府职能的结果进行绩效评估，并记入商会的诚信记录，作为后续工作的参考。绩效评估的侧重点应该体现在商会规范运作的能力、动作效率、社会公信度上，需要注意的是如果涉及财政资助，还应在绩效评估中考核对财政经费的规范使用情况。最后，要建立信息公开制度。主要涉及两个方面：一是商会组织正常运营情况的信息；二是商会承接政府职能转移过程中涉及的资金流向、收费标准、服务的相关信息以及年检、抽检等情况，通过定期发布相关信息，将政府职能转移事项纳入公共视野中接受舆论监督。

（三）承接内容的明确与分工

前文按照商会提供服务的产权属性将商会职能分为私人物品、俱乐部物品、公共物品三大类，不同性质、不同层级的商会由于资源获取能力和执行能力的差异，导致它们履行各项职能的能力也存在差异。考虑到目前我国商会的经济独立性较差，笔者认为商会首先要坚持走市场化发展的道路，强化自身提供私人物品的能力，通过提供私人物品为商会积累市场经验、锻炼专业技能、提升经济实力，同时也提高了商会在企业中的权威度与影响力。在承接政府职能过程中，商会要明确自身定位，根据自己的市场定位与实力水平有选择地承接。其中，表2中的第Ⅲ部分是商会职能中较边缘化的辅助性职能，无论是从政府还是从商会角度来看在转移和承接过程中的阻碍与困难都较小，应该作为政府职能转移的第一步首先从政府职能部门剥离出来。第Ⅳ部分职能中也有一些辅助性或事务性的职能，如行业规划的前期论证、行业标准的实施监督、资格审查等，这些职能的承接难度相较于制度、标准的设计来说要容易得多，可以作为政府职能转移的第二步。最终，商会应该做到的是将所有能够界定为俱乐部物品的政府职能事项全部承接下来，在市场上真正形成"小政府、大社会"的格局。至于商会职能中的第Ⅴ部分属于公共物品,商会提供此类服务重在体现自身价值、扩大对外影响力,这类物品的提供可以不依照上述步骤结合实际情况,按需而定。

从商会承接政府职能的分工上来看,政府应该通过评级对商会的管理与实力进行鉴定,政府职能的转移对象也应该是机制健全、实力雄厚的商会组织,那么,工商联以及全国性行业协会理所当然排在了承接政府职能转移的第一梯队,甚至可以依托对政府职能的承接,形成新的垄断,不利于多元化商会组织体系的建立与发展。因此,政府应该鼓励、支持和发展更多的商会组织,在做好监督工作的情况下,也可以把工商联和全国性行业协会组织作为枢纽去孵化、培育多层级商会组织,引导商会组织健康有序发展。

(四) 承接方式的选择与创新

商会有效承接政府职能转移的基础在于商会与政府部门间的平等合作关系,只有在双方平等的条件下,商会才会拥有更多的自主权去选择最有效率的承接方式。从目前来看,商会仍然处在被动一方,其承接的职能内容与方式都由政府部门依据自身的职能转移需要确定,与承接内容所对应的物品种类无关。总结当前我国政府转移职能的方式主要有三类:一是无偿转移方式。此种方式是政府部门在商会的业务范围内将其工作职权内的职能无偿移交给商会,由商会按市场动作的方式完成。这意味着政府部门在相关职能事项上完全退出,由商会独立承担该职能事项的物品供给。二是授权补助方式。此种方式是政府部门依法将某项职能授予商会,由商会以自身名义组织实施,政府通过法律来限定商会承接的具体职能和获得财政补助。前两种方式由于对应职能事项的物品供给全权交由商会生产,对应的利益与责任也同时转移,政府部门基于自身利益考量,选用较少,在现实中能看到的基本上都是商会已接手或在做的职能事项。三是委托购买方式。此种方式是政府通过合同支付费用向商会订制某项物品以提供给消费者,政府对相应职能事项仍有控制权力。显而易见,委托购买方式中政府部门的主动性较大,所受影响最小,这是当前政府职能转移中被采用最多的方式,而且多为定向委托。

考虑到现有体制与商会自身能力的限制,商会与政府在短期内还无法建立起独立、平等关系,由政府主导的委托购买方式应该是切实可行的一个办法。比较为公众熟悉的如定向委托、公开招投标以及政府购买等方式都可以结合实际情况加以运用,还可以借鉴特许经营、凭单制、承包制以及志愿服务等方式,或在此基础上加以创新。待商会组织体系进一步完善后,政府职能转移应该更多地利用契约合同制、自由市场等竞争机制或志愿服务、自我服务方式进行。需要注意的是,这些方式从承接内容上来看比较适用于辅助、事务性职能的转移,若涉及行业领域的核心职能转移,则通过立法移交、授权要可靠得多,这意味着政府最终仍是要通过法律来完成部门与商会之间的职能确定,之后才能交由市场解决效率问题。

(五) 全国性商会是承接政府职能初期阶段的主力军

目前,商会承接政府职能的关键在于政府转移职能的意愿已出,商会组织要能接得住、接得好。商会承接政府职能的主体定位、内容、方式都可以通过制度建设以及环境培育逐步加以完善,但对于整体尚处于弱小、分散状态的商会组织自身却非一朝一夕就可以发展壮大到可以解决一切问题,这需要一个过程。因此,以工商联为首的全国性商会组织应该在当前承接政府职能转移过程中担负起主要职责。

第一,全国性商会要成为政府职能转移的主动方,积极准备、有效承接。政府作为制度的供给者,在制度供给成本过高时很难形成有效行为。前文提及的政府应转移出来的职能长期以来一直在政府的掌控之下,所有成本已内化在各部门的预算之中,在情况不明朗之前,政府转移职能意味着要先到市场上搜寻承接主体并对其资质能力进行判断,之后还要对承接效果进行评价,整个过程增加出来的搜寻费用等交易成本也许要远大于该部门可接受的程度。有鉴于此,全国性商会组织应该变被动为主动,在当前的工作中不能只局限在倡议政府转移职能,或坐等政府转移职能。全国性商会组织应该集中各类资源积极为政府转移职能创造条件:例如,商会可以根据自身情况先行列出可以承接的职能内容,并指出该项职能的具体操作细项和程序;商会要根据承接职能的需要列出自身相匹配的资质要求;商会应该明确所承接职能的效果评价,并给出相应的评价体系和程序;商会的机构部门与人员设置也应根据可承接职能的要求先期进行调整……。商会若能做到万事俱备,政府为提高效率自然会送上东风。

第二,全国性商会要转换思维,强化市场经济地位,用市场观点看待与政府的关系。目前,我国的全国性商会多半具有官办性质,其行政属性仍很突出,一方面商会的管理及经营方式基本上参照政府部门的设置与管理流程,应对市场的反应滞后;另一方面习惯财政拨款方式的经费管理,对非常规事项的接受度偏慢。此类商会在政府意愿的传达上因其官办性质基本不存在障碍,但在代言企业心声时由于企业数量众多难以统一,再加上商会的行政属性,在与政府对话中很难形成有效的行为手段。因此,商会若想在承接政府职能中得到认可,必须先摆正自身的位置,至少要在意识层面上摆脱与政府的行政隶属关系,真正成为企业的代表。这需要商会组织内部人员先树立为企业服务的思想,行事以企业为先,再强调政府与企业沟通桥梁的作用。从现实来看,商会应该强化自己的市场经济地位,强化关于私人产权性质的产品服务的提供,丰富商会资金来源的构成,只有在经济上消除对政府投入的绝对依赖,商会才能达到真正意义的独立,站到与政府平等的地位,成为企业的代表,为企业服务。

第三,全国性商会应加快建设和完善信息库、人才库,通过专业实力的提升加大话语权。以往,全国性商会的官办性质决定了商会的结构设置行政化,各部门科室只有办事人员,没有专业人员储备,商会的人才集聚及信息处理能力较弱。在人才储备上,多数商会的专业人员为会员单位的参与人员,商会也会与相关院校建立起合作关系,问题在于这些人员并不是商会的专用人才储备,人才在使用的稳定性和长期性上存在问题;在信息储备上,以往专注于政府与企业的桥梁作用,多数商会并没有建立起与行业或市场紧密联系的数据库,商会的信息储备与处理能力在很多方面还达不到承接政府职能的要求。反观商会的 17 项职能基本上都具有较强的技术性要求,这决定了商会若尽职履行所有职能的话,就必须改变现状。有别于企业或院校对人才的专属需要,商会更应该做的是建立起行业或相关市场的专家信息资料库,全面掌握业内人才的分布情况与特征。对属于会员单位的专家,可以在入会成员的责任与义务承担上根据商会的需要进行要求;其他单位的专家,可以通过长期合作或临时契约等方式建立起有效联系,以备商会的需要。在信息储备上,商会应该建立起长期、有效的信息搜集渠道,并以此为基点,形成成员单位甚至扩展到社会的信息交流和交换平台,作为商会提供服务产品的基础。此外,商会还应建立起具有行业或市场针对性的统计信息库,为政府管理和企业决策提供依据。

第四,全国性商会要做中小商会组织的代言人,促进商会联盟的形成,增加商会在承接政府职能中的作用力。如前所述,我国商会组织在市场经济阶段的发展历史较短,多数商会组织,特别是民办商会组织力量还很弱小,在承接政府职能过程中处于弱势地位，甚至很多商会组织本身并不具备承接政府职能的能力。若将所有承接职能都交付给全国性商会组织，势必造成新的二级政府部门的形成，并不利于我国商会组织整体的发展。出于现实商会实力的考虑，可以由全国性商会组织牵头，组织、带动民间小商会组织形成商会联盟，集合集体优势与力量，以联盟方式扩大各级商会组织与政府的接触空间与范围，在实践中加快中小型商会组织的锻炼和成长，并在联合中寻找自身存在优势，最终形成商会组织层级分布、形式多样、特色突出、共赢发展的格局。政府部门也可以通过与商会联盟的接触，掌握本地各类商会组织的实际情况，在转移政府职能过程中做出有针对性的判断与时间表。

第五，全国性商会作为政府的辅助部门也应担起监督责任，确保承接的政府职能能够有效履行。全国性商会的官办性质决定了它有义务作为政府的辅助部门配合相关政府部门的工作。从所管理的会员单位来说，全国性商会应对其起到规范和约束作用，约束所有会员单位的目标能够与政府或整个社会的总体目标相统一；从承接的具体政府职能上看，商会不能仅仅依赖于政府的考评标准，商会要走到政府前头，从内部对所承接职能的履行进行效果评价，确保问题出现时能够及时得到解决，保证承接政府职能的质量。全国性商会还应成为商会联盟的领头羊，为广大中小商会组织树立起工作行为的典范，引导中小商会组织少走弯路，步入良性发展的循环。

参考文献

[1] 董文琪. 政府、企业及非营利组织之间的共生关系探析［J］. 江淮论坛，2006（2）：73-77，89.

[2] 卡尔·波兰尼. 大转型：我们时代的政治与经济起源［M］. 杭州：浙江人民出版社，2007.

[3] 世界银行. 1997 年世界发展报告：变革世界的政府［M］. 北京：中国财政经济出版社，1997.

[4] 约翰·密尔. 论自由. 代议制政府［M］. 长沙：湖南文艺出版社，2011.

[5] 博·罗斯坦. 政府质量：执政能力与腐败、社会信任和不平等［M］. 北京：新华出版社，2012.

[6] E.S. 萨瓦斯. 民营化与公私部门的伙伴关系［M］. 北京：中国人民大学，2002.

后　　记

在《转型与发展——厦门民营经济调研分析》即将出版之际，衷心感谢厦门工商联（总商会）、厦门市宣传部、厦门市思明区统计局、厦门市湖里区工商联等单位的大力支持，感谢为本书提供素材、无私分享民营企业发展经验的企业及企业家们。他们在民营经济方面的专业、严谨、丰富的经验和多年的努力付出是本书得以出版的重要保障。感谢中国财政经济出版社对本书给予的支持。这一年来编写本书的过程是一段难忘、充实、上进的时光，亦是我和科研团队一笔共同的精神财富。在此，向所有参与和支持本书出版的同志致以诚挚的感谢！今后，我们将继续坚持不断学习、思考、总结，不断采用新的研究方法，持续提升研究能力，为民营经济的发展做出新的贡献！

作者

2020年1月